公司内部控制基础与实践

王卫琴 著

内 容 简 介

本书使用通俗易懂的语言，用经营的眼光结合管理和财税的视角，力求讲清楚与企业经营相关的重要业务活动的内部控制。书中有大量的案例、表格和工具，可操作性强，一看就懂，一学就会。

本书分为八章，第一章讲解了内部控制的基础常识；第二章讲解了内部控制的基本概念；第三章讲解了和"钱"有关的内部控制；第四章讲解了和"买"有关的内部控制；第五章讲解了和"东西"有关的内部控制；第六章讲解了和"卖"有关的内部控制；第七章讲解了和"数字"有关的内部控制；第八章讲解了内部控制的评价和审计。

本书实用性强，适合企业老板、董事长、总经理、董事、监事等各级管理者，以及想从事管理和咨询工作的人员阅读。

图书在版编目（CIP）数据

公司内部控制基础与实践 / 王卫琴著. -- 北京：北京大学出版社, 2024.9. -- ISBN 978-7-301-35177-2

Ⅰ.F279.246

中国国家版本馆CIP数据核字第2024V1V917号

书　　　名	公司内部控制基础与实践 GONGSI NEIBU KONGZHI JICHU YU SHIJIAN
著作责任者	王卫琴　著
责任编辑	王继伟　吴秀川
标准书号	ISBN 978-7-301-35177-2
出版发行	北京大学出版社
地　　　址	北京市海淀区成府路205号　100871
网　　　址	http://www.pup.cn　　新浪微博：@北京大学出版社
电子邮箱	编辑部 pup7@pup.cn　　总编室 zpup@pup.cn
电　　　话	邮购部 010-62752015　发行部 010-62750672　编辑部 010-62570390
印　刷　者	北京鑫海金澳胶印有限公司
经　销　者	新华书店
	720毫米×1020毫米　16开本　18.75印张　325千字 2024年9月第1版　2024年9月第1次印刷
印　　　数	1-4000册
定　　　价	79.00元

未经许可，不得以任何方式复制或抄袭本书之部分或全部内容。
版权所有，侵权必究
举报电话：010-62752024　电子邮箱：fd@pup.cn
图书如有印装质量问题，请与出版部联系，电话：010-62756370

推荐序一

成功的企业，必先力求立于不败之地。而内部控制，则是"不败"的几大基石之一。

过去几十年里，我们看到了很多"庞然大物"轰然倒塌，如早期的安然、近期的恒大。

这些曾经的著名企业，在破产之后，被发现在发展过程中使用了许多欺诈手段，甚至是十分卑劣的手法。但是，在刚开始时，或其中的某个蓬勃发展的阶段，创业者和管理层一定也是有过宏大的梦想或理想的。

让这些企业逐步陷于困境并最终堕入深渊的开始，大概率是一个或几个错误的决策。而这些决策在制定时没有合理规划，在执行过程中缺乏监督，在陷入困境时被掩过饰非。错误的决策，终于酿成了积重难返的灾难。

如果有很好的内部控制，何至于斯？

内部控制不好的企业有两类。一类是管理层虽然希望加强内控，但是缺乏相应的知识和能力，另一类是核心管理层本身就不愿意加强内控。

本书作者王卫琴基于自己的亲身经历与体会，将内控体系、方法和要点，用通俗易懂的语言予以表达，即便是初学者，也能够通过本书由浅入深，得窥内控之堂奥。

因此，对于第一类企业的管理人员，我认为本书是值得一读的。

张建平

对外经济贸易大学博士生导师

对外经济贸易大学国际商学院教授

多所知名院校 EMBA 客座教授

多家大型上市公司独立董事、董事和独立监事

推荐序二

企业内部控制是企业提高经营管理水平和风险防范能力，促进可持续发展的重要一环。2008年5月，由财政部牵头的五部委发布了《企业内部控制基本规范》及系列配套指引后，各类企业非常重视并加强了内控制度的建设工作。

经过16年的努力，各类企业及事业单位都初步建成了内控体系。但是，在实践过程中也遇到了很多问题，而如何解决这些问题却经常找不到办法。拿到本书的书稿，我惊喜地发现，它是一本能够指导实际工作的有效操作指南。

书中使用通俗易懂的语言，用经营的眼光结合管理和财税的视角，讲清楚了与企业经营相关的重要业务活动的内部控制；用大量的案例、小故事，采用问答的形式解决实际操作中遇到的问题；用表格等工具解决不容易理解的概念和原理，可操作性强，一看就懂，一学就会。

我是从一位朋友那里认识王卫琴的，朋友介绍她时一脸自豪，说她爱学习，爱钻研，爱琢磨，爱挑战新鲜事物。卫琴来自大型央企一线，在财务领域的各个岗位都有过历练；还读了两个学校的MBA，取得了高级会计师职业资格，担任了总会计师和外部董事。

从她的工作经历来看，她的实践经验和理论知识都非常扎实。虽没见过她，但是从书中的内容可以感觉出，她是有理想有追求的，愿意将她所学所知所会的管理经验和管理工具无私地奉献给大家，我也愿意推荐大家把这本书用于指导本单位的内控体系建设。

苗润生

经济学博士，会计学教授
曾任中央财经大学会计学院副院长
曾任2家北京市属企业总会计师
诚通财务有限责任公司总经理

推荐序三

本书是一部全面而深入的内部控制著作，旨在帮助大家运用内部控制来提高企业的经营管理水平和风险防范能力。拿到作者的书稿后，我认真地通读了一遍，总结起来该书具有三性：理论性、实战性和可读性。

理论性体现在内部控制理论框架的介绍上，书中详细阐述了内部控制的起源和概念，帮助读者理解内部控制的重要性和必要性。

实战性体现在书中有大量的案例和实践经验分享。

可读性体现为，一是结构清晰，每个章节都围绕着一个具体的主题展开，内容丰富；二是写作风格通俗易懂，语言简练，没有过多的专业术语，让读者能够轻松理解内部控制的原理和方法。

内部控制更多地体现为一种管理的方法和理念，它与所处的内外部环境、管理层的思维方式和习惯等紧密联系，不能拿来就用，需要进行改造。党的二十大报告指出：我国发展进入战略机遇和风险挑战并存、不确定难预料因素增多的时期，各种"黑天鹅""灰犀牛"事件随时可能发生。在此背景下，中国企业迫切需要有一套具有中国特色、适合本土企业的内控体系，帮助企业精准识别主要风险，不断提高化解风险的本领。

本书基于作者多年来在国内诸多行业、企业的实战经验总结而来，具有较强的本土生命力。

作为内部控制领域"理实融合"的一部著作，这本书的价值与贡献可能有两方面：

一是成为企业经营管理者在内部控制领域的"锦囊"，将帮助管理者更深入地了解和掌握内部控制的原理和方法，并将其应用于企业经营管理实践中。

二是作为内部控制理论探索实践的成果，能够为高等学校会计学、财务管理、审计学等相关专业在校学生，提供一本融理论于实践、于实践中见理论的内部控制学习参考书。

蔡振禹

邢台学院院长

前　言

在写本书之前，我一直在想，内部控制到底是什么呢？怎么才能让大家一看就秒懂？内部控制到底和我们有什么关系？为什么现阶段内部控制的呼声越来越高，不仅来自企业，还来自国家？

有数据显示，中国民营企业的平均寿命不超过 3 年。作为企业老板，谁也不会在成立企业的时候就想着只做三年，到底是哪里出了问题？其实就是企业的内部控制出了问题。

目前市面上关于内部控制的书多是针对国有企业和上市公司的，针对民营企业和众多对内部控制有需要的中小企业家及管理者，却很少有可供参考的具有实操意义的书籍。并且民企有更多的灵活性，更多的人情世故，更多的家族亲戚关系，更多的管理漏洞，更多的竞争，更少的资源，导致民企在做内部控制时，困难重重。

基于此，我想以通俗易懂的语言，写一本受众面更广的有关企业内部控制的书，案例丰富、实操性强，确保大多数人能看得懂、学得会、用得上。不仅企业的老板和高管用得着，中层干部和员工也能用得着。大家就可以把这本书作为了解内部控制的入门书、科普书和参考书。

本书对那些已经建立了内部控制的企业的管理者，也可以提供更多的思路，以加深他们对内部控制的理解，减少在内部控制执行过程中的误解和阻力。

本书的特色

- **易学易懂**：全书采用通俗易懂的语言讲述专业的、枯燥的内部控制知识。
- **系统全面**：全书一气呵成，涵盖从业务开始到结束的一系列重要环节，甚至每个章节都有相对应的业务流程。
- **逻辑清晰**：章节之间环环相扣，每个章节又都是独立的指导手册，逻辑性非常强。
- **经验总结**：全面归纳和整理了作者 20 多年的管理和财务实战经验。

● 内容实用：结合 100 多个真实案例进行讲解，整理归纳了近 60 个实用图表和工具，读者都可以直接套用。

赠送资源

读者可以用微信扫一扫下面的二维码，关注微信公众号"博雅读书社"，输入本书 77 页的资源下载码，根据提示获取随书附赠的工具模板和学习资源。

致谢

这些年来，本人有幸得到诸多前辈的提携和指导，让我在职场中不断进步和成长，积累了宝贵而丰富的经验。在工作和生活中也得到朋友和家人们的建议和支持，让我可以心无旁骛地把全部精力投入热爱的工作中。此书的出版离不开他们的鼓励和帮助，在此，向各位提供无私帮助的领导、前辈、专家、同事、朋友和家人致以诚挚的感谢！

读者阅读本书过程中若遇到问题，可以随时与本人沟通交流。本人微信号为 weiikey，常用的电子邮箱为 wwq_gs@163.com。

因本人水平有限，书中难免会有疏漏之处，请广大专家和读者批评指正，感谢大家！

王卫琴

目 录
CONTENTS

第1章 你应该懂的内部控制常识 1
1.1 内部控制的前世今生 2
    1.1.1 内部控制的前世 2
    1.1.2 内部控制的今生 3
1.2 内部控制到底是什么？ 5
    1.2.1 为什么要做内部控制？ 6
    1.2.2 控制什么？ 6
    1.2.3 由谁来控制？ 7
    1.2.4 怎么控制？ 8
    1.2.5 怎么才叫控制得好、控制得有效？ 8
    1.2.6 哪些企业需要内部控制？ 9
1.3 内部控制和我们有什么关系？ 10
    1.3.1 提升企业的赚钱能力 10
    1.3.2 提升企业的经营效率 11
    1.3.3 规避企业经营过程中的风险 12
1.4 内部控制是谁的事？ 15
    1.4.1 分好权 15
    1.4.2 分好钱 16
    1.4.3 做好裁判 17
    1.4.4 带好头 17
1.5 为什么"我"的内部控制失效了？ 18
    1.5.1 内部控制失效的原因 18
    1.5.2 谁来评价有没有效？ 20
    1.5.3 如何真正做到有效？ 20
1.6 内部控制是必须的吗？ 21

第2章 内部控制的基本概念 23
2.1 内部控制的原则 24
    2.1.1 全面性 24
    2.1.2 重要性 24
    2.1.3 制衡性 25
    2.1.4 适应性 26
    2.1.5 成本效益原则 26
2.2 有效内部控制的五要素 27
    2.2.1 内部环境——内部控制的土壤 27
    2.2.2 风险评估——内部控制的依据 28
    2.2.3 控制活动——内部控制的方法 29

	2.2.4 信息与沟通——内部控制的	
	载体	29
	2.2.5 内部监督——内部控制的保障	31
2.3	什么是内部控制的根？	31
	2.3.1 组织结构——形式上的基础	32
	2.3.2 发展战略——目标上的动力	34
	2.3.3 人力资源——行动上的动力	34
	2.3.4 社会责任——良心上的动力	34
	2.3.5 企业文化——精神上的动力	35
2.4	是定错了还是做错了？	36
	2.4.1 如何定？	36
	2.4.2 如何做？	39
	2.4.3 内部控制的层级	40
2.5	制度就是约束吗？	41
	2.5.1 制度该由谁来写？	41
	2.5.2 保证制度的刚性和执行力	42
2.6	小结	43

第3章 和"钱"有关的内部控制 44

3.1	投资一家企业到底需要多少钱？	45
	3.1.1 有没有足够的钱去投资？	45
	3.1.2 值不值得去投？	46
	3.1.3 你敢不敢投？	49
3.2	企业的资金链是怎么断裂的？	50
	3.2.1 企业资金链为什么会断裂？	50
	3.2.2 如何防止资金链断裂？	53
3.3	公司的钱为什么总是不够花？	60
	3.3.1 什么是赚钱？什么是有钱？	60
	3.3.2 为什么账上的钱总是不够花？	62

	3.3.3 账上明明有钱，为什么不能用？	63
	3.3.4 每段时间内能用的钱都是	
	不一样的	64
	3.3.5 怎么做才能让我们该花钱的	
	时候有钱花？	65
	3.3.6 做好资金预警和预判	65
3.4	在付款签字时，你该想什么？	66
	3.4.1 保证资金的合理占用	
	——付款的计划	66
	3.4.2 保证资金的安全	
	——付款的流程	69
3.5	这钱是你想借就能借到的吗？	70
	3.5.1 什么时候该借？什么时候	
	不该借？	70
	3.5.2 该借多少钱？	73
	3.5.3 该找谁借钱？	76
	3.5.4 这钱是你想借就能借的吗？	77
3.6	小结	79
	3.6.1 针对不合理占用资金的	
	控制措施	79
	3.6.2 针对付款流程和权限的控制措施	79

第4章 和"买"有关的内部控制 81

4.1	"是非之地"的是非	82
	4.1.1 "买"会给企业带来哪些	
	风险？	82
	4.1.2 了解采购业务	83
	4.1.3 商定采购策略	85
4.2	什么该买？什么不该买？	86

4.2.1	什么叫买得合理?	86
4.2.2	采购计划缺失的风险	86
4.2.3	采购计划的作用	87
4.2.4	制定采购策略	88

4.3 该买谁家的呢? 91
    4.3.1 选供应商流程缺失的风险 91
    4.3.2 供应商的分类 92
    4.3.3 供应商的准入 93
    4.3.4 供应商的选择 94
    4.3.5 供应商的管理 94

4.4 为了那个约定,为了那个承诺 96
    4.4.1 采购合同 96
    4.4.2 采购过程跟踪 97
    4.4.3 采购验收 97
    4.4.4 付款 98
    4.4.5 采购事项记录 101
    4.4.6 采购业务后评估 102

4.5 减"肥" 102
    4.5.1 采购中贪腐的一些手法 102
    4.5.2 减"肥"的原则 103
    4.5.3 减"肥"的技术手段 103
    4.5.4 减"肥"的非技术手段 106
    4.5.5 采购内部控制的影响因素 107

4.6 小结 108

第5章 和"东西"有关的内部控制 110

5.1 仓库的货为什么这么多? 111
    5.1.1 库存会有哪些风险? 111
    5.1.2 企业为什么要持有库存? 111
    5.1.3 到底要准备多少库存才安全? 112
    5.1.4 如何在保证生产的前提下减少安全库存? 114

5.2 为什么想要的货仓库总是没有? 116
    5.2.1 为什么想要的货仓库总是没有 116
    5.2.2 优化业务流程,加强分析 117

5.3 你知道公司有多少东西不能用吗? 120
    5.3.1 为什么库里这么多的东西不能用? 120
    5.3.2 仓库全流程管控措施 121

5.4 公司到底有多少东西? 124
    5.4.1 你在公司看到的东西都是公司的吗? 125
    5.4.2 业务方面的管控措施 126
    5.4.3 财务方面的管控措施 128
    5.4.4 管理方面的管控措施 129

5.5 你被侵权了吗? 130
    5.5.1 管控的目的 130
    5.5.2 管控的措施 131

5.6 那台电脑去哪里了? 131
    5.6.1 客户案例 132
    5.6.2 做好"进口"环节的内部控制 133
    5.6.3 做好"出口"环节的内部控制 133
    5.6.4 做好"盘点"环节的内部控制 134
    5.6.5 做好"钱"的内部控制 136
    5.6.6 做好"应收应付"的内部控制 137
    5.6.7 做好"贷款及借款"的内部控制 137

5.7 小结 137

5.7.1 做好与"东西"相关内部控制的目的	138
5.7.2 做好与"东西"相关内部控制的步骤	138
5.7.3 做好与"东西"相关内部控制的制度和流程建设	139
5.7.4 用制度引导、改善员工的行为	140

第6章 和"卖"有关的内部控制 142

6.1 什么叫"卖"得好? 143
    6.1.1 与"卖"有关内部控制的目标 143
    6.1.2 销售的主要过程 143
    6.1.3 销售业务中会有哪些风险? 145
6.2 为什么卖啥都卖不动? 147
    6.2.1 做好销售分析 147
    6.2.2 加强计划性 154
6.3 卖多少钱合适? 157
    6.3.1 定价环节一般有哪些问题? 157
    6.3.2 有关定价的内部控制 158
    6.3.3 有关价格改变的内部控制 159
    6.3.4 与价格有关的管控方法 162
    6.3.5 定价选择 163
6.4 为什么客户一直欠钱不还? 164
    6.4.1 应收账款有什么风险? 164
    6.4.2 客户为什么到期不给钱? 165
    6.4.3 应收账款的管理目标 166
    6.4.4 应收账款事前管理 167
6.5 上次欠的钱没给,这次还能不能发货? 173
    6.5.1 合同管理 175
    6.5.2 发货管理 177
    6.5.3 发票管理 178
    6.5.4 客户服务管理 179
    6.5.5 日常跟踪管理 179
6.6 增加费用能把钱收回来吗? 180
    6.6.1 应收账款的分析 180
    6.6.2 催收 185
6.7 货款为什么是业务员转过来的? 187
    6.7.1 销售舞弊的案例 187
    6.7.2 销售舞弊的现象 188
    6.7.3 销售舞弊的控制措施 189
6.8 小结 192
    6.8.1 销售内部控制相关人员的职责和权限 192
    6.8.2 销售环节特殊的内部控制方法 194
    6.8.3 需要注意的地方 195

第7章 和"数字"有关的内部控制 197

7.1 "数字"是什么? 198
7.2 会计报表到底是做给谁看的? 198
    7.2.1 会计为什么不能给企业创造应有的价值? 198
    7.2.2 高级管理者关心什么? 199
    7.2.3 中层管理者关心什么? 199
    7.2.4 客户案例 201
7.3 谁能告诉我公司发生了什么? 204
    7.3.1 报表有什么用? 205
    7.3.2 资产负债表 205

7.3.3	利润表	211
7.3.4	现金流量表	215
7.3.5	三张表的关系	218
7.4	"数字"到底要怎么用?	218
7.4.1	"数据"到底该怎么用?	219
7.4.2	怎么分析"数据"?	221
7.4.3	杜邦分析体系	223
7.4.4	偿债能力	225
7.4.5	决策分析	226
7.5	"我"想要的"数字"和你给的好像不一样	230
7.5.1	为什么想要的和收到的不一样?	230
7.5.2	怎样做出管理者需要的"数字"?	231
7.5.3	如何设计管理报表?	233
7.5.4	如何让"数字"发挥更大的作用?	235
7.6	"数字"有多大的可信度?	238
7.6.1	为什么会对"数字"本身产生怀疑?	238
7.6.2	"数字"为什么会被改动?	239
7.6.3	"数字"的可信度到底有多少?	242
7.7	如何搭建属于企业的"数字"体系?	244
7.7.1	搭建"数字"体系的准备工作	244
7.7.2	内部控制的措施和方法	245
7.7.3	建立新的业务流程	247
7.7.4	注意先后顺序	247
7.8	搭建"数字"的信息化传递系统	248
7.8.1	信息化建设与内部控制如何进行融合?	248
7.8.2	如何搭建"数字化"信息系统?	249
7.9	小结	250
7.9.1	做好"数字"的设计工作	251
7.9.2	加强"数字"准确性的建设工作	252
第8章	**内部控制的评价和审计**	**254**
8.1	我们的内部控制是否有效,谁说了算?	255
8.1.1	为什么要进行内部控制的评价?	255
8.1.2	谁来评价?有什么条件要求?	255
8.1.3	评价的标准	256
8.1.4	评价的原则	257
8.1.5	评价的内容	258
8.1.6	评价的流程和步骤	258
8.2	评价内部控制有哪些方法?	260
8.2.1	对被评价企业进行调研和了解	260
8.2.2	对企业的风险进行判断和评估	260
8.2.3	抽样及实地查验	261
8.2.4	穿行测试	261
8.2.5	比较分析法	261
8.3	内部控制评价和评价报告都包含些什么?	264
8.3.1	内部控制评价的内容	265
8.3.2	内部控制缺陷的认定	266
8.3.3	内部控制缺陷的整改	269
8.3.4	内部控制报告的编制要求	270
8.3.5	内部控制评价的工作情况	270
8.4	内部控制审计是干什么的?	272

- 8.4.1 内部控制审计与内部控制评价有什么区别? 272
- 8.4.2 内部控制审计与财务报表审计有什么区别? 273
- 8.4.3 内部控制审计审什么? 273
- 8.5 他们是怎么审计我们的内部控制的? 276
  - 8.5.1 采购业务内部控制审计 277
  - 8.5.2 生产环节的内部控制审计 277
  - 8.5.3 合同管理的内部控制审计 278
  - 8.5.4 内部控制审计的结论和报告 279
- 8.6 小结 280
  - 8.6.1 整改存在的问题 280
  - 8.6.2 关于整改的建议 281
  - 8.6.3 审计问题的实用性要求 282
  - 8.6.4 审计的局限性 283

后记 284

第1章 你应该懂的内部控制常识

在企业中,老板娘当出纳管钱,老丈人当门卫看管仓库和大门;老板每天包不离手,包里装着企业的印章;小摊老板收到大钱,对着光照一下,摸摸看是不是假钱,这都是一种内部控制。

其实任何企业都有内部控制,只不过有的做得全面系统,有的做得片面;有的企业做得比较细,有的企业做得比较粗;有的企业管得严,有的企业管得松。

内部控制跟企业的发展密切相关。当企业不大的时候,并不需要很复杂的内部控制,老板看一眼就能知道公司发生了什么、哪些人做了些什么事情。他会通过一些简单有效、成本又低的方式对企业进行控制,比如,让老板娘当出纳,让老丈人当门卫等。

当企业逐步扩大,人越来越多,业务越来越复杂时,就出现了多个部门,老板顾及不到公司所有的事情,企业也从老板直接管理变成了间接管理,即通过部门领导等管理者来管理员工。间接管理的控制方式,也就是通常意义上的内部控制。

1.1 内部控制的前世今生

虽然"内部控制"这个词好像刚流行不久,但是它从远古时开始就一直存在着。

比如,农耕时代,为了计算打猎的数量,大家会用麻绳计数:粗麻绳代表羊、鹿等大猎物,细麻绳代表兔子和野鸡等小猎物,麻绳上有几个结就代表一天抓了多少个动物。这种计数方式,一方面是为了统计战果,另一方面是为了交接。

再如,在古代,皇帝经常会给大臣或者妃子发放或奖励各种物资。发放之前,会有礼宾部进行登记,登记后,发放对牌,凭借对牌可以从库房中领取到对应的物资。

这些麻绳和对牌,就是内部控制思想最早的体现形式。

1.1.1 内部控制的前世

内部控制思想来源于内部牵制,我们前面所说的"麻绳"和"对牌",就是内部牵制的做法。但是内部控制真正被大家重视,被书面记录下来并开始发挥作用,也就近一个世纪的事情。

为了分析内部控制的发展,我们把公元2000年之前的内部控制称为内部控制的前世,把之后的内部控制,称为内部控制的今生。

内部控制的前世主要分为以下4个阶段。

1. 第一阶段——内部牵制阶段(也称"一元论"时代)

国内最早的有文字记载的内部牵制出现在西周时代,《周礼》记载,在管理国库时,收钱、开支和盘点登记,分别由三拨不同的人来操作,以达到分权和牵制的目的。

国外最早在17世纪古罗马时期,要求记账和管钱由两个人分别管理,相互监督,以降低舞弊风险或减少错误,保护财物安全。

2. 第二阶段——内部控制阶段(也称"二元论"时代)

1934年,美国证监会颁布了《证券交易法》,明确提出上市公司等公众企业要建立内部会计控制,为对外发布财务信息的真实性和准确性提供合理保证。1958年,美国审计委员会将内部控制分为内部会计控制和内部管理控制,开启了内部控制的"二元论"时代。

内部会计控制是为了保证财务信息的真实、准确;内部管理控制是为了保证企业的财产安全,提高经营效率,让企业的管理策略能够得到落实。

3. 第三阶段——内控模块阶段（也称"三元论"时代）

美国审计准则委员会 1988 年发布了《审计准则公告第 55 号》，将内部控制分为控制环境、会计系统和控制程序三部分。首次把控制环境纳入了内部控制的范畴，他们认为，内部控制的建立和生效，需要有一个良好的环境和土壤。如果这个条件不具备，那么内部控制建立得再完善也无法做到真正有效。至此，内部控制迈入了"三元论"时代。

控制环境，也就是企业里高层、中层和基层员工对内部控制的认知、参与度及执行情况。

4. 第四阶段——内控框架阶段（也称"五元论"时代）

1992 年，美国反虚假财务报告组织委员会（COSO）发布了《内部控制——整合框架》。他们认为，企业的目标是企业努力的方向，内部控制是为了实现或者达成这个目标所必需的条件，对任何企业或者企业的任何部门而言，内部控制非常重要。这里所说的内部控制要实现三个目标，涵盖五个要素。

三个目标分别为财务信息真实、合法合规及运营效率提升；五个要素为内控环境、风险评估、控制活动、信息与沟通，以及内部监督。

这个框架是划时代的，是内部控制领域最具代表和权威性的框架之一，同时被全球多个国家借鉴和采用，从而也将内部控制带入了"五元论"时代。

1.1.2 内部控制的今生

21 世纪是内部控制理论发展成熟的阶段，我国的内部控制也是从这段时间开始得到快速发展的。

1. 国外：《萨班斯法案》的出台

该法案出台前，发生了两件大事。

第一件大事，2001 年，美国的安然公司——全球最大的能源巨无霸企业（曾位列世界五百强的第 7 位）对外宣布破产。原因是，它的财务报表存在重大舞弊行为，出现了巨额的虚假利润。事件曝光后，其股票价格从最高每股将近 100 美元跌至 26 美分，让手握安然股票的投资者血本无归。

审计它的会计师事务所，即前五大百年老店安达信，为安然公司虚假的财务报告做了帮凶，出具了伪证（无保留意见的审计报告）。事件曝光后，安达信被美国司法界判定违反司法公正判断，也走向了倒闭。

第二件大事，2002年，美国电信行业的第二大公司——世界通信公司，也是安达信审计的，在两年一个季度中，虚增利润110亿美元，比安然公司的造假金额还要大。

这两个事情对美国的资本市场造成了很大的影响，因为在当时，美国的资本市场被誉为全球监管最好的资本市场，而这么多公司相继出现造假的情况且因此破产，导致投资者对资本市场失去了信心。为了挽回投资者的信心，加强企业的责任，美国的参议院和众议院联合起草了一个法案，在2002年7月，由当时的总统小布什签发生效。这就是著名的《萨班斯法案》。

法案中明确提出，公众公司应当建立内部控制，提高企业财务报告和审计的质量和透明度。企业的管理层负责执行内部控制，并对外报告内部控制的建立和实施情况，还要请外部的审计团队对企业内部控制的建立和实施情况进行鉴证和评价。为了保证这些能够得到有效实施，该法案还对这些要求制定了非常严苛的惩罚条件，执行的标准就是内部控制"五元论"时代的框架要求。

《萨班斯法案》的颁布和实施拉开了全世界企业加强内部控制的序幕。

2. 国内：内部控制体系的发展

中国的内部控制最早也有一个背景，也跟上市公司有关系。

2001年8月，时誉"中国第一蓝筹股"的银广夏，造假利润达7.45亿元，这个事情出现在美国能源巨头安然公司出事之前。事件曝光以后，很多上市公司的股价下跌，加上随后的美国安然公司造假丑闻，拉开了十几家大公司被曝光的浪潮。

- 2002年，证监会要求上市的金融企业要建立内部控制，还要委托会计师事务所进行监督和审计，看看这些上市企业是不是按照证监会的要求建立和执行了内部控制。

- 2008年，财政部联合证监会、银监会、保监会、审计署等五部委共同出台了《企业内部控制基本规范》，涵盖企业战略、运营、财务报告、资产及合规等方方面面，对我国企业实施内部控制起到了统领作用。这个规范要求上市公司和大型国有企业从2009年7月1日起施行，其他企业参照执行。

- 2010年，这五部委再次联合出台了三个配套文件，分别为《企业内部控制应用指引》《企业内部控制评价指引》和《企业内部控制审计指引》。三个配套指引的出台，为企业内部控制体系建设、评价及审计工作的有效开展提供了指导，这三套文件也被称作"中国版的萨班斯法案"。

应用指引，是企业建立并健全内部控制的参考；评价指引，是企业对自己的内部控制进行评价的参考；审计指引，是第三方事务所对企业内部控制的有效性进行审计的参考。

- 另外，由于行政事业单位与企业有本质不同，前者的经营目标是提供社会公共服务，而不是追求经营效益，所以，2012年财政部单独颁布了《行政事业单位内部控制规范（试行）》，要求所有党政机关和事业单位遵照建立和执行。

至此，中国的内部控制体系建设全面铺开。

介绍内部控制的前世今生，目的是让大家更全面地认识企业内部控制。了解历史，了解背景，才能知其然并知其所以然。那么，什么是内部控制？内部控制和我们每个企业有什么关系？为什么要学习内部控制？为什么要在企业实施内部控制？

关于上述问题，我会在接下来的章节中逐一给大家解答。

1.2 内部控制到底是什么？

先来看一段对话吧。

A："内部控制到底是什么？"

B："你走过大桥吗？"

A："走过。"

B："桥上有栏杆吗？"

A："有。"

B："过桥的时候，你扶栏杆吗？"

A："不扶。"

B："那，栏杆有用吗？"

A："有用。"

B："但是，你并没有扶栏杆啊。"

A："是的。可是，如果没有栏杆，我会害怕。"

B："内部控制就是桥上的栏杆，是企业的防护栏杆，能隔离企业的风险，帮助企业更安全、更健康地发展。"

要想真正了解内部控制，就要从以下6个问题进行了解。

- 为什么要做内部控制？
- 控制什么？

- 由谁来控制？
- 怎么控制？
- 怎么才叫控制得好、控制得有效？
- 哪些企业需要内部控制？

1.2.1 为什么要做内部控制？

内部控制的目标有5个。

（1）企业要合法合规地进行生产经营，不能做违法的事情，不仅要遵守国家的法律法规，还要遵守企业内部的各种规章制度。

（2）要保证企业的资产安全、完整，不要丢了，不要被人挪用、侵占，或者被员工拿回家了。

（3）不要做假账，要保证企业的账是真实、完整的，财务信息和数据是可靠的、值得信赖的。

（4）提高企业的运行效率和效果，防止各种潜在的浪费和损失。

（5）保证企业长期目标的实现，促进企业实现自己的发展战略。

内部控制的建立，必然会对特定人员的行为进行限制和约束。约束并不是目的，而是通过这种约束来控制企业重大的、潜在的一些风险。所以，从某种意义上说，内部控制是对人的一种保护，防止一些人因为不懂，或者粗心大意、不小心犯错，或者被人利用而犯错误，导致发生一些不可控的更大损失。

建立内部控制是为了实现企业的经营管理目标，不同发展阶段，企业目标不一样。在实现这些目标的过程中，存在各种各样的风险。因为这些风险的存在，会影响企业目标的实现。内部控制要做的就是分析这些风险，规避和防范这些风险，降低这些风险发生的可能性，或者降低风险给达不成结果所带来的影响和损失。

比如，道路上分机动车道和非机动车道，是为了降低车人发生交通事故的概率；而骑摩托车戴头盔、开车系安全带，就是为了降低交通事故对人造成的创伤。

所以，建立和实施内部控制，就一定要先弄清楚现阶段的控制目标，以及实现目标会有哪些风险，然后针对这些风险设计出合适的内部控制措施。

1.2.2 控制什么？

内部控制的对象有4个：人、财产、事情、信息。

（1）人。对人的管控是最难的，因为人有感情也有思想，既要让大家按照规章制度进行操作，又不能管得太严、太多。若管得太严，就会引起团队的抵触，导致企业如同一潭死水，没有积极性和执行力；若管得太松，重大的风险就无法得到有效的防范。

内部控制本身并不针对任何人，只是针对部门、岗位、部门与岗位之间的流程。好的内部控制，是在不信任的基础上进行设计，有效地运行，以达到员工之间最大的信任。

（2）财产。包括看得见的资产和看不见的资产，如车辆、厂房、钱、设备、资料、商标、专利等。对财产的控制，除了要保证财产的安全外，也要保证财产的使用效率和效果，避免闲置和浪费。

（3）事情。包括事前、事中和事后控制。

事前，要建立和健全规章制度，梳理企业流程，明确各部门、各岗位的职责和权利，对企业进行风险评估，找到风险，根据企业的风险承受能力，对风险采取一定的策略。事中，对风险进行控制，对业务流程进行跟踪和记录。事后，对内部控制的执行情况进行监督和评价。

（4）信息。包括企业内部信息和外部信息，不仅要保证信息真实、完整，还要保证信息能够得到有效的传递，保证决策人在进行决策时接收到了充分有效的信息，最后还要保证信息的安全，防止信息被篡改和泄密。

内部控制对公司的运营其实就是一种制约和平衡，通过对人、对事、对利益的制衡，来促进企业健康持续地发展。

内部控制有两个层面的意思。

第一层意思是股东对管理者的控制，也经常被称为公司层面的内部控制。因为内部控制的存在，股东并不一定要在企业任职，或者参与企业的经营管理，就可以了解企业的经营情况。

第二层意思是管理者为了确保实现经营目标而进行的控制，也经常被称为业务层面的内部控制。如果没有这些控制，从企业层面提些要求，大家就有可能不去做，或者不愿意去做；即使愿意去做，要么每次做的结果都不一样，要么不能达成预期的结果。

本书所讲的内部控制，主要是第二层意思。

1.2.3 由谁来控制？

对于这一层面的内部控制，由谁来控制呢？

上至企业的老板、高管，下至基层的员工，都是内部控制的主体。因为内部控制的实施，实际上是企业内部各种权限的划分。任何一项业务、一个事项，从内部控制的层面都需要解决"谁来经办""谁来审核""谁来批准""谁来记录""谁来监督评价"等问题，而这些问题就涉及企业各层级的所有人员。

中小企业的老板更多地占主导地位，企业的权利更多地集中在老板手里，所以他参与了企业各项控制措施的大部分流程，这也是一些中小企业老板认为内部控制不重要的原因所在。

1.2.4　怎么控制？

内部控制的方法和措施比较多，针对不同的事项有不同的方式。

比如，可以通过预算来进行控制，将企业实际的完成情况和预算进行对比，找出差异，通过对差异的分析，找到完不成预算的原因，对原因进行及时的分析和总结，对效果不好的一些措施和方法及时进行调整，从而不断地提高企业的管理水平。

比如，通过分权将企业的业务流程梳理清楚后，发现之前流程中存在的问题，然后重新进行设计，在关键的节点上进行控制，无论该关键节点上的人是不是亲戚，都一视同仁地实施审批、记录和跟踪业务过程，防止权力滥用等。

内部控制是综合的平衡，不同的发展阶段，目的不同，控制策略不同，应对的方法也不同。有的时候是放弃，有的时候是减少，有的时候是重点，和企业的整体发展目标相关，故需要结合企业的长期、中期和短期目标及重点工作配套实施。

不仅要建立内部控制，还需要对内部控制的实施进行监督，以达成有效的闭环。因为人都是有惰性的，所以缺乏监督的内部控制也不会长久。除了内部的监督，还有外部的监督。鉴于内部监督人员在企业的地位，导致一些内部监督并不能得到有效的执行和落实，甚至很多情况下，监督人员掩耳盗铃、敢怒不敢言。为此，就需要加强外部监督的力量。

1.2.5　怎么才叫控制得好、控制得有效？

是否有效，取决于企业阶段性目标和内部控制的标准和要求。

行业不同、企业类型和规模不同、企业发展阶段不同等，导致企业对内部控制有效性的理解是不一样的，对风险的承受能力也是不一样的。这个风险承受能力不仅取决于管理层的风险偏好，是愿意冒险的激进派还是不愿意冒险的保守派，也取决于企业自身的经济实力。

同样一件事情,在有的企业是一个重大的风险事件,而对于别的企业来说,并不值得一提。比如,对刚刚创业的中小民营企业来说,十几万元的损失很大,但是对处于成熟期的大企业来说,这就不算什么。

不同的企业对风险的关注度也不一样,有的关注整体的系统性的风险,如投资风险、管控风险、资金风险,有的关注市场风险、安全风险、质量风险。

企业要搭建什么样的内部控制体系,取决于企业的目标,和实现这个目标过程中会面临的风险。每个企业、每个阶段都有不同的需求和目标,所以内部控制是动态的,要结合企业实际情况及时调整。若要求过高,制度过紧,就会导致官僚主义,影响效率;若要求不高,制度过松,就会被人钻空子,管不住,问题不断。

所以实施内部控制时,要平衡风险和收益、成本和效益、规范与灵活,力求为实现企业的各项目标提供合理的保证,而不是绝对的保证。比如,小企业为了存活,会选择冒一定的风险做业务,如给客户赊账。对此类小企业,内部控制并不需要那么完善,而是要对企业现阶段最重要的风险事件进行管控,比如,存活和业绩的风险。

1.2.6　哪些企业需要内部控制?

一般来说,转型期的企业是最需要做内部控制的。这些企业从直接管理慢慢过渡到间接管理,老板既是企业的股东,也是企业的管理者,因为精力有限,事务较多,管不过来,故很容易出风险。

过去的经营管理更多地建立在对人的信任上,并不重视管理和监督,过多地追求效率,放弃或者部分放弃制约和制衡。但是到了转型期,很多企业随着人员的增多,以及管理难度的加大,内部的矛盾会变得非常多。对此,要逐渐地将"人治"改成"法治",加强对制度和流程的建设,将原来的一些个体户的做法、一些不好的习惯改掉,加强内部控制,以降低潜在风险发生的概率。

企业的性质不同,对内部控制的需求也不一样。相较于国有企业,民营企业的老板更重视内部控制,因为他们清楚,如果内部控制做不到位,损失的都是自己的利益。

有的企业并不重视和推进内部控制,虽然它们也需要。这主要是因为,企业的大部分利益掌握在老板手中,如果做了内部控制,就会影响老板的利益,同时业务流程太清晰,业务数据太清楚,也会给老板并不"干净"的业务带来一些税务上的风险。

还有些企业需要内部控制，比如，领导刚到一个新企业上任，要介入原有企业的管理中，打破原有企业的利益格局，就必须在股东和老板的支持下进行一系列的变革。再如，目前越来越多的企业面临着"二代"交接班的情况，如果在交接班之前把内部控制做好，就会有利于"二代"上手，参与企业的经营管理。因为"一代"老板的权威和影响力，有助于企业完成内部控制的推进工作。

内部控制是一个过程，而不是一个结果。它是实现结果的方式，它将各项控制活动渗透到业务流程和各项管理制度中，融入企业的各项日常管理工作中，为实现企业经营管理的目标提供合理的保证，而不是绝对的保证。

并不是说有了内部控制，企业的经营管理结果就一定能实现。因为不可控的因素和风险太多了，并不能通过内部控制就完全消除这些风险。

1.3 内部控制和我们有什么关系？

我国中小企业的平均寿命不足三年，究其原因，相当多的企业是内部控制出了问题，比如，没有建立内部控制，或者关于内部控制考虑得不周到、不完善，抑或是内部控制没有得到较好的执行，没有监督、没有业绩评价。尤其是民营企业，还存在老板"一言堂"、家族管理、野蛮扩张等问题，导致内部管理混乱，影响内部控制的有效执行。

企业规模越大，内部控制越重要，甚至决定着企业的生存与发展。

企业存在的目的主要有3个：赚钱（盈利）、无风险（安全）、长久的赚钱（基业长青）。内部控制就是企业实现这些目标的保障，主要解决企业3个方面的现实问题：

- 提升企业的赚钱能力；
- 提升企业的经营效率；
- 规避企业经营过程中的风险。

在提升效率的过程中，内部控制也关注企业经营数据的准确性和及时性。在规避企业风险的过程中，内部控制主要规避3类风险：经营风险、财税风险和舞弊风险。

1.3.1 提升企业的赚钱能力

实施内部控制来提升企业的赚钱能力，主要体现在以下两个方面。

（1）首先判断企业真实的赚钱能力。企业要合规发展，不要做违法的事情，如果之前赚的钱都是靠打擦边球，或者不开发票、不进账赚的，就说明企业并没有赚钱能力。企业误以为自己有赚钱的能力，有可能产品定价就是错误的，一开发票就亏了。

这个时候，要对企业之前的赚钱模式进行分类、分析和判断，保留合法合规的部分，逐步减少甚至是去除不合法、不合规的部分，并且定好规矩，定好流程，哪些能做，哪些不能做，哪些先做，哪些后做，等等。

（2）充分、合理地利用资产。企业的各项财物，包括员工，都是企业宝贵的资产。企业就是靠这些资产在一起有机结合、团结合作，生产出产品并赚取利润的。在这个过程中，资产过少、过多，或者丢失，都会影响企业的赚钱能力。资产过少时，在赚钱机会到来时，只能眼睁睁地看着机会流失；资产过多时，就会存在资金、设备厂房、人员的闲置，消耗掉企业本身的赚钱能力。

这个时候就需要通过内部控制，对这些资产的使用情况进行记录和判断，进行调整和优化组合，使资产得到充分、合理的利用，从而最大化地为企业创造价值。

1.3.2 提升企业的经营效率

实施内部控制来提升企业的经营效率，主要体现在以下3个方面。

（1）通过对组织结构的调整、业务流程的梳理和优化，提升部门和岗位之间有效沟通的效率和协调性，使各项业务进展得更顺畅，避免耽误时间。比如，在实施内部控制之前，关于一件事情，因为缺少流程和沟通，想做却不知道找谁，只能停工待料，导致效率低下。

通过流程和制度的建设，明确各个岗位的职责权限，避免不必要的推诿和扯皮。大家都知道办事的流程、涉及的部门和岗位人员，也知道需要准备哪些资料，由谁牵头去做，等等。即使是新入职的员工也可以尽快上手，进入工作状态。

（2）内部控制并不是越多越好，而是在对企业进行风险评估的基础上，按照重要性和成本性原则，找到关键控制点，进行布局。这样就能分清主次、抓大放小，提高经营效率。

哪些是关键问题？如销售中的定价环节，企业的产品怎么定价的，是按吨定价还是按米定价，是按天定价还是按工作量定价？定价时要考虑些什么？是不是只用考虑成本，还是除了成本还考虑加价？如果考虑加价，那么是加10%、20%、50%，还是200%？成本含什么？除了人工、材料，还有别的吗？房租和设备是怎么考虑的，是算在成本里，还是算在加价里，还是单独算？定价的时候要参考哪些人的意见，是不是一个人就能把价格确定下来？考虑清楚后，就要在这些关键的点上定下规矩，提出要求。

（3）为了提高效率，还得关注数据和财务信息的准确性和及时性。

在业务过程中，要么没有数据和信息的传递，要么提供的数据和信息有误，要么等上很久才会有数据和信息，这些情况都会降低企业的经营效率。

比如接了订单，不告诉生产人员安排排产，不告诉采购人员，方便他们提前准备材料物资，做完之后，都不知道就发货了，也不告诉财务人员挂上账，没人关注是否做完了，也没有人盯着去找客户要钱；或者明明生产15件A产品，结果因为告诉别人一个错误的信息，生产了12件B产品；或者过了很久，客户来催货的时候，才发现还没告诉生产部门。

这些都会严重影响企业的经营效率，造成很大的内耗。

1.3.3 规避企业经营过程中的风险

企业经营过程中存在各种各样的风险，如经济风险、政治风险、战略风险、市场风险、经营风险、财务风险、税务风险、管理不善及舞弊风险等。

1. 经营风险

经营风险包括战略不清晰、市场定位不准、受宏观经济影响等，直接或间接影响企业的赚钱能力和经营效率。

企业的采购、销售、生产环节与财务脱节，管理失控，再加上企业整体风险意识不强，也没有规范意识，会给企业带来很多经营上的风险。本书后面将会分章节对这些方面的内部控制存在的问题和解决方法做详细的讲解，此处不再赘述。

2. 财税风险

企业面临的监管环境和财税环境，这几年也发生了很多变化，尤其是税务方面，金税三期、四期把企业变成了透明体。

很多企业财务基础差，财务力量薄弱，一方面是因为老板或者企业管理者不重视，另一方面是因为没有合适的人选。有的企业让亲戚管财务，但亲戚并不太懂，也不够专业；有的企业在外面找代理记账，花费比较低的成本，也得不到更专业的服务，只能简简单单对付税务局的报税。因为专业能力不够，导致财务账上出现各种各样的问题和潜在的风险，并且这些风险并不会随着时间的推移而消失，反而会越积累越多，风险也会越来越大。

比如，有的企业报给税务局的报表，数据之间不符合逻辑和常识，数据之间的比值异常，与同行同规模的企业相比异常过大，波动也比较大，会给企业带来税务风险，若处理不当，企业还会面临比较多的滞纳金和罚款，甚至是资金链断裂导致企业倒闭。

又如，有的企业账实不符，账上有库存，仓库却没有东西；或者账上没有库存，仓库却一堆库存；又或者仓库的东西和账上对不上。之所以出现这些问题，有可能是因为平时记账记得不对，也可能是因为之前虚开了发票，或者找了虚开的发票进了账；有的是把东西卖了，没有开发票，就没有进账；有的是不想缴税，就没转成本，或者成本转得少。对于这些问题，若一直在账上不处理，迟早会出现财税风险，因为只要检查人员来现场，一查看就能发现。

再如，有的企业对"钱"缺乏管理，如果能对企业的"钱"做好管理，进行预测，就可以大概知道借款的到期时间和金额，从而提前做些准备工作，采取一些措施，如压缩采购开支，积极找客户收欠款，想办法借钱，以应对未来的还款。但是，如果平时没有对资金进行监测，那么到要还款的时候，就会回天无力。有的企业还不知道已经到日子了，有的是因为忘记了，有的是来不及准备要还的钱，尤其还是银行等金融机构的钱。本来业务上经营得很好的企业，可能会因为钱的问题没有管明白，导致企业资金链断裂，出现经营困难，甚至是倒闭。

除了到期无力偿还贷款的问题，有的企业还存在重复付款的问题，比如，一笔开支多次支付，却没有人发现，没有人核对和检查，也没有规避机制，导致钱财流失等一系列问题。

这些都可以通过内部控制的具体制度、流程、表单和手段进行规避。

3. 舞弊风险

（1）采购人员"吃回扣"的问题。为了拿到回扣，他们采取各种办法让不合格的供应商进入公司，甚至为了让招标更像真的，他们会找认识的供应商一起参与围标等，或者买一些质量比较差的材料，影响公司产品的质量和客户满意度。有的公司让买一吨货，采购人员就买两吨。之前有家客户，不大的公司，一个月买了48把扳手。有的采购人员买更贵、质量高配的材料，来获取利益。只要公司没有要求，没有定标准，买什么、向谁买、买多少，就是采购人员说了算。

（2）销售人员可能存在的问题。他们会截留货款，自己留下一部分，余下的再付给公司；有的销售人员会截留给客户的返利和佣金；有的会截留给客户的赠品；有的会变卖资产和产品，故意廉价卖出去，中间拿差价或者好处费；有的和客户串通，骗取业务提成，再退款退货；还有的把公司的产品拿到别的公司去卖，或者把别的公司的产品，借用自己公司的客户资源卖掉来赚钱；还有的虚报费用，找假发票来报销，如本来住宿200元，却按400元来报销，或者本来出差三天，却按五天报销，等等。

（3）其他员工可能存在的问题。比如，下班时，顺走公司值钱的东西，拿走企业的产品和半成品出去变卖；虚报工时和加班，冒领工资和财物等。

有的是个人行为，有的是团伙行为，有的是公司的整体行为，如财务造假等。

舞弊是社会和企业的顽疾，几乎没有哪家企业具有免疫力，只要具备条件，就有可能发生。

因为舞弊有好处，给孩子找个好学校，家人生病了需要很多钱，有人二话不说借钱给你，这些都算是好处。有的一开始还好，后面经不住别人一次两次的热情，今天请吃饭，明天请泡澡，后天"糖衣炮弹"加美女。你后面要拿公司的利益去交换，或者在别人来办事的时候，给人家提供方便，睁一只眼闭一只眼地装作没有看见。再往后，如果公司没有发现，或者没有采取什么措施，方便之门就会越开越大。

舞弊会造成公司损失，如钱财或者利润，导致公司竞争力下降，影响企业风气，促使员工触犯法律。且舞弊无处不在，各业务环节和流程中都有可能发生，还不容易被发现。有的时候即使被发现了，也无法制止，因为管理成本很高，不仅要花钱，还会影响效率。

所以，我们需要制定一些"游戏"规则和内部控制措施，制定一些制度、流程，采取一些手段和措施，比如，招聘关键岗位的时候看一下家庭条件，花点代价做一些控制；比如，在金属制造企业门口装一个金属探测仪；比如，在公司装一个举报信箱，接受员工、供应商和客户的举报等。

有的企业把握一个原则：不严重的话就装作没看见，严重了就管一管。有的企业甚至对采购人员和销售人员默认了舞弊，作为一种奖金分配，给这些业务人员比较低的底薪，心照不宣地达成一种平衡。

实施内部控制，本质上出于善意，为的是打消员工犯错误的念头，提醒员工不要动歪脑子。要不断培养员工的规范意识和法律意识，培育感恩文化、正向积极的企业文化，毕竟好的环境会让坏人变成好人。

内部控制是企业提升管理水平的一个非常重要的工具，管理者要不断地随着企业内、外部环境的变化，逐步调整和优化内部控制。这个工具如果用得好，就能给企业带来巨大的价值；若用得不好，就如同鸡肋一样，食之无味，弃之可惜。

有些企业的内部控制就是做给别人看的，并不是真正为了自己企业的管理，不管内部控制是否适用，仅仅为了做而做。如果是这样，真不如不做。

1.4 内部控制是谁的事？

内部控制在被上市公司或者大型企业开始实施的时候，最早是从财务这条线往下推动的，外部审计或者检查人员来公司检查或者监督内部控制的执行情况时，对接的部门主要是财务部，所以给大家造成了误解，认为内部控制是财务部门的事情，和财务关系密切。

其实内部控制是企业"一把手"的事情，各企业、各下属单位、各部门的"一把手"是内部控制的第一责任人，他们有责任也有义务在自己所管辖的范围内建立和健全内部控制，并且保证内部控制能得到有效的执行。

"一把手"可以将内部控制的日常操作，如初步设计、建立、制度起草、监督或者评价等具体工作交由任何一个管理部门来负责，但是最终的结果都是"一把手"来承担。

在内部控制的建设和运行中，有4件事情必须得由"一把手"亲自来做。只有"一把手"亲自做了，才能引起各级管理层及员工的重视，才能保证内部控制发挥较好的作用。

哪4件事呢？即分好权、分好钱、做好裁判和带好头。

1.4.1 分好权

要想分好权，首先就得"一把手"充分重视，先定好企业的目标，包括长期、短期和阶段性的目标，然后把目标传递给各级管理者，定好实现目标要达到的要求和标准，不仅要在抓住关键管控点的基础上逐步放权，还要在权力责任分配不均或者不公平的情况下，或者部门之间沟通不畅、出现扯皮现象时，及时做好裁判工作，让分下去的权更合理有效。

（1）定目标。

要非常清楚企业的目标，希望企业未来做成什么样，战略目标是什么，五到十年的长期目标是什么，三到五年的中期目标是什么，明年的短期目标是什么；

为了实现这些目标,要怎么做;在实现不同阶段目标的过程中会有哪些风险,哪些是重大风险,哪些不是重大风险;如何规避这些风险;为了规避这些风险,需要制定哪些制度和流程。

定下目标后,要将其传递给各级管理者。各级管理者在自己的能力范围内逐级分解这些目标,除了要确保目标全部分解下去,还必须有富余量,不能严丝合缝,以防因发生意外事件而导致目标无法实现。这些具体的目标包括经营目标、财务目标和发展目标,如市场开拓情况、产品合格率、损耗率、人才流失率等。

(2)定标准。

定好大的框架,确保各级管理者不会过于关注短期目标,不会因机会主义而做出损害公司长期利益的行为,并且确保各级管理者不违反法律法规和公司的规章制度外,也要保证各级管理者及时将完成情况进行反馈,确保数据和信息能及时地在流程中进行传递,最终传递到财务人员处,从而得到有效真实的完成情况。

这些标准包括公司的采购策略,比如,是集中采购还是分散采购,是用招投标方式买东西还是以货比三家的方式买东西,抑或是说不同的情况下用不同的方式,都要提前做好规定;包括销售策略,比如,能不能给客户赊账,哪些客户能赊,能赊多少,产品的价格怎么确定,等等。

(3)分权力。

在"不丧失控制权的前提下"进行授权和分权,授权要明确,并且要公示,让相关人员均知道相应的流程和权限。根据企业发展阶段的不同,灵活使用"人治"和"法治",对于常规的、经常发生的成熟的业务,使用"法治",定好规章制度,规范化管理;对于新业务、新产品、高风险或者变动比较频繁的业务,采取"人治",由"一把手"或者高级管理者在综合考虑企业的目标和发展阶段后进行判断和定夺。

另外,授权、分权不是放权,把权力分出去就不管了,美其名曰完全信任,但这样做和信任不信任没有任何关系。要对分出去的权力和事情,建立相应的监督和反馈机制,及时跟踪和了解权力的执行情况,防止管理者滥用职权或者不作为,躺在权力上睡大觉。

1.4.2 分好钱

要将企业的目标和员工的个人目标绑定在一起,企业实现目标,员工也得以实现对应的目标,如涨工资、升职、评比优秀等。

这就要求"一把手"要做好分钱策略，明确管理者和员工的工作做成什么样子，能获得什么样的奖励和惩罚。除了制定相应的绩效标准，还需要采取一系列的措施，对大家在内部控制中的执行情况进行记录和监督，确保奖惩公开、透明，从而激发大家的积极性，努力完成目标。

1.4.3 做好裁判

分权过程中，由于管理者的能力不足，有的权力并没有得到很好的执行，或者职权和责任没有完全分清，存在模糊地带；或者权利分配不合理、不公平，导致部门之间存在扯皮现象，从而影响企业的经营效率；或者由于管理者理解的问题，导致业务流转过程中存有争议。这时候就需要"一把手"做好裁判，及时根据企业的目标和任务情况进行决策，确保事情能找到责任人并得到快速有效的解决。同时要及时对该项决策的受影响情况和执行情况进行跟踪，看是否需要调整决策，或者是修改授权、完善部分管理人员的职责。

关于做好裁判，还有一件重要的事情需要做，就是要和员工讲清楚企业实施内部控制的必要性和重要性，即理顺大家的工作流程，提高效率，达成企业的目标。企业的目标达到了，员工的个人收入才能提高，进而让内部控制获得员工的支持和理解，减少实施过程中的阻力。

1.4.4 带好头

"一把手"要以身作则，带头遵守公司的各项流程规章和制度，不能走形式，如果只做口头上的支持，或者只对下属要求严苛，自己却带头跳过流程和制度，就会让制定好的流程和制度形同虚设，得不到有效的执行。只有内部控制得到有效的执行，企业的一些风险才能得到规避，运营也才能更高效，最终达成企业的目标。这样一来，除了员工能获得一定的好处外，最大的受益者其实就是"一把手"自己。

在利用内部控制对管理层进行管理的时候，是有很多的方法和规律的。这些是公司层面的内部控制，需要通过一定的股权架构、业务链条架构和财务管理手段等方式进行管控。比如架设多层次股权架构，通过股份占比、股东会、董事会和监事会等高级手段对企业进行管控，本书中对这些暂不做深入讲解。

比如，我们很多人并不会造车，也不懂车的构造原理，但是大家会开车，因为只需要知道如何操控汽车，在操控的过程中有哪些注意事项就行了。所以，要了解业务，了解业务流程，了解关键要点，了解注意事项，把管理的要求渗透进去。

另外，在具体实施内部控制的时候，并不一定要专门成立内控部，毕竟每个企业的规模不一样，发展阶段不一样。至于具体实施内部控制的工作，既可以让行政部、审计部或财务部牵头，也可以让相关骨干人员兼职，还可以外聘兼职人员，甚至可以外包，由第三方服务机构来代为履行相应的职责。

注意：在做内部控制的权力布局时，要更多地关注大家的利益，包括小股东的利益、管理者的利益、员工的利益，甚至是监管机构的利益。

1.5 为什么"我"的内部控制失效了？

既然内部控制这么重要，与企业的生存和发展有着紧密联系，那么为什么很多企业做了内部控制，却达不到想要的效果呢？比如，企业仍然效率低下，财产流失，安全无法保障，"跑冒滴漏"现象屡禁不止，违法违规现象依然存在等。

1.5.1 内部控制失效的原因

为了判断内部控制是否有效，我们先来分析一下内部控制失效可能的原因。一般来说，主要有以下几个方面。

1. 内部控制环境比较差

什么叫环境差呢？主要还是管理层对内部控制的认知程度和重视程度不够、管理者个人能力不足及管理偏好过于激进冒险。当然，管理层的认知程度和重视程度也会影响员工的认知程度和重视程度。面对一件事情，大家没有一个全面的认识，或者对它不够重视，一般情况下是做不好的，因为大家认为总有比它更重要的事情，比如销售。

大部分企业的管理者是从销售转型过来的，或者直接就由销售人员兼任，他们崇尚"销售为王"，一切影响销售的都是障碍，不被他们推崇和认可。他们认为，内部控制不能给企业带来经济效益，只会增加成本、增加流程，影响效率。

环境差的另外一个表现是，大部分民营企业规模小，人员少，内部职能部门设置不全，一人多岗，分工不明确，导致内部控制并不能得到较为有效的运行。

2. 内部控制制度不健全

制度不健全，主要是因为在设计内部控制的时候，没有考虑周到，制定的制度本身就不合理，举例如下。

- 制度太抽象，又比较空洞，缺乏操作性和指导性，没有办法落地；制度很严，不接地气，实际上很难做到，导致执行人员弃之不理，比如销售环节，制度要求先收钱后发货，但在现实情况下，大部分民营企业很难做到。
- 随着新业务、新商业模式等新情况的出现，原有的制度和流程并不适应现有的新情况，却没有及时进行修改，导致制度过时，无法发挥作用，甚至还会起反作用。
- 每个部门分别制定自己的制度，导致涉及同一个流程，不同部门的制度都不一样。执行人员无所适从，不知道到底要怎么办，到底按哪个部门的要求来做。

还有一种情况，就是没想着认真去做内部控制，只是为了应付别人的检查，为了证明自己有内部控制管理制度。其实在实际执行的时候，大家并不是按照制度上写的要求进行操作，因为它就是个摆设。

3. 内部控制执行不到位

很多企业内部控制不能有效运行，且达不到控制的效果，这并不是因为制度中缺乏规定，而是因为制度中明明有要求、有规定，但是企业并没有遵照制度的要求去执行。对此，企业不仅要增加制度的细节要求，提高制度的可操作性，更要想办法加强制度的执行力，举例如下。

- 对内部控制的执行情况进行监督和检查，并且将内部控制的执行情况与考核绩效挂钩。
- 对内部控制的执行情况进行记录和跟踪，发现执行过程出现的问题和偏差，对这些问题进行分析、查明原因，及时调整不合理的地方。如果是制度不合适，就要及时修正，不能因为鞋不合脚就放弃，或是任由鞋磨破脚皮。

执行过程中还有种情况会影响内部控制的效果，就是内部控制的执行影响了相关部门的利益，他们又不方便明说，只能找各种借口不去遵照执行。比如，时间紧、任务重，要跳过流程，紧急采购或者紧急发货；市场变化快，而流程太慢，影响效率；忙不过来，要求配人，否则没法做，等等。

4. 忽视信息化建设

很多企业没有建立自己的信息化系统，缺少数据的支撑，导致企业的决策和判断，要么是没有数据，要么是数据错误，所以内部控制的运行效果并不好。

企业财务部门其实是非常重要的数据中心和信息中心，企业要充分重视对该部门财务能力的培养和提升，力求其发挥财务管理的作用，而不是仅把财务作为一个记账和报税的部门。

另外，有的企业设有相关的信息系统，但没有用起来，或者用的过程中不顺畅，各个部门之间，或者部门和岗位之间缺乏良好的沟通，导致企业整体运行效率较低。

5. 内部控制本身存在局限性

比如，内部控制的有效性与人的能力有关，如果执行人员的能力不够，无论是理解能力还是沟通能力，都会影响内部控制的效果。就拿新业务、不经常发生的业务来说，因为不常发生，大家对这类业务没有什么经验，并没有比较好的应对方法，就会导致内部控制效果不好。再如，如果管理层凌驾于内部控制之上，只对下属和员工进行约束，建立制度都是为了监督和管理下属，就会造成员工的逆反，同样会使得内部控制不能得到有效的运行。

所以，在做内部控制的时候，要对以上情况进行分析，然后分别根据不同的情况采取不同的方法和措施。

1.5.2　谁来评价有没有效？

内部控制有效还是失效，谁来进行评价，又评价些什么呢？

对企业内部控制的评价，是由企业的"一把手"、董事会等权力机构来做的。他们对内部控制的建立健全和评价承担责任。

《企业内部控制基本规范》中要求，对于上市公司和大型国有企业来说，不仅要建立健全自己企业的内部控制，还要对所建立的内部控制进行评价，对内部控制到底是否有效发表结论。如果有效，就承诺有效；如果不太有效，就要说明为什么无效，是哪里无效。另外，还需要花钱请外部的审计师对企业内部控制的有效性进行审计，并对外报告审计的结论。

企业要定期对自己的内部控制进行评价，看看还存在哪些方面的控制缺陷，已经通过有效的控制消除或降低了哪些风险，还有哪些风险没被有效控制，还有哪些控制缺陷需要继续采取有效的措施进行完善。

1.5.3　如何真正做到有效？

如果想让内部控制真正有效，控制措施落到实处，就需要企业的管理层高度重视，做到事前、事中和事后的各项控制相结合。

- 事先，做好计划和决策，做好制度设计和流程设计，搭建好合适的组织架构，职责分明。

● 事中，采取措施以确保内部控制得到有效的执行，如及时跟踪，做好检查和监督。

● 事后，做好分析和评价，做好总结和奖惩，同时要不断根据企业的情况，修正和完善现有的内部控制制度。

此外，还要将内部控制的建设工作与企业的信息化建设工作紧密结合，借助现代信息化工具来建立和完善内部控制体系，使内部控制在企业内得到有效的运行，从而实现企业的经营目标。

1.6 内部控制是必须的吗？

并不是所有的企业都需要非常完善的内部控制，也不是在企业内部的每一个业务环节都需要内部控制。因为除了内部控制，信任也非常重要。

1. 内部控制只是一种管理手段，而不是目的

内部控制是基于出钱投资企业的股东和实际管理企业的人不是同一批人，双方发生了委托代理的关系而产生的。股东出了钱投资一个企业或者多个企业，因为精力有限或者个人能力的不足，不能对每个企业做到亲力亲为，所以就产生了请人代为管理企业的需求。股东和管理者在企业中的利益不同，参与企业的深浅程度不一，便产生了信息差，所以，就出现了内部控制的牵制需求，防止管理者不好好经营、乱花钱、乱投资、不作为，或者是谋取私利，侵害股东的权益。

如果股东同时又是管理者，他对内部控制的需求其实并不是非常强烈，所采取的内部控制方式也更简单、更原始。

2. 内部控制作为一种管理手段，实施成本非常高

为了保证内部控制的有效性，企业要增加很多的控制活动。比如，要多招人，保证一件事情有两个或两个以上的人来参与；比如，要多花钱，多招人要多花钱，在原有简单的业务流程上增加审核、监督、检查环节，甚至还需要花钱培训，花钱请第三方中介机构协助建立，并且流程的增加也会影响企业的效率。若花了钱、招了人，却没有做好，还会打击员工的积极性，由此看来，实施的代价非常大。

3. 对某些企业来说，信任更重要

对初创企业来说，如何在激烈的市场竞争中存活下来才是最重要的，规范和

内部控制并不是那么重要，不仅不划算，还耽误效率。初创阶段，企业的目标和方向都没有成形，也不成熟，本身也存在很多风险，所以没有太多控制的必要，更多的是简化管理，提高效率。

初创期的企业，需要的不是内部控制，而是信任。此时企业的人员都是核心人员，大家的目标是一致的，人也比较少，每个人做什么，其他的人都知道，并不需要监督，也没有什么制度，完全靠人与人之间的信任。如果这个时候加入一些内部控制，就会严重影响核心人员的积极性，导致部分人员因为不信任而离职，甚至会增加企业的沟通成本，企业也走不长远。

非上市的家族企业，也不太需要内部控制，只需要对资产的安全做一些简单的控制。比如，要管钱，就让老板娘当出纳；要管仓库，就让老丈人或者父亲当门卫。这种情况更多的是靠对关键管理人员的信任来实施企业的各项管理，并且关键的管理人员都是亲戚、朋友。采用这种方式，一方面可以保证效率；另一方面可以控制风险，同时，"肥水也不流外人田"。

4. 对某些业务和某些流程来说，内部控制并不起作用

由于企业业务的复杂性、多样性，再加上市场是瞬息万变的，很多业务并不是成熟稳定的，甚至是全新的，因此刚开始时并没有合适的内部控制，如果套用企业成熟的制度和流程，就会制约企业的发展。此时需要的是为这些创新业务单独设定原则，灵活处理。

如前文所述，内部控制是建立在不信任的基础上的，是为了实现系统自发运行的最大信任。内部控制和信任正好相反，在缺乏内部控制的时候，更多的是需要信任。企业小的时候，信任越多，控制越少。但是随着企业的发展，管理者根据"踩过的坑、碰过的雷"和"撞过的南墙"，积累管理经验，逐步加强管理，完善各种制度，通过合理有效的控制，信任也会越来越多。

我们不能盲目地推崇内部控制，也不能完全抛弃内部控制，而是要根据企业的实际情况、发展阶段、管理水平，建立合适的内部控制机制，让内部控制真正为企业的发展壮大保驾护航。

总之，企业内部控制就是要在企业内建立起一套"有法可依、有法必依、执法必严、违法必究"的保障机制。

第2章 内部控制的基本概念

"内部控制"是个非常专业的管理用词,为了让内部控制真正有效地服务于企业,我们需要对这个专业用词进行解释和说明,方便大家理解和运用。

只有充分理解了"内部控制"的含义,才能更好地将内部控制的理论与企业实践进行结合,建立适合企业发展的内部控制,以达到通过内部控制促进企业发展的目的。

关于内部控制的基本概念包括:

- 内部控制的五项基本原则;
- 内部控制的五要素;
- 内部控制的根本;
- 内部控制常用的方式和措施;
- 制度的形成原理及要求。

2.1 内部控制的原则

通过对第一章内容的学习，我们知道了内部控制对企业的生存和发展非常重要。尽管有的企业更重视信任，但它们也会有一定程度的控制。管理者在设计和实施内部控制的时候要有尺度和标准，以确保内部控制真正有用，真正服务于企业。这些尺度和标准就是内部控制的原则。

内部控制的原则主要有五个：全面性、重要性、制衡性、适应性和成本效益原则。

简单来说，首先要全面，全面的同时要抓住主要环节和重要环节；其次要保证这些关键的事情有其他的人负责检查或者监督，制定的内部控制措施要适合企业现阶段的发展状况，然后随着企业的发展壮大逐步优化和完善；最后要考虑实施内部控制的成本和代价，不能为了控制而控制，也不能事无巨细地全部进行控制，要以比较低的、合理的成本达到最好的控制效果。

2.1.1 全面性

内部控制从设计开始就要涵盖企业的方方面面。

首先是企业所有的岗位，上至管理层，下至基础员工；

其次是企业所有的业务，包括销售、采购、生产、设计、投资和管理等；

再次是企业所有的流程，包括决策、计划、执行、监督、反馈等；

最后是企业的发展战略，公司层面的控制、议事规则也需要纳入内部控制的范围。

2.1.2 重要性

要在兼顾全面性的基础上突出重点，抓大放小，对那些重要的业务、重要的业务单位、重大的事项及高风险领域加强控制，使用更严格的控制手段。

怎么判断一个业务、事项和业务单位是重要的呢？

一般来说有三个参考指标：资产、收入和利润，也就是业务和业务单位的这三个指标的数量分别占该项指标总量的比重，比如，某业务的资产占公司全部资产的比重，收入占公司全部收入的比重，利润占公司全部利润的比重。但并不是三个指标对应的比重都需要超过一定的数值，而是任意其中一个指标的比重超过了就算重要。

在实际操作中，我们把重要性的比例定为10%。比如，一个子公司的资产规模超过了整个集团公司资产规模的10%，那它就是重要的业务单位；再如，一个产品的收入规模超过了全公司收入规模的10%，那它就是重要的产品。

重大事项一般是与公司有直接关系的，如新投资一个产业、新成立一个公司、合并重组公司、换老板换股东等。

高风险业务包括股票、期货、期权交易，特殊的跨境业务，受国家法律法规特殊监管的业务等。

重要性同时要求，并不需要控制业务流程中的每个环节，只需要抓住关键控制点就行。比如，采购入库时重点抓住验收环节，销售收款流程重点抓销售人员不能违规收钱这个环节。

2.1.3 制衡性

制衡主要是为了互相牵制，减少出错和舞弊，因为两个人犯同样错误的概率比一个人犯错的概率低，而且让一件事情由两个人完成，能起到相互监督和牵制的作用。主要的体现就是签字，各工序之间半成品、工件、产成品，以及其他物品和信息之间的转移需要签字。

企业在进行组织结构设计和流程设计时，不仅要关注业务流程是否顺畅高效，更要关注流程中有可能出现的漏洞和风险。对于关键环节，要让两个人参与，一起完成。比如，一个人做业务，另一个人做记录；一个人管东西，另一个人管仓库的账，定期核对。如果因为各种原因不能将同一件事分离，就要采取一些补救的控制措施，比如，用短信通知来了解银行余额的变动情况，防止出纳没有经过审批和签字，就把公司账上的钱转到了不该转去的地方。

制衡会增加业务流程和控制环节，在一定程度上会影响效率。但是如果不增加流程和控制环节，就会给企业带来巨大的潜在风险。比如，销售的时候，销售人员不仅负责收款，还负责和客户之间的对账，这样就会存在销售人员截留货款，甚至卷款"跑路"的风险。我们要知道，效率的高低只会影响企业发展速度的快慢，但是风险一旦发生，就有可能关系企业的存亡。所以在重大的风险面前，牺牲一定的效率是控制风险所必须付出的代价和成本。

做内控其实就是为了提高企业整体的、长期的经营效率，虽然会影响部分岗位或者环节的效率，但是从整体和长期来说是必须的。比如，我们在道路上安装红绿灯，红灯亮起时，确实会给要通行的车辆带来影响，导致人们有可能不能及时赶到目的地，但是对于整个城市来说，如果没有红绿灯，交通就会一团糟，大家就都不能及时赶到目的地。

2.1.4 适应性

适应性要求企业的内部控制要符合企业的实际情况，包括企业所有者形式、所处行业、经营规模、企业文化等。我们可以借鉴别的企业的制度流程和管理经验，但是不能照抄，因为适合别人的并不一定适合我们自己。有的时候尽管业务是一样的，但是干活的人不一样，控制的结果也不一样。

再说，企业采取哪些内部控制措施，取决于企业的目标。如果企业想上市，就需要更严苛的内部控制措施；如果不想上市，那么达到"一把手"的要求，就算是合适的内部控制。

另外，适应性还体现在，内部控制要与企业的发展相契合，要与时俱进，根据企业环境的新变化、新问题，进行调整和修正，而不是一成不变的。

就拿固定资产制度来说，有的企业设备多、厂房多，需要制定固定资产制度，比如，购买、移动（从一个厂房移到另外一个厂房）、报废、处理等，都需要明确的规定。但是很多企业，除了电脑就没有别的设备，对于这样的企业，资产管理制度就不需要那么详细，一句话就行，或者不需要这套制度也可以，毕竟也不会出现很大的风险。

2.1.5 成本效益原则

为了预防、发现和纠正错误，不惜一切代价有时会得不偿失，也可能达不到我们想要管控的效果和目的。

管控是有代价的，结合企业的目的、发展状况和经济能力适当来做即可，如果不计成本地去推行内部控制，将会得不偿失。

所以，在设计内控制度的时候要做好平衡和取舍。比如，为加强内控而增加一个岗位要花的钱，和因为不增加该岗位而带来的风险，哪个给企业带来的损失更大？再如，有些企业要求先签合同后发货，这样会损失掉一些客户，甚至会丢掉不少的订单，但是如果不这样做，就会出现很多坏账，企业辛辛苦苦白做。对此，我们就需要算一下账，哪种做法更划算，对企业更有利。选择对企业更划算的、更有利的那个去做。

不要想着消除所有的风险，只需要将风险控制在企业可以接受的程度之内就行。

在平衡内部控制的风险、收益和成本时，有两个极端要避免：第一个极端是，为了节约成本，一点额外的控制都不做，即使是高风险业务、重大的事情，也不舍得投入必要的控制成本；第二个极端是，为了追求控制，增加过多的控制程序，并且要求强制执行，缺少灵活性，导致效率非常低。比如，某个企业为了买一台电脑，需要14个人签字。

内部控制需要技术，也需要艺术，不仅要达到控制的效果，更要达到控制的目的，适合自己的才是最好的。

2.2 有效内部控制的五要素

从第一章内部控制的前世今生中我们了解了，内部控制从无到有，从内部牵制的"一元论"逐步发展成相对成熟的"五元论"之后，变化就不大了，基本延续到现在。

"五元论"就是内部控制的五个要素，也就是说，要建立合适有效的内部控制，就必须从这五个方面分别考虑：内部环境、风险评估、控制活动、信息与沟通以及内部监督。这五个要素相互关联，相互影响，缺少其中任何一个都会影响内部控制的整体有效性。

2.2.1 内部环境——内部控制的土壤

内部环境是指企业"一把手"或者管理者对内部控制的认知、态度、观点、管理理念、管理风格、参与程度等，主要体现为企业的组织结构、发展目标、人力资源政策、社会责任和企业文化等，它是内部控制赖以生存的"土壤"。

如果"一把手"或者管理层对内部控制的认知不到位，或比较片面，或缺乏重视，将导致内部控制要么推行不下去，要么形同虚设。内部环境对企业发展阶段的影响也与企业的性质有关，不同发展阶段、不同所有制企业对内部控制的要求和重视程度不一样。

比如，初创期的企业管理者并不重视内部控制，更多地依赖信任；衰退期的企业需要从繁文缛节般的内部控制中精简出来，转而要求更多的灵活性和适应性。

再如，国有企业和民营企业进行内部控制的目的和需求不一样，动机不一样，做法不一样，重视程度也不一样。

关于内部环境的具体内容，我们将在本章第三节详细讲述。

2.2.2 风险评估——内部控制的依据

企业从成立开始，到发展逐渐稳定、成熟、衰退，每个阶段都面临着很多风险，如法律风险、经营风险、质量风险、安全风险、资金风险、合同风险、用工风险，还有税务的风险。比如，财务账上如果有长期挂账应该收的钱没有收，或者长期挂账应该付的钱没有付，就有可能面临着税务风险。

1. 对风险进行分类

风险是客观存在的，我们要对风险进行分类，看看是企业外部的风险还是内部的风险；哪些是重要的风险，哪些是不重要的风险。当然，是不是风险取决于企业的目标，也就是说，企业的目标，决定了企业要承担什么样的风险。

2. 对风险进行分析

对风险进行分析，包括分析它的可能性和严重性，就是这个风险多长时间会发生一次，是经常发生还是偶尔发生；发生后有多严重，会对企业造成什么样的后果。

3. 对风险进行评估

风险评估就是根据风险的可能性和严重性对风险进行排序，对于不同的风险采取不同的控制措施。比如，将那些可能性大、影响程度又大的风险作为重点管控对象，优先采取措施进行控制。

4. 对风险进行控制

我们进行内部控制的目标并不是要把发现的风险全部消除，首先是因为不可能，其次是因为没有必要。我们控制的理想目标，就是采取一系列的控制措施，降低风险发生的概率，减轻风险的影响程度，把风险控制在企业可以承受的范围以内。也就是说，一些风险依然存在，但是没有关系，我们能承受剩余风险有可能带来的损失和影响，企业依然能够继续生产经营，这些风险的存在也不会影响企业目标和任务的完成。

对于风险，企业一般有4种应对策略。

- 第1种，风险放弃。如果事情发生的结果有可能是我们接受不了的，那么这个事情就不要去做。
- 第2种，风险降低。知道某件事情有风险，但是我们可以采取很多的控制措施，要么降低风险发生的概率，要么减轻风险带来的损失，所以我们并不担心。我们可以通过这些措施的实施，把风险控制在企业能够承受的范围内。比如，我们在开发新产品之前，一般会做市场调研，看看是否存在卖不出去的风险，市场调研活动就是降低风险的一种措施。

● 第3种，风险分担。某件事自己做，风险比较大，万一出什么事情，我们承受不了。这个时候可以和他人合作，降低我们所承受的风险。买保险也是一种风险分担行为。

● 第4种，风险承受。某件事有风险，但是经过我们的评估后，发现风险很小，即使这个事情做错了、失败了，我们也能承受风险。对此就算不采取什么措施也是可以的。

2.2.3　控制活动——内部控制的方法

控制活动，是企业结合风险评估的结果，对企业内部可以控制的风险，采取的一系列的控制措施。根据企业管理层的风险偏好，将风险控制在他们可以承受的范围内。

企业采取什么样的控制活动，取决于风险评估的结果，根据风险的排序情况和形成原因，分别采取不同的控制活动。

控制活动要做到事前控制、事中控制和事后控制。

● 事前，通过制度和流程的设计、修订、完善来进行控制；

● 事中，通过各种业务表单、签字、文件和信息数据的流转和记录进行控制，并且要与企业的计划和预算进行比对，及时调整控制过程中的偏差，保证计划目标的实现；

● 事后，对业务进行事后经营和财务分析，发现问题和不足，进行新一轮的制度修订、业务跟踪、监督及分析。

企业的流程和制度是内部控制的精髓，通过流程串起企业日常经营的方方面面，通过制度对流程的执行进行规定和约束，从而保证员工根据制度的要求完成流程的操作。

2.2.4　信息与沟通——内部控制的载体

信息与沟通，是指企业要及时准确地收集与内部控制有关的各种资料和信息，并将它们传递给流程相关部门，确保信息在企业内部或者外部之间的有效流动。如果没有充分有效的信息沟通，企业的各项经营活动、内部控制活动，甚至是决策活动都无法有效执行，要么是数据不能及时传递，要么是传递过来的数据是错的。由此可见，虽然信息与沟通并不是内部控制的一种控制活动，但它是内部控制能有效实施的基础。

在信息与沟通中，经常存在以下 3 类问题。

1. 信息不对称

较为常见的情况是，企业内部各部门本位主义较重，在自己部门内部，信息还能有效地传递和共享，但是在不同的部门之间就没那么有效了，要么不共享，要么部分共享。另一种情况是，大企业的组织层级多，信息传递流程长，信息一级级传递下来，像漏斗一样，传到基层或者传到高层，早就不是原来的意思。

信息不对称造成信息传递质量差，有可能导致企业存在的舞弊行为不容易被发现，进而导致企业运营效率低、财物丢失、决策无效、无法监督、无法对员工的绩效做出合理的评价。

2. 信息传递不规范

在信息传递的过程中，若企业没有对表单进行设计，或者表单信息要素不齐全，就会导致一些重要的信息遗漏，或者导致信息传递过程中口径不一致。比如，在统计收入的时候，业务部门和财务部门的口径不一致，导致不仅业绩无法核对，信息质量也比较差，千辛万苦收集到的信息不能得到有效的利用。

3. 信息存在专业壁垒

在信息传递的过程中，若传递方和接收方的专业知识背景不同，就会存在信息理解上的误差。专业的一方并没有就专业知识对非专业方进行解释和科普，有可能导致专业的一方利用专业欺负非专业的一方，侵害非专业方的利益。信息专业壁垒的存在，会导致企业做出错误的决策，给企业造成财物损失。

比如，财务人员在计算赚钱与否的时候，计算的口径、设备和厂房的折旧方法等都是非常专业的知识，即使财务人员出现统计错误，业务员也不会知晓，所以就不能真正了解企业真实的盈亏情况。

有的单位为了消除执行信息差，会做一些基础的培训。比如，让业务人员参与财务培训和技术培训，让技术人员和财务人员参与业务培训等，就是为了减少业务部门、技术部门和财务部门之间的沟通障碍。

在信息化和数据化快速发展的时代，要用好信息技术，建立四通八达的网状式沟通链条，而不仅仅是以前那种单一的上下式链条。通过信息化的流程和手段可以发现和分析问题，并将自动控制和手动控制有机结合，实时动态地反映企业的经营信息，在这一过程中不仅要提升效率，加强控制，还要注意信息的保密和安全。

2.2.5 内部监督——内部控制的保障

内部监督，是实施内部控制的重要保障。

很多企业做了内部控制之后，因为没有进行监督，就不能形成闭环，导致即便内部控制设计得再完美，要么不被执行，要么执行不到位。因为人都是有惰性的，有惰性就需要有人监督。

比较好的做法是，对内部控制的制度与执行的健全性、合理性和有效性进行检查和监督，定期查看内部控制的执行情况，看看现有控制措施是不是有效，有哪些地方需要改进。

对内部控制的监督情况，和企业"一把手"的重视程度有关，因为需要设立内部监督的部门，或者配备相应的人员。有些企业做了组织和人员的配套，却因为不重视，让内部的监督工作流于形式，不能发挥作用。

内部监督和企业的发展阶段有关。初创期的企业并不需要太多的监督，一般管理者会履行一定的监督职能。当企业发展到一定程度后，人越来越多，业务范围越来越大，部门增多，层级增多，管理者已经管不过来，就需要让内部控制作为他的"眼睛"，帮他对下属的工作进行监督和评价，及时发现管理中存在的问题，然后向管理者汇报，并给出合理的建议。

有些企业鉴于人员能力的问题，或者其他的问题，没有建立内部监督部门。对于这种情况，可以借助外部的力量，委托第三方中介机构来履行内部监督的职能，有时外包成本更低、更专业。

很多时候，企业内部出现了舞弊的情况，我们总是谴责那些犯错误的员工，说他们人品有问题、思想有问题，而不深度思考自己企业是否存在管理上的问题，管理上出现了漏洞是谁的问题。如果公司内部制度健全，管控到位，就可以减少员工舞弊的情况。由此可见，加强内部控制、加强监督，才是反舞弊的根本。

2.3 什么是内部控制的根？

企业如果做好了内部控制，这个内部控制就会像一棵大树，自发地生长，解放"一把手"和管理者，让他们从具体的事务中脱离出来，做更多对企业有意义、有发展帮助的事情。内部控制这棵大树会随着企业的发展，逐步成长起来，为企业的发展遮风挡雨，提供营养。

关于内部控制，有以下几点需要注意。

第一，要正确认识内部控制，不要认为内部控制与"我"无关，它和企业里面的每个人都有关系。

第二，认识到了重要性，也并不代表会做，需要有策略、有方法、有手段。一个人的管理幅度是有限的，不超过10个人。若超过了，就需要掌握分权的规则，慢慢分权和监督。如果分权体系没有做好，那么企业发展越快，风险就越大。企业就会像一辆没有安全保障的汽车，在高速行驶过程中，速度越快，越有可能出事故。

第三，即使你做了，并且用的方法和策略都很好，但是如果企业整体环境不好，有人存心钻漏洞，也是不能实现控制目标的。

企业整体环境主要体现在5个方面上，分别是组织结构、发展战略、人力资源、社会责任和企业文化。

这5个方面，就是内部控制这棵大树赖以生长的根基。

2.3.1 组织结构——形式上的基础

组织结构主要有两种，一种是战略层面的，另一种是企业层面的。大家常见的都是企业层面的，其实战略层面的才是最重要的根基。下面我们先来说企业层面的。

1. 企业层面

企业层面的组织结构主要是大家常见的部门设置、业务流程、岗位职责。如果部门和岗位设置不合理、业务流程混乱、岗位的职责和收益不对等，就会导致企业效率低下。

在这个层面，要根据企业阶段性的发展目标，评估实现目标过程中的风险，设定合理的内部牵制机制。对于存在重大风险和高风险的业务，如果企业无法做到内部牵制，就要制定可行的替代补偿措施。

比如，在安全操作的前提下，我们不能阻止工地上的砖头掉下来砸伤人，也不可能对每个工人进行严格的监督，以防他们失误。对此我们能做的补偿措施是，在施工区域下方做一些隔离，防止大家靠近；同时，我们可以在下层拉一层防护网,有效地减少高空坠物带来的损失。

建议企业制定好组织结构图、业务流程图、岗位说明书,规定各部门的职责和权限,组织大家学习、了解和掌握。必要时张贴在办公场所,供员工了解、学习和遵照执行。

对于中小企业来说,多数事情靠制度就可以操作。但对于有些重要的业务和事情,就需要从部门上将业务断开,分成两个部分,由不同的部门来操作。因为通过分设部门,可以更有效地履行制度和流程,分由不同的部门来做,比在同一个部门由不同的人来做更稳定,不会经常发生变动。至于具体怎么做,还是要结合每个企业的实际情况,要看有可能带来的损失和影响的效率。

2. 战略层面

在做内部控制的时候,有时制度设计得很合理,却怎么也执行不下去。究其原因,多是高层出了问题,层次越高,越难推动。

- 如果高层是业务出身,他要么很好控制,要么很难控制,关键取决于他愿不愿意被控制。
- 如果高层是管理出身,就会比较好推动。因为内部控制的措施都是为了解决管理中的问题,他们对企业的情况比较了解,知道这些控制措施在什么情况下会出现什么样的表现和结果,所以,他们会配合做出更有效的流程和方法。
- 如果高层是股东出身尤其是小股东,如果他不想被控制,此时,内部控制就演变成了公司治理方面的问题,会变成股东之间利益的斗争。
- 如果高层是个刚接班的"二代",既不是业务出身,也不是管理出身,只具有享有特殊权利的股东身份,那么内部控制也难以推进。因为他不仅不懂业务、不懂管理,也不能获得员工的接受和支持,甚至员工还会阻止内部控制的推行。

对于后两种情况,要在还没有出现问题时提前规划好公司的治理架构,通过股权架构的设计来对股东进行约束。在"一代"负责人退位之前,搭建好战略层面和企业层面的内部控制框架,保证运行有效后,再进行管控权的交接班。

另外,还要做好企业治理和决策方面的内部控制,对于公司的决策事项,不能由一个人说了算,一定要有决策人、监督人、执行人,三权分立,有效制衡。上市公司和国有企业,多是采用股东会、董事会、监事会和经理层等方式进行运作的。

中国的民营企业,平均寿命不到3年,发展很快,衰退也很快,就是因为缺少治理和决策层面的内部控制。"一把手"一言堂,既当裁判员又当运动员,没有人监督,当"一把手"的个人能力跟不上企业发展时,企业就会面临倒闭的风险。

2.3.2 发展战略——目标上的动力

企业的发展战略,就是企业的"一把手"带领其他管理者思考企业的未来。比如,未来十年,自己企业所在的行业还在不在,是越来越有市场和机会,还是越来越不行,甚至会慢慢退出市场?如果自己的企业还存在,它会变成什么样子?自己想让企业变成什么样子,为此要做哪些选择,要放弃哪些业务?

我们要做好企业定位,对企业现有的赚钱模式和管控模式进行约定,确保企业能适应未来的宏观环境和市场环境。

比如,我们可以写下企业的所有目标,大的、小的、长期的、短期的,然后逐一删除不太重要的目标,留下1~2个重要的,然后采取各种行动全力以赴去实现。比如,匹配人员、匹配资金、匹配其他各种资源,做好相应的知识储备和培训。此外,还要将这些目标及时地传递给各层级的员工,让大家也在自己力所能及的范围内,适应企业未来的发展。

2.3.3 人力资源——行动上的动力

企业要做好人力资源的配套,充分调动大家的积极性,力求更好地实现企业各阶段的目标。企业在不同的发展阶段,对人员的技术需求、年龄需求、结构需求和能力需求都不一样。这就要求企业招合适的人,让这些人做合适的事、拿合适的钱。

企业要根据不同阶段和不同岗位的需求把好招聘关,招合适的人;招聘进来后要安排培训,让这些人能尽快符合企业的需求;对岗位进行设计,明确需要哪些岗位、分别需要多少人、需要什么类型的人、每个人在岗位上要做什么事情;另外,还要定好做事的标准,包括什么叫"做好了"、什么叫"没做好",做好的怎么办、做不好的又怎么办;等等。

把员工的晋升与工资和工作进行挂钩,同时要注意轮岗和休假的安排,防止"螺丝钉"在岗位上"生锈"。

2.3.4 社会责任——良心上的动力

社会责任,就是企业在发展过程中要关注产品质量,重视安全环保,节约资源,合法经营,保障国家、股东、员工和客户的权益等。

比如，要依法纳税，保障国家的利益；适当分红，保障股东的利益；要生产合格的产品，保障客户的利益；安全生产、促进就业、遵守劳动法，保障员工权益；保护环境、节约资源、履行社会责任。只有这样，企业才能获得持续长久的发展。

就拿曾经的三鹿集团来说，奶粉中含有三聚氰胺的事情被曝光后，某管理者居然说"行业里大家都加""我不知道加这个不符合国家的质量标准"。这种损害他人健康、缺乏社会责任感的企业，注定是活不长的。

2.3.5 企业文化——精神上的动力

在企业的日常经营中，管理者的风格和经营理念会通过各种形式呈现出来，并灌输到员工的思想中，影响员工的行为，这就会逐渐形成企业的文化。

企业要树立积极的价值观，对员工的管理要公开、透明，要保障内部沟通渠道的畅通，避免企业发生不公平的现象，还要及时关注收入低、家庭生活困难的员工。这样不仅可以有效防止舞弊行为，在企业制度不是很健全的时候，还有助于员工做出有利于公司发展的行为和选择。

很多民企存在"一把手一支笔"的现象，看似管得很严，实则从另一个角度反映了企业内部控制方式的落后。因为每天要签字的东西非常多，"一把手"来不及细看，也分不清主次，签了和没签一样；另外，在签字的时候，没有太多的参考信息，无法对需要签字的事务的合理性和有用性进行判断，导致签字流于形式，起不到管理作用。另外，如果让"一把手"先签了字，就相当于拿到了特批的"尚方宝剑"，其他的签字流程就形同虚设。

这种管理方式，并不利于企业的发展，不仅签字的控制效果不大，还会导致管理者不承担责任，把所有的责任都推给"一把手"，不能调动其他管理者的积极性；所有的事情都等着签字，"一把手"不签字就不执行，也会间接影响员工的积极性，导致整个企业低效，失去竞争力。

企业一旦形成"一把手"文化，"一把手"的认知和能力就是企业的"天花板"。要想打破"天花板"，就需要"一把手"积极主动学习，扩大自己的认知和能力范围，带领企业快速发展。

要想营造良好的内部控制环境，首先，管理者要改变认知，改变思想，想清楚才能做明白，还要"一把手"带头遵守并执行内部控制制度。

其次，加强对员工的宣讲和培训，让员工理解内部控制的重要性和与自身的关联性，不断提高职业技能，积极配合做好各项控制活动。

最后，企业要做好决策层面的公司治理，要与企业层面的组织机构配套，大家尽心尽责，各司其职，实现企业的发展规划和目标。

2.4 是定错了还是做错了？

一些企业总是希望，在做内部控制时，无论是自己做还是请第三方中介机构协助做，都能在较短时间内制定细致和完善的内部控制制度，或是希望尽快对混乱的状态起到有效的控制效果。

内部控制是个持续的过程，从梳理业务流程、发现问题，到通过制定内部控制措施来解决问题，再到发现新的问题，通过实时控制解决新的问题，不断改进、不断提升、不断完善。

实施内部控制主要包括两个大的方面：第一，要设计合适有效的内部控制；第二，要确保设计的内部控制能够在企业内得到有效的执行。

也就是说，要先定好，再做好。

2.4.1 如何定？

定，就是制定好"游戏"规则，设计好内部控制的流程和制度，主要分为以下 6 个步骤。

1. 把现有流程弄清楚

召集相关部门把现有的流程弄清楚，包括大家都是怎么做业务的，每个人现在都做些什么工作；每项工作中先干什么，后干什么；是自己做的，还是找人一起做；如果找人做，找的是谁；所找之人做了些什么，做完后交给了谁；等等。

2. 找到关键控制点

把大家现有的工作流程画出来，很快就能发现现有流程中存在的问题，以及流程中哪个环节容易出现问题。这些容易出问题的地方就是关键点，关键点有可能是一整个流程，也可能是流程中的某一个环节。

3. 确定对关键点的管理要求

对每个关键点都要提要求、提标准，即要把这个关键点管到什么程度，使其达到什么样的标准，解决问题到什么样的状态。

比如，对应收账款的控制，要明确应收账款做成什么样子才叫"被控制住"了。是要求消灭应收账款，还是应收账款要比上个月减少？若是要求减少，那是减少多少，10%还是20%，抑或是对客户的收款比例不能低于全款的70%？对此一定要有明确的标准和要求，这样才有控制的目标。

4. 加入具体的控制措施

要明确通过什么样的措施，将关键点控制在我们制定的标准之内。具体的控制手段很多，主要有以下几种。

（1）将不相容的职务进行分离，即将一项工作分给两个人来完成。

（2）授权控制，就是企业所有业务必须经过批准才能去做。不同类业务有不同的批准流程，流程中不同的人有不同的权力。批准人能批准哪些事情，能批准多大金额的事情，要对哪几个点进行批准，批准时有什么需要注意的要点和要求，批准这个事情时需要哪些参考的资料、附件和说明，重点、临时和紧急的事情有没有特殊通道，哪些人参与审批等，都要提前做好规划。

（3）绩效控制，比如，针对不同的目标和控制标准，设定相应的绩效。如果员工或者部门通过有效执行控制的要求，达到了控制的目标，就可以得到相应的奖励；如果没有按照要求操作，导致没有达到控制的目标，就要受到一定的处罚。

（4）记录控制。具体操作中要填哪些单据、表格，单据和表格由谁来填，需要填哪些内容，填好后交给谁，什么时候交，交过去后要做些什么等，都要有明确规定。

（5）过程控制，最好由专人负责。对于企业里没有按照内部控制要求做的人和事，第一要及时发现；第二要提出异常，要求改正；第三，要阶段性地进行分析和总结，召集会议，把完成情况向管理层和员工汇报。做得好的，总结经验，进行推广；做得不好的，要吸取教训，及时改正，制定新的控制措施进行管控。

5. 制定含有控制活动的新流程

根据出现问题关键点的实际情况，结合制定的内部控制措施，制定新的业务流程，画出新的流程图，让每个人都能清楚新的办事流程和涉及的部门、人员，以及流程中每个人的权限、责任和关注点。

最好做成标准业务流程，把做一件事情的每一步都写出来。这样做的好处是，可以让所有人根据这个流程来操作，做同样的事情，能得到同样的结果，不会造成理解上的歧义。

另外，特殊的流程也要制定出来，这样大家做事就会有依据，避免了扯皮和争论，加强管控的同时也提高了运行效率。

图 2.1 所示为 Y 公司采购业务流程。

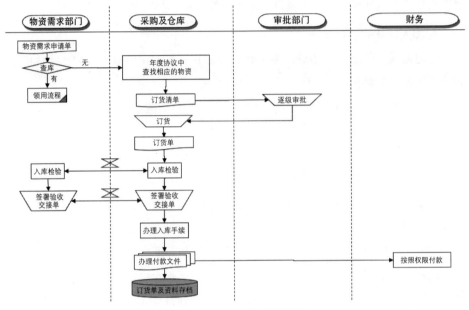

图 2.1 Y 公司采购业务的流程

企业一般采用如下四级操作流程。

● 一级流程是公司层面的整体流程，如：购买→生产→卖出→财务收钱。

● 二级流程是部门和部门之间的流程，可以让部门之间的信息和物料有效地沟通和传递。

● 三级流程是部门内员工之间的流程，主要包括信息和物料在同一个部门内不同岗位之间的共享、沟通和传递。

● 四级流程是员工的流程，包括员工每天要做什么、做完了什么、还有哪些没有完成的、做完后什么时候交给谁，等等。

6. 形成内部控制文件

这里所说的内控文件，主要是制度和员工操作手册，为的是让大家都知道公司有什么部门、每个部门大概做什么事情、自己的部门是干什么的、部门内部的分工怎么样、大家的职责是什么、如何进行配合、每个岗位上员工的工作要求和工作标准是什么等。

财务也有标准的操作流程。一般，企业虽然有各种各样的业务，但常见的业务类型不超过30个，一个月内常用的凭证类型也不会超过30个。把所有的业务分好类后，将每个不同类型业务的标准操作凭证做出来，需要准备的附件资料也在标准操作凭证中写清楚，约定好，这样会计处理的账目就不会出现太大的问题。

2.4.2 如何做？

实施内部控制主要有3个措施，分别是全面预算控制、财务控制和运营分析控制。

1. 全面预算控制

全面预算一般适合规模比较大（人数超过50人，收入超过3 000万元）、管理比较规范的企业，涵盖企业的所有业务、所有环节和所有人员。实施全面预算控制，可通过对各种资源（人、财、物等）的合理配置和整合，实现企业的目标。

（1）建立适合企业实际情况的预算体系，包括业绩数据、绩效考核标准及报表格式。

（2）采取上下相结合的方式，根据企业的总目标逐一分解，分解出的小目标总数要大于企业的总目标数。

（3）决策层要对企业的预算进行评审，且需审核预算的编制逻辑和依据是否可靠、可执行、可落地。

（4）对预算的执行过程要进行跟踪和监督。

（5）对预算与实际执行情况的差异进行分析，及时调整企业的经营行为，以保证不偏离预算的目标，特殊情况下，才可以调整预算。

（6）根据预算的完成情况进行考核，以激发员工的积极性。

2. 财务控制

这里所说的财务控制主要是对企业的财产进行保护，保证安全和完整，如限制接触、盘点及对账。

（1）限制接触，就是限制无关人员接触重要的资料和物料，如标示"财务重地，闲人免入"。

（2）盘点，就是定期或者不定期对企业的物资进行盘点，盘点完后和记录进行核对，看看是否存在东西丢失、记录不全等问题。

（3）对账，就是定期与客户、供应商等核对往来账目，看看是否存在遗漏、错误等问题，以及是否被客户和供应商所认可等。

3. 运营分析控制

运营分析控制，主要是对企业的经营情况进行分析和对比，包括与历史比、与往年同期比、与当年平均比、与上个月进行对比等。然后在对比和趋势分析中发现异常和问题，及时进行管控和纠正。

运营分析控制属于事后控制，要等业务基本结束，一个月账务处理完全，账目都核对清楚后进行分析。此措施并不是那么及时、有效，即使发现了问题，也是一两个月之后，不能及时对经营情况进行纠偏。所以，采用信息化系统，及时地记录业务的完成情况，及时分析并发现业务过程中存在的问题就显得非常必要。

企业还需要建立重大风险预警和突发事件应急机制，防止突发事件的发生。

小企业一般业务比较单一，人员少、部门少，管理权集中，在实施内部控制时一般简化处理，灵活控制，只关注重要的、容易出现风险的业务，如采购与销售业务、资金周转、资产安全和财务信息。每一至两年，找一家专业的服务机构，帮企业做一次风险"体检"，把一些重要的、重大的风险和隐患定期地解决掉。

2.4.3 内部控制的层级

内部控制分为三层，分别为业务层、支持层和保障层。

1. 业务层

业务层是指企业的各类业务。企业要对业务的真实性、合法性和合理性进行第一轮控制。通过在业务层面加强审核和批准，可以消除企业95%以上的风险事项和问题。

2. 支持层

支持层主要是指企业的职能部门，如财务、行政、人事、法务、质量和安全环保等部门，对业务部门提供业务支持和服务。

3. 保障层

保障层是指企业的监督部门和审计部门，包括内部监督和外部监督。保障层和支持层的区别在于，支持层平时参与业务流程和审核，而保障层并不参与。

支持层和保障层在内部控制中主要解决余下的5%的问题，这些问题并不经常发生，或者是新发生的，或者是业务层面遗漏下来的问题，支持层和保障层起到查漏补缺的作用。确保经过三层的审核、审批、监督，规避和减少企业经营中的一些风险和问题。

在做内部控制的时候有三句话：员工不敢干坏事，是因为有老板；员工不会做坏事，是因为有制度；员工不想做坏事，是因为有文化。分别体现了内部控制的三个阶段：第一个阶段是人治阶段，第二个阶段是法治阶段，第三个阶段是心治阶段。

制度是随着企业的发展产生的，是对以往工作经验的总结。一般做法是，某个地方出了问题，就写个制度来规范一下；今天发现公司的车辆管理混乱，就写个《车辆管理制度》；明天发现大家乱报销，就赶紧写个《报销管理制度》……慢慢地企业的制度就完善起来了。

2.5 制度就是约束吗？

说到制度，很多人本能地认为，制度是对人的一种约束。因为我经常帮企业编写制度，慢慢地发现，制度不仅是一种约束，更多的是对人的一种保护。为什么这么说呢？

就拿法律来说，我们国家会制定各种法律、规章和制度，目的难道仅仅是约束大家吗？并不是，这么做更多的是保护那些遵守制度的人，并对那些违反制度的人进行惩罚，对那些想违反制度的人形成威慑。

由于制度的存在，使得工作有了标准和规矩，能让人在处理事情的时候，减少主观性，按制度来办。这样会相对公平，也可以防止错误和舞弊的发生。

2.5.1 制度该由谁来写？

制度该由谁来写呢？如果让财务人员写，大部分的财务人员并不了解业务，也不下车间，不太了解中间的利益关系，所以他写不了；如果让内控部门的人员来写，他们并没有真正参与业务，写出来的制度会因被大家批评不接地气，从而拒绝执行。一个业务的流程大部分是跨部门的，让谁写都不合适，他们都会站在自己的利益角度考虑问题，把制度写得对自己更有利。

所以，可以先写一版制度，不要求有多完美，然后在执行的过程中，发现问题后，只要有人提，就可以让相关部门人员一起来讨论，然后根据讨论的结果进行修订。

我们在为企业做咨询的过程中，有个更简单的草拟制度的方法。那就是召集各个部门的负责人，每人发一张白纸，让大家写下对相关配合部门的要求。

比如，仓库负责人首先会写，采购人员不提前说，总是在快下班的时候来一批货，白天没货，没啥事干，下班报加班也没人批；

其次会写，销售人员出库，本来安排了张家的货，李家非要来插队，弄得乱糟糟的，有的发了，有的没发，有的还需要拼货，导致车子也没法安排。

最后还会写，采购人员买了很大一批货，但质量不好，堆在仓库好几个月了，特占地方，领导老怕东西丢，每个月还要盘点，劳民伤财。

让大家尽情地写，写得越多越好。大家都写完后，我们就把各个部门对别的部门提的要求进行分类。比如，看看各个部门对财务部门的要求是什么，对仓库的要求是什么，对采购部门的要求是什么，一合并，整理一下顺序，就成了这个部门的制度要求初稿。

当然，我们也会增加其漏掉的、和流程相关的明确要求。

一边做，一边修改，一边完善，只要有人说不合适，有人提出要求，我们就找相关部门一起协商做修订。不到一个月，制度就定得差不多了。

2.5.2 保证制度的刚性和执行力

对于制度在执行过程中出现问题，大家不遵照执行的问题，一定要分析是制度有问题，还是大家没有按要求操作。如果是因为后者，那就要分析为什么没有按要求操作，是高层的问题还是基层的问题；这些问题是普遍现象还是个别现象。最后根据了解到的情况，对制度的设计和运行重新进行调整，确保大家按制度的要求执行，保证制度的刚性和执行力。

有的企业反映，自己也想通过制度来管理企业，但是"一管就死，一放就乱"，为什么呢？

出现这种现象，一般情况下都是制度出现了"一刀切"的问题，主要原因有3个：

- 存在官僚主义问题，大家相互踢皮球，都不想管，或者都想管，想通过制度来揽权；
- 能力不足，考虑不周到，经历得少，也想不到那么多有可能会出现的情况；
- 制度写得太粗糙，或者是从网上照抄，不符合企业的实际情况，或者是制度太死板，不灵活。

2.6 小结

我们不仅要实现内部控制，更要让内部控制以看得见的方式来实现，要有确凿的证据证明它实现了且有效。

也就是说，不仅要重内容，还要重形式，在实施内部控制的过程中留下控制的痕迹，如制度、流程图、内部控制手册、标准操作流程、各种会议记录，等等。

比如，和客户对完账后，要求客户盖章确认；出去开会，要有会议通知、会议的日程安排等；参加培训，要有课件、有发票、有培训资料，明确是否在企业内部做了转训，和大家进行了分享。

如果没有书面的资料和证据，就很难证明相关人员确实做了这件事，也不利于信息的传递和沟通。

有个客户给江苏的一个不锈钢加工厂下订单，要求生产 50 个 40 寸的圆饼，最后收到的是 40 个 50 寸的圆饼。在了解情况的过程中，业务部和生产部就出现了"扯皮"的情况，因为没有书面记录，很难知道真实的情况是怎样的。不知道是业务部说错了，还是生产部做错了，没法对大家的责任进行界定，也没法追究相关责任人的责任，只能不了了之。

事情做得再多，若没有做到位，就是浪费人力、物力、财力。总之，要重视内部控制的形式，留下书面的资料和痕迹，让内部控制以看得见的方式实现。

第 3 章

和『钱』有关的内部控制

　　企业的一切运营都是从钱开始的，一开始到处找钱，找来钱后去投资、买地、建厂房、买设备，做完这些后就要买材料、招工人、生产产品、卖出去，然后再把钱收回来，周而复始。

　　我们想象一下，如果东西卖不出去，或者东西卖出去了，钱收不回来，会出现什么情况？如果卖东西的钱不够买材料和付工钱，又会出现什么情况？其实，有很多公司在经营中遇到过这些问题，如果是这样，就说明公司在资金方面没有管好：第一个，乱花；第二个，不管；第三个，借不来，使得资金出现失控的现象。如果没有及时发现或者及时想办法解决，公司就会走向倒闭。

3.1 投资一家企业到底需要多少钱？

从内部控制的角度分析，投资分为两种：一种是对外投资，如成立子公司、分公司；另一种是对内投资，如买地、买厂房、买设备、投资新项目、囤货等。无论是哪种投资，都需要企业有足够的钱。

根据投资时间的长短来划分，投资分为长期投资和短期投资。短期投资和生产经营密切相关，我们会在本章第二节重点说明。本节所讲的投资主要是指长期投资，即投资期超过一年的各类投资。

投资就得花钱，创办企业的钱都是有成本的，在企业里，每个月的收入是有数的，但是花钱的地方很多，所以要量入为出，不能乱投资，将钱花在刀刃上。

企业一定要算好账，赚钱的东西和亏钱的东西要算出来，赚钱的要加量，亏钱的要减产；好的项目和坏的项目也要分出来，设备是买、是租还是修，都要把账算清楚，避免因投资失败，白白损失大量的钱，影响企业的正常周转。

关于投资，我们要考虑三个问题。

第一，你有没有足够的钱？

第二，这个项目值不值得投？就是这个项目赚不赚钱，如果不赚钱你投它干什么呢？

第三，你敢不敢投？要评估这个项目的风险大小，以及企业自身能承受的风险程度。

3.1.1 有没有足够的钱去投资？

投资一家企业比投资一个项目复杂得多，我们先来了解一下投资一家企业需要多少钱，再去了解投资一个项目，就相对容易得多。那么，投资一家企业到底需要多少钱？主要有以下3方面：

1. 初始投资的钱

初始投资的钱就是一次性投于基础建设和基础设施（如厂房、装修、设备、运输车辆、生产之前的研发），购置正常生产周转的材料、半成品，还有产品生产出来后的市场推广费用。

比如，销售卫浴套装，首先要铺货，把新卫浴套装的样品摆到所有店面，假设一套的成本是2 000元，一个门店摆一套，100个门店就得准备出100套，需要20万元，而且这个20万元是不能动的，否则顾客看不到你的产品，就不会买，所以需要提前准备。

2. 用于周转的钱

用于日常周转的流动资金包括以下两种。

（1）企业刚开始的时候亏的钱。

就拿新开一个饭店来说，并不是说今天开张，明天就顾客盈门，后天大家就都排队来吃。它是随着客户对饭店的了解而变化的，如吃了一两次，感觉味道还不错，以后不仅自己经常来，还会带人来，这样饭店就慢慢发展起来了。

但是，在刚开始营业的这段时间，虽然没啥生意，但房租、人员的工资等每个月还得照付，这部分资金是要额外准备出来的，一般要准备3~6个月的日常开支。

（2）赊账的钱和囤货的钱。

如果你是卖货的，就有可能要给人赊账。

比如，10个客户里面有3个赊账，或者每10笔收入就有3笔是赊账的，你就得把客户赊账的这部分钱先准备出来。有时为了保证顺利生产，不缺材料，一般企业会提前屯一些材料等基本库存，以备不时之需。

3. 与投资时借钱相关的钱

我们办企业的钱不一定都是自己出的，有一部分可能是找人借的，要定期支付人家利息或者归还人家的本金；人家借钱给我们的时候可能会有要求，比如，要保证每年不得低于一定的回报，甚至有的要定期给他们分红。

虽然有的本金不着急还，但是定期支付的利息和红利钱，是要提前准备出来的，不管企业赚不赚钱，这些钱是到期就得付的。

综上所述，投资新办一家企业，上述3类钱都要提前考虑到，缺一个都不行。很多企业有时考虑不到的是可能亏损的那部分钱和铺货所需的那部分钱。

同理，投资一个新项目需要投资多少钱，也需要考虑3个方面：一是初始建设期或者投产前期的基础设施；二是生产运营过程中要铺货的钱和产品开始赚钱之前的亏损；三是项目的利息钱。

3.1.2 值不值得去投？

买资产和设备也好，扩大规模也好，寻找新的投资机会或者到异地去扩张也罢，都是长期的事，从投出钱到回本都会超过一年，甚至有的会超过10年。

项目投得好，公司可以通过项目源源不断地赚钱。但很多企业会出现一种奇怪的现象，就是建一条新的生产线做大规模，原则上应该会有规模效应——越大越占价格优势，但实际上却恰恰相反，随着它规模的增大，投进去的钱就像扔进了无底洞一样。钱花到哪儿去了，自己都不知道、找不着。严重的还有可能会影响到原来公司或者母公司的正常运营。因为扩大规模占用了大量的钱，使得资金周转难度加大。

1. 要怎么算账？

首先，我们要将新项目的所有方案包括备选方案都列出来。

其次，要把每个方案在每一个阶段的钱的状况列出来，包括钱是什么时候进去的，分别什么时候进多少钱，什么时候能出来，每次能出来多少钱，等等。

再次，根据进（投）钱和出（收）钱的数字进行加减计算后，看是否值得投。

然后，根据我们对投资的设想和期望，分析这几个方案并做出判断，到底哪个可行、哪个回报最大、哪个回本最快。

最后，投完还要进行跟踪，看项目是否按之前的计划正常进行，是否有异常情况发生。如果有异常或者特殊情况，再看下一步需要怎么做。

2. 要怎么选择项目呢？

具体地说，有以下关键的 4 步。

（1）对于每个项目或者方案，我们都画一个时间轴，把项目前期、项目投产期和项目正常期有可能花的钱、有可能收的钱标在上面，如图 3.1 所示。另外，做一个对应的项目资金预测表格，如表 3.1 所示。

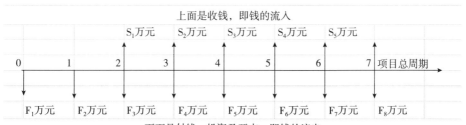

注：每一段表示一个月或者一年，根据项目的周期自己确定；最下面汇总当月或者当年的钱的净流入或者净流出。

图 3.1　项目时间轴及说明

表 3.1　×项目资金预测表

项目	0年	1年	2年	3年	4年	5年	6年	7年	总计
设备投入									
设备折旧									
净流入（±）									

续表

项目	0年	1年	2年	3年	4年	5年	6年	7年	总计
周转金投入									
费用开支									
净流入（±）									

有了这个时间轴和资金预测表，我们就可以测算项目是否赚钱。因为具体的计算需要专业的计算工具和方法，所以本章不详细说明计算的过程，只说一下思路和可能用到的方法。

（2）测算。

一个项目是否赚钱，一般有两种简单的计算和判断方法。

- 第一种是不考虑时间的因素，直接计算回本期。回本的时间越短，表示项目越好。
- 第二种是考虑时间的因素，认为未来的每一分钱都比现在的一分钱便宜，用一定的比率把未来所有的钱，无论是付出去的还是收回来的，都折成现在的金额，算一下总数。如果结果大于0，就表示能赚钱。

（3）分析、判断和选择。

通过第二步的测算，我们知道了项目是否赚钱，但是这个项目是否值得我们花钱去投资，每个人的选择是不一样的。比如，一个项目的投资回报率是15%，如果你手里有更好的项目，能有20%的回报率，自然就不会选择15%的。但是，如果没有更好的项目，那么回报率为15%的项目也是个不错的选择。

那要怎么选择呢？

回本的时间越短，项目就有可能越好；项目折成现在的数字，总和越大，说明项目越好。但是至于投不投，还要考虑我们投这个项目的期望，也就是我们投这个项目想得到的回报。

- 有的人会认为，比存银行划算就行。对于这些人来说，投资回报率超过银行的贷款利率就行；
- 有的人认为，五年能回本最好，这就要求项目每年的投资回报率达到20%；
- 有的人手里握着好几个好项目，就会把这几个项目的投资回报率按从高到低进行排序，然后挑选自己喜欢、回本周期也比较合适的。
- 有的人会考虑自己的机会成本。

什么是机会成本呢？就是你因为投资这个而放弃了别的项目的损失。比如，你买了基金，基金的回报率一年大概有20%，而如果你选择了投资别的项目，就相当于放弃了这20%的回报，放弃的这部分回报就是机会成本。

在企业的经营过程中，我们会经常面临着一些选择，比如，我们的产品是外包给别人做，还是新投资一条生产线自己做？我们的设备是修一修接着用呢，还是重新买一台新的？到底要怎么选择，其实就和上文所述一样，算好账后再进行比较即可。

（4）跟踪。

在选择项目时，虽然我们对项目的投资和回报进行了预测，但这样的预测都是基于对市场的理解和调查所做的，并不能说就一定准确。

即使我们的水平很高，预测也很准，但市场也是不断变化的，今年对我们有利的市场，也许明年就变得不利起来；企业的核心竞争力，今年还是优势，明年就有可能不是优势了。

所以，我们要定期跟踪、反馈、调整策略，以确保我们的投资方向正确，投资目标可以实现。

3.1.3 你敢不敢投？

很多老板认为，只有想不到，没有做不到，人有多大胆，地就有多大产。在运营企业和投资项目的时候，也遵循这样的一个原则。

衡量敢不敢投，不是为了赌气、为了变革、为了业绩而冲动一把，而是要在考虑了所有的市场因素、自己的优势和劣势、项目的风险后，结合自己对失败的承受程度，在自己的权限范围内做出的最优选择。

我们为什么要进行投资，其实是想通过投资获得更多的财富，取得更多的回报。所以做决定的过程是谨慎的、理性的、有判断标准的，还需要一定的耐心。很多人投资失败，其根源就是他不思考，或者说是不善于思考，甚至不愿意思考，导致想要的太多，而为此做的太少。

当然，不排除一些人在早期赶上了发展的好时机，再加上有好运气，只要敢做、敢想、敢闯，加上勤奋，自然也能获得不小的财富。

然而，我们面对的是个不确定的世界，经济发展不稳定因素增加，国际经济形势动荡不断，各种突发的社会和经济现象层出不穷，包括曾经的非典和新冠肺炎疫情。以前法制不健全，如今法律法规日趋完善，监管的深度、广度、透明度和精准度也在不断增强和完善中，我们每个人都有自己的知识盲区。

所以，对于投资这样一项重大的决策，一项对企业影响深远、耗资巨大的活动，还是需要采取一定的保守做法的，毕竟生存要比发展重要得多。

我们所说的保守做法，就是投资所涉及的内部控制措施，主要内容如下：

第一，尽量不要做不熟悉的行业，不要随波逐流，不要因为被社会热点和短期利润所引诱，而去追求不合理的利益。

第二，要有有效的制衡机制，犹如汽车的油门和刹车一样，油门虽然很重要，但刹车更重要，每一脚刹车都是为了给下一次踩油门的机会。

第三，要遵循规律，投资之前要做好最坏的打算。

第四，如果确实需要做一个对自己来说比较重要的决定，那么建议借助专业的力量，找一个靠谱的第三方，协助自己厘清要点，从而做出对企业、对自己都有利的选择。

3.2　企业的资金链是怎么断裂的？

我们常说，钱虽不是万能的，但企业经营没有钱却是万万不能的。

有句话说得好："利润是面包，现金是空气，没有面包还能活几天，但是如果没有空气，连几分钟也活不了。"这句话很形象地比喻了资金流对于公司的重要性。

对企业日常资金进行内部控制的主要目标有三个。第一，保持生产经营各环节钱开支的动态平衡。第二，促进钱合理循环和周转，提高钱的使用效率。第三，确保钱安全，预防被盗窃、诈骗、截留和挪用。

也就是说，要保证企业的钱够花，随时都有钱花，没钱的话要想办法找钱，进来的钱和出去的钱要相对平衡；不要让钱在一个地方停留太久、停留太多，以免造成企业部分组织"血流不畅"；要看紧企业有限的钱，不要因为个人的疏忽和管理没到位，导致钱通过各种途径溜到了别人的口袋。

3.2.1　企业资金链为什么会断裂？

我们说，"要想赚钱，就得转钱"，什么是转钱？就是企业的钱要转动起来，无论企业是卖什么的，每天的钱最好是有进有出，并且进来的要多于出去的（或者一定时间内，进来的多于出去的，如10天、15天、30天等），这样，企业才能赚钱。

如果企业没有节制地乱花钱，或者因为管理不善，导致很长一段时间内，进来的钱少于出去的，那么企业的钱就会越来越紧张，甚至会因为没钱而走向倒闭。

企业资金链断裂的原因很多，但是主要有以下4种。

1. 管理不善、周转不灵

前文说过，钱是企业的空气，是企业的血液，一个人若没有钱，将举步维艰，企业也是一样的。企业若没有钱，就没法周转，不管市场有多好、利润有多高，都没有用，终将导致企业资金链断裂。

大部分企业在资金链断裂的时候，市场都还不错，是能赚钱的。但是，赚钱的事已经不重要了，企业存续最重要。为了企业能够长久地发展下去，老板们在有钱的时候，千万不能任性乱来，盲目决策。

企业管理者要养成经常看和钱有关的数据的习惯，短时间内应该收的钱、应该付的钱和银行账上的钱一定要做平衡。

另外，在买材料的时候，尽量均衡采购，按产品配比买材料，采购、生产和销售也要均衡配比，尽量不要让库存出现较大的偏差。

2. 盲目增长，不算账

在经营效率不变的情况下，企业日常周转对钱的需要跟业务增长是同步的。如果业务增加一倍，占用的周转的钱就会增加一倍，这是非常重要的经济规律。

有个问题我们需要先了解一下，那就是企业的钱为什么会不断增加？企业的钱有两个来源：一个是企业赚的，即有利润；另一个是折旧和摊销，因为刚刚说的赚的钱里面是扣了这两块的，但是钱并没有少掉。因为"赚钱"和"钱"是两个概念，下一节会重点说明这个容易被大家误解的地方。

企业购买的设备和厂房等，一般是一次性投入的，但是它们的回本是通过利用这些资产生产出产品并销售出去，然后在回款的过程中逐步收回的，这个回本的过程就是折旧和摊销。大部分设备的使用寿命在5年左右，部分厂房按10年计算，所以它们每年回本10%~20%。利润一般来讲有10%，折旧在收入中的占比一般是百分之十几，两个加在一起就是20%~30%。

很多企业在发展过程中，赶上市场好的话，会以每年70%~80%甚至翻番的速度增长，这时就会出现一个问题——缺钱。

而这时缺钱的本质，是因为增长太快造成的。如果企业保持着20%~30%的增长速度，和公司的钱（赚的和折旧的）的增长保持同步，就不会缺钱，并且管理者会有足够的时间解决出现的其他各种问题。

如果市场发展得很好，增长得很快，企业要投资新建生产线、扩厂房，一定要算好钱，提前准备满足这种增长需要的钱，否则，企业的资金链就容易断裂。

另外，在投资一些新项目时，很多事情不像我们想象的那么简单，我们不仅需要花买设备和厂房的钱，附带的还需要花很多钱。比如，你得招聘人员、加生产线、加铺底的周转金、加费用、加广告费用等。招的这些人来了后，要缴纳社保，还得给他安排办公用品、增加办公面积，同时也会增加水电费、取暖费等。

看着进账了100块钱，其中20块钱要缴税，还得给员工20块钱的提成，再支付材料钱和其他费用，真正剩到账上的根本没多少钱。

有的老板认为，不就是招几个人，几十万元的工资嘛，没多少钱，但实际上翻番都是挡不住的。老板只记得花的大钱，柴米油盐酱醋茶，每天像流水一般花出去，这些小钱老板根本不在意，而往往就是这些小钱，不仅有极高的密度和频度，而且出去就回不来。这种流水性的小钱可能才是真正断送企业的"罪魁祸首"。

3. 不赚钱

一些企业的业绩在增长，对钱的需求也在增长，可钱却是越用越少，主要原因是企业不赚钱。

比如一个东西，买进来100元，卖出去90元，卖一个亏一个，这样下去的话，用不了多久，企业就会没钱。因为不赚钱导致的没钱，中间是有一个时间差的。

只要赚钱，发展也就只是速度快慢的问题。就像我们做投资一样，赔了赚了都没事，本金得保住，这样才有东山再起的机会。如果企业想尽一切办法都赚不到钱，就说明这事不是个正经生意，不能做。

一些传统产业的企业，如果在当前经济形势下不挣钱，又没有别的挣钱办法，就要尽量做好过冬的准备。趁这个机会修补内功，把企业之前不合规的地方"修整"一下，以保证有机会再干的时候可以无后顾之忧。

若没有收入，每个月只发基本工资，一直发到经济复苏，或是"熬死"竞争对手，那么也许你会有更多的机会。但是大肆去发展，增加投入招人，增加提成做广告，那么将会导致更大的亏损。

也有人会说，亏损的企业有的还上市了，那又是怎么回事？

做企业本来应该不断地赚钱，赚钱后再不断地投入，慢慢就做大了。但在互联网年代，一些互联网企业特别流行"烧钱"，也不管当下挣不挣钱，没钱了就跟股东要，因为只要企业开着，就得花钱，只见花钱不见进钱，就跟把钱"烧"了一样。它们用砸钱和补贴（倒贴钱）的方式换取企业的快速发展，抢时间，抢市场份额，希望未来能独家垄断，到时就能挣得盆满钵满，用这样的一个商业模式，获得投资人和股东的不断投资。

"烧钱"的企业必须有人不断给它投资，企业寿命的长短，跟下一笔钱能不能及时到账有紧密联系。对于这类企业，管钱的本事显然不那么重要，找钱的本事更重要。

4. 钱被抽走，接不上

在企业正常周转过程中，突然少了一笔钱。比如，本来有一个人借钱给你用，结果有一天他突然把钱要走了；老板要办别的事把钱抽走了；小股东要求分红；之前一直同意赊账的供应商突然不赊账了；银行答应好的贷款，迟迟放不了款；帮其他企业做担保，因为对方还不上，银行拿走了你的钱；税务局要求补税，罚款加滞纳金一下子缴了很多钱；等等。这些都会让企业一下子少一大笔钱，从而出现资金危机。

这个时候，如果新的钱接不上，企业就会倒闭。

既然知道了企业资金链断裂的原因，我们就要针对这些原因寻找相应的对策，做好关于资金的内部控制。

3.2.2 如何防止资金链断裂？

无论企业是因为管理不善、盲目投资、不赚钱，还是因为没有能力借来钱，企业资金在断裂之前都是有明显信号的。比如，连续三个月账上的钱越来越少，没有钱发工资、买材料，开始从外面借高利贷等。

一般情况下，企业资金链断裂，往往不是单方面的因素导致的，而是多种因素叠加导致的。如果企业平时对资金的运作不够重视、不加管理，也没有预测和预警，那么到出现问题时就会束手无策。

1. 资金管理能力不足会导致的问题

中国大部分民营企业，要么就是老板娘管钱，要么就是亲戚管钱，而真正花钱的还是老板自己，钱只是从管钱的那个家人手里经过而已，家人并没有起到合理控制资金、合理平衡资金、合理使用资金的作用，并且钱的使用效率也不高。

有的企业在做大的过程中，管理能力跟不上，效率和周转速度很低，人家增长20%，不需要借钱就够了；你增加了好多人员，到处借钱，砸进去多一倍的钱，才勉强支撑20%的增长。

还有的企业做了内、外两套账，并且办了好几张卡，包括公司卡和个人卡，搞不清楚账上到底有多少钱，分别在哪张卡上，只知道个大概。花钱的时候，哪张卡有钱就用哪张卡，家里的开支有时也用公司的卡，公司的开支有时也用个人的卡，老板自己的钱和公司的钱混在一起，即使没钱了也不一定能及时发现。

有个浙江温州的客户，老板月底到财务办公室，一边翻手机，一边问财务欠了哪个供应商多少钱。询问之后我发现，这个老板付款是根据手机的通话记录付的，哪个客户催得急就给哪个付款，没有打过电话的就不付。这样的管钱方式，企业资金不乱、不紧张才怪呢。

随着企业规模的扩大，很多企业管钱的思路和意识没有发生根本性改变，还是用创业时期那种做小生意的方式管钱。老板心里有杆秤，看看账上有的、客户欠自己的，再盘算一下欠别人的和看看仓库里剩的，加加减减余下的就是自己赚的。在这中间有没有漏的、错的，根本发现不了。

由此可见，大部分民营企业的资金风险是巨大的，不仅缺钱和资金紧张的情况时有发生，更严重的是，这样的管钱方式会给企业带来较大的税务风险。

2. 日常资金的管理要做到什么程度？

对日常资金的管理要做到什么程度才叫做到了位，我们一定要心里有数。先有了这个标准，才能根据标准发现公司的资金管理现状和这个标准之间的差距，然后针对性地完善和缩短差距，达到控制资金的目的。

首先，我们要了解和统计内部各部门、机构在日常运营过程中的资金需求，做好采购、生产、销售等各环节的资金收支计划。

其次，要充分利用资金计划表（本节后面会详细介绍）对资金进行平衡，确保按计划收钱，按计划付钱，实现资金的合理使用和良性循环。

再次，要定期召开资金会议，确认该收的按计划都收回了，该付的按计划在付。如果有异常，要及时采取措施达到新的平衡，避免账上资金冗余或者资金紧张。

最后，加强资金的财务控制，严格制定资金的收支条件、程序和审批权限（第四节会重点说明）。如果发现公司的钱越来越少，就要通过一定的渠道赶紧解决资金问题。如果发现近期公司的钱越来越多且有富余，就要在保证安全性和流动性的前提下，存银行通知存款和购买国债等，以提高闲置资金的收益。

另外需要注意的是，企业收到的钱要及时入账，不要在账外收钱，不要不入账或者入到财务账外；办理付款的时候，要经过授权审批的流程，不能由一个人从头到尾就把钱付了。

3. 怎样提升资金管理能力？

其实管钱这事就和我们家庭开支规划是一样的，每个家庭里都有一个管钱的，会划算的，家里一年一个样，越来越好；不会划算的，多少家当都会被糟蹋光。

会划算的人，会盘算每个月家里的所有收入和开支，柴米油盐酱醋茶，孩子的奶粉钱、读书钱，老人的医药费，各种份子钱，哪些能省，哪些不能省；哪些要赶紧付，哪些可以稍微拖一下。如果钱不够了，要去哪里借、要借多少；如果钱多了，要放哪里，和企业的情况一模一样。企业里管钱的人就是公司的财务，会划算，就是会财务管理之术。

为了说清楚这些管理之术，我会给大家推荐一些比较好用的资金管理工具。

根据对多家企业做资金内部控制的经验，我总结归纳了一套表格，有助于企业提高效率和资金管理能力。下面我将分别介绍这些表格。

（1）做好资金收支计划。

第一个财务资金管理术，就是要做好资金收支计划，做好资金的收支平衡。

把下面这4个表格做好了，资金的收支平衡、动态变化及余额分布就能实时可控。

- 资金计划及预测表，如表3.2、表3.3所示。这两个表较为关键，是防止资金链断裂的重要工具。表3.2分为4个阶段：周、月、季度和年，每周更新一次，滚动变化，使得企业的资金状况实时可见。
- 应收客户明细表，如表3.4所示。
- 应付供应商明细表，如表3.5所示。
- 各银行账户资金收支变动表，如表3.6所示。一般要求编制日报表、3~5日表、周报表、10日表及月报表，根据自己企业的实际管理需要及资金收支频率确定。这个表主要是由出纳编制，也可以自动生成表格，只需要每日做好资金的收支台账，其他表格依据出纳的资金台账自动生成，这样可以大大减少编制的工作量和核对的工作量。

企业的钱是否可控取决于表3.4和表3.5，以及对公司各项收支的跟踪情况。按合同和发货约定该收的钱，大概什么时候收回，到时间是否能及时收回；该付的钱是否按合同要求和约定的时间付出，是否多付、错付或者漏付；公司的其他费用支出，是否超过了当月的计划，是否花了不该花的钱……这些都会影响编制资金计划及预测表的结果，进而影响企业的资金收支状况和结余状况。

表 3.2 年度资金计划及预测表

项目		1月第1周	1月第2周	1月第3周	1月第4周	1月合计	2月	3月	1季度合计	2季度	3季度	4季度	全年
期初余额													
生产运营	收钱1：												
	卖产品												
	卖服务												
	卖材料												
	其他收钱												
	付钱1：												
	买材料												
	付工资												
	付税金												
	付燃料动力费												
	付费用												
	其他开支												
	小计：收钱1-付钱1												
借钱和投资	收钱2：												
	向银行借钱												
	向公司内部人借钱												
	向公司外部人借钱												
	卖设备等												
	分红收的钱												
	付钱2：												
	买设备等												
	买股票等												
	入股别的公司												
	付利息												
	小计：收钱2-付钱2												
预计期末余额													

建议企业做了资金计划和预测表后，再单独做一张实际情况表（和此表格式一样，只是增加一列：实际数），便于分析和总结，并及时发现新的、潜在的、更深层次的企业问题。

表 3.3 短期资金计划及预测表

	项目	第1周	第2周	第3周	第4周	第2月	第3月	第4月
	期初余额							
生产运营	收钱1：							
	卖产品							
	卖服务							
	卖材料							
	其他							
	付钱1：							
	买材料							
	付工资							
	付税金							
	付动力费							
	付费用							
	其他开支							
	小计：收钱1-付钱1							
借钱和投资	收钱2：							
	向银行借钱							
	向公司内部人借钱							
	向公司外部人借钱							
	卖设备等							
	分红收的钱							
	付钱2：							
	买设备等							
	买股票等							
	入股别的公司							
	付利息							
	小计：收钱2-付钱2							
	预计期末余额							

表 3.2 和表 3.3 的区别是，表 3.2 是长期的，表 3.3 是短期的。资金管理要真正做到位的话，最好两个都做。若条件实在达不到或是刚开始做，那么最少也要做个短期的，"如 4+3（4 周 +3 个月）"，共 3 个月的资金计划，要给借钱留下足够的时间，以免因时间太紧张，不能及时借到周转金，而导致企业周转出现问题。如果由于预测工作没有做到位而导致资金链断裂，那就得不偿失了。

表3.4　应收客户明细表（每周，每半月，每月）

客户	应该收	实际收	应收未收	账期内	逾期				合计
					0~15天	16~30天	31~45天	……	
1									
2									
3									
4									
5									
6									
7									
8									
9									
10									
……									
合计									

表3.5　应付供应商明细表（每周，每半月，每月）

供应商	应该付	实际付	应付未付	账期内	逾期				合计
					0~15天	16~30天	31~45天	……	
1									
2									
3									
4									
5									
6									
7									
8									
9									

续表

供应商	应该付	实际付	应付未付	账期内	逾期				合计
					0~15天	16~30天	31~45天	……	
10									
……									
合计									

表3.6 各银行账户资金收支表

项目1	昨日余额	今日收款	今日付款	结存金额
A银行卡号				
B银行卡号				
C银行卡号				
D卡号				
E卡号				
现金				
……				
合计				
项目2	上周余额	本周收款	本周付款	结存金额
项目3	上月余额	本月收款	本月付款	结存金额

表3.6所示为企业各银行账户资金的收支变动表，是现金日报表之一。此表是由出纳台账自动生成的，项目1、项目2、项目3，是企业根据自己的管理需要分别选择的时间区间，比如按日统计、按周统计还是按月统计，或者都需要。企业要管理钱，就得对钱的基本盘面有个基本的概念，这样才能操盘。

（2）做资金预测的注意事项。

第一，关于资金预测表里的数据，企业各业务部门每周提供下周计划的收付款数据，并且要对这些数据负责。比如，销售部要把公司收款计划做出来，办公室、采购部、销售部等，要把自己部门的请款计划做出来，然后将数据统一汇总到财务部，财务部据此编制公司的资金计划预测表。

比如，销售部门说下周能回笼资金300万元，如果下周不能回300万元，就意味着资金预测表里的收款会存在差异、回款不足，付款也会受到影响，那么销售部是要对这些数据负责的。所以，我们要制定相关制度，明确数据的可靠性要跟各个部门的绩效挂钩，要不然资金管理这件事就没有严肃性。

资金计划和预测，并不是简简单单几张表的事情，而是财务部要在企业内部制定并推动跟资金管理有关的一些措施，这是资金管理的第一步。

那么这一步要实现的结果是什么呢？提高企业资金的可见性，也就是要能随时随地了解企业有多少钱、未来可以花多少钱、这些钱在未来可能会有什么样的变化。这样才能保证企业的资金是可控的。

第二，如果企业现金流没问题，收支平衡或者相对平衡，差异不大，就不要过多干涉和管理。但是一旦公司缺钱，就要量入为出，保持付款的进度跟回款的进度相当，这是财务人员必须把握的根本原则。另外，还要让各业务部一起承担缺钱的压力，由销售的人对付收款问题，拿不到钱不给提成，由采购的人对付付款问题，要有本事扛得住供应商催款的压力。

第三，在企业刚开始做资金计划时，对于已经呆滞的库存和超期很久的应收账款，要赶快处理。很多公司出事就是因为处理得不及时。如果早发现、早处理，还能引起警觉；如果一直拖，拖到不能再拖时再去处理，很多问题就解决不了了。

3.3 公司的钱为什么总是不够花？

很多民营企业的老总会有个疑惑：觉得公司的业务挺赚钱的，但企业的钱还是越来越紧张，不知道钱都花到哪儿了。其实企业花的每一分钱，都是他批准的。为什么他还会有这样的疑惑呢？就是因为他的脑中对钱产生了错觉，又理不出头绪。

第一，这些管理者经常把利润和资金混淆，就是"赚钱"和"有钱"分不清。要解决这个问题，就要先分清楚什么是利润、什么是钱、什么是赚钱、什么是有钱。第二，搞明白上述问题后，再弄明白为什么账上的钱总是不够花。一旦明白了这些原理，这个问题就知道要怎么解决了。

3.3.1 什么是赚钱？什么是有钱？

为了更好地说明赚钱和有钱的关系和区别，下面我列举一个月内企业里发生的 5 个经济事项。

（1）当月收了一笔货款，30 万元，这是客户上个月欠的；

（2）当月卖了一批货，货款 140 万元，但是没收钱，这批货在账上的成本是 110 万元；

（3）当月进了一批材料款50万元，没给钱，计划下个月给；

（4）还了一笔去年欠供应商的材料款，45万元；

（5）当月的费用开支一共10万元。

请大家尝试着在下面的横线上写出两个数。

假如月初账上有100万元，到了月底，账上有多少钱？_____万元。

本月赚了多少钱？_____万元。

上述5笔业务之间一点关联性都没有，不是同一个供应商，也不是同一个客户，更不是同一群人。现实当中的业务比这要复杂得多，会有很多笔业务，有很多不同类型的，也有很多同一类型的。

咱们现在来揭晓答案。

先说第一个横线处——账上有多少钱。这个月的钱一共减少了25万元，月底账上有 75 万元。怎么算的呢？

我们先看涉及钱的业务，没动钱的都不算。这个月一共收了30万元（上个月的货款），然后付给供应商45万元，费用开支10万元，即一共花了55万元，收了30万元。也就是说，进的少、出的多，账上的钱少了25万元，月初有100万元的话，月底就是75万元了。

我们再来看第二个横线处——这个月赚了多少钱。本月赚了 20 万元，这20万元怎么算出来的呢？卖货收入140万元，成本是110万元，费用是10万元，减掉成本和费用之后，这个月的利润就是20万元。

从财务的视角来看，这月的钱少了25万元，但是赚了20万元，前者是钱，后者是利润。

企业管理者脑中关于钱的概念，有的时候和钱相关，有时候和赚钱相关，并且他们认为赚钱就是有钱，所以当财务说这个月钱少了25万元，赚了20万元时，他们便会感到困惑，明明赚钱了，为什么钱会少。

这里我们只写了这5个经济业务，涉及5笔资金，实际上企业每个月的钱进进出出，有很多笔，有的还会合并，一汇总，管理者就完全分不清了。

挣没挣钱，是利润的事，跟收入和成本有关；而手里有没有钱，跟钱的流水有关系，跟收入和成本没有直接关系，不挣钱不排除你有钱。比如，这个月有人给你投资了，所以你有钱。

我们在做资金管理时，和企业管理者说钱的事情时一定要明确，是谈有没有钱的事还是谈赚不赚钱的事。

如果谈有没有钱的事，就要谈下个月有几笔钱要付，有几笔钱要收；如果谈赚不赚钱的事，就是说有没有利润，说收入、成本、开支、费用，以及这个月发货发多少、费用是多少。

每次一说到钱就分开说，时间一长，我们就能弄清楚有钱和赚钱了。

3.3.2　为什么账上的钱总是不够花？

在日常经营中，以下 3 种情况会让我们觉得钱不够花。

1. 把钱用错了时间

在管钱时，有一条规定最好不要突破，那就是绝对不能短贷长投。短贷，顾名思义，也就是短期贷款，一般是指公司借来的用于临时周转的钱，比如，临时拖欠供应商的货款，拆解的临时周转金，找银行借的流动资金贷款等，这些钱通常最多只能用一年；而买资产、买设备、投资扩张都是长期的，也就是刚刚说的长投，要花三五年甚至十年时间，通过折旧摊销，才能把这个钱回本。

比如，你有一笔下个月要还的钱，而你上个月刚把这些钱买了设备，你又不能把刚买的设备卖了，因为转手就是二手的了，亏得不是一星半点。如果不卖，就只能抽调生产线上用于周转的钱。而周转的钱本身就紧张，这样一来，就会更紧张。可是如果这个时候筹不出钱，设备又卖不掉，企业就会面临资金链断裂的风险。

之所以会出现上述情况，就是因为把钱配错了时间，不能用借款周期为一年的钱干回本周期为五年、十年的事。如果真要投资长期项目，就只能去找长期的钱，或者找股东要钱，因为股东的钱不会随意撤走，这样相对会比较安全。

2. 把钱放错了地方

对于正常的企业运营，有多少钱要放在生产线上，有多少钱要放在流动周转金上，不同的行业有不同的比例。每个企业在长期经营后，每一个环节的钱的占比也是相对固定的。

一旦把一笔钱放错了地方，就有可能导致钱不够花。

比如，本来 100 元钱里应该有 40 元放在生产线上，60 元放在材料成品这些货物的周转上，但你放反了，60 元放在了生产线上，40 元拿来周转用，这样就会导致生产线开工不足，因为开工就需要钱去买材料，需要开支，需要工钱，但你这 60 元钱都投到了设备和生产线上，周转本身就缺钱，这样一来就会更缺钱。

钱放错了地方，还有一种情况。公司借来的钱，有的是债，用段时间就要还，有的是股东投资的，一般来说不用还，所以最好的情况是让股东投多一点，从外面少借一点。如果比例反了，企业就有可能会天天倒贷还债，拆东墙补西墙，借张三还李四，每天的钱都紧紧张张的，像走钢丝一样，稍有不慎就没钱了。

3. 没有关注钱的时间节点

企业之所以会出现想用钱的时候才发现钱没了的情况，首先当然是因为企业收钱和付钱时没有做好计划，其次就是因为企业没有给自己留余量，在时间上没有衔接好，让企业没有钱的这个事情发生了。如果我们预测了钱的变化状态，并提前做好应对，及时地去找钱，也许就不会迷茫、着急。

我们要知道，用了别人的钱都是要还的，并且别人的钱都是有使用期限的，我们只能用一段时间。

哪些是借的钱、哪些是投的钱，哪些要还、哪些不用还，哪些是短期借款、哪些是长期借款，我们都要在钱的后面做好记录。经常看一下时间节点，在到期之前提前准备好，千万不能让钱出了问题。

同样一笔钱，我们能用它来做什么，和这钱能用多久是密切相关的，举例如下。

今天找银行借了1 000万元。

- 如果银行说明天就得还，那这个钱借了等于白借，没有用；
- 如果说一周后还，我们就能用它临时周转一下，或者存个七天通知存款，能赚个几万元；
- 如果说这钱可以用一个月，我们就可以炒股或者买短期基金；
- 如果说这钱可以用一年，我们就可以把钱投到周转金里，把生意做大；
- 如果这钱可以用十年甚至二十年，我们就可以用它买房、买地，若赶上行情好，也许能翻好几番。

有的时候我们的钱不能花，并不是因为钱丢了，也不是因为做得不好，而是因为在钱这件事情上，我们必须采取谨慎的态度，提高对钱的规划性、收支预测的准确性，这样才能在该花钱的时候就有钱。

3.3.3　账上明明有钱，为什么不能用？

很多企业出现资金方面的问题，是因为不知道自己账上有多少钱是可以花的。事实上并不是账上有多少钱，就可以花多少，主要原因如下。

- 钱有不同性质，比如账上有一部分钱是保证金，是不能动的，有一部分钱是定期，在到期之前也是不能动的。

- 有多少钱可以花并不是静止的状态，它一直处在一个变化的状态中。

老板经常犯的一个错误是，把一个静态的数字当成了可以花的数字。

企业账上有的钱是有固定用途的，不能乱动，我们要把它们分成堆。比如，这堆是未来要付的利息，月底要给债权人；那堆是折旧，再过一年就要更新、维护和保养生产设备了，否则到时候就会没钱；那边一堆是月底要发工资的；这边一堆是用于售后的，是售后维修的服务费等。

除了分完堆后明确不能动的钱，剩下的就可以随便用。钱分堆这个事情，要定期更新，至少一周更新一次，有的企业每天更新；如果分完堆后，剩下的下不够生产用，企业就要赶紧想办法去借钱，也不能动用这些已经分好堆的不能动的钱。

对于这部分不能动的钱，短期拿过来用一下是可以的，反正放在账上，闲着也是闲着，但一定要在台账上记下这个事情，把归还这部分钱当作一个日程，着手去解决借钱的事情，免得到时还不上。

3.3.4 每段时间内能用的钱都是不一样的

钱是一直在动的，每段时间能用的钱都是不一样的。因为企业几乎每天都有收支，每个月都有不同的进账、不同的花费。

而我们要做的，就是要弄清楚在当下的时间节点上，账上有多少钱可用。如果账上有 2 000 万元，就一定全部可以花吗？要回答这个问题，我们就得弄清楚在未来，钱的进出是什么样子，包括未来要花多少钱，能收回多少钱，大概是在什么时候，还要弄清楚收回来的钱和要花的钱中间是否存在缺口，如果有缺口，该去哪里借？因为钱有进有出，它一直在变，所以我们管这个叫作"资金的动态过程。

企业在预测收款的时候，我们可以这么做，比如，企业 40% 的钱是现款，60% 的钱是有账期的，那么在每个月预测回款时，就知道有 40% 当月可以收回来，剩下有账期的 60%，如果账期为一个月，那么就把这 60% 的回款做到下个月的收款计划里。

资金预测表贯穿了企业的方方面面，它其中的一个重要作用，就是给企业提供动态的预测过程。

在这张表上，我们可以看收到的钱和付出去的钱之间的差额，差额是正的还是负的。如果是正的，就暂时不用担心；如果是负的，就表示钱在减少。如果钱持续减少 2~3 个月，就要考虑做融资的计划，或者说企业整体要节约开支，以渡过难关。

3.3.5 怎么做才能让我们该花钱的时候有钱花?

关于资金计划和资金预测,一般最少一个月要更新一次资金预测计划,有时候需要一周,资金紧张的时候需要每天更新。

同时我们要在资金预测表中加入重要的内容,即钱的时间,比如,未来一段时间内要到期的钱,未来一段时间不能动的钱等。这样我们在看到账上的余额时,就会清楚真正能用的钱是多少。我们把能用的这部分钱叫作"可用资金"。

另外,我们要把钱的所有来源做好标记,做成资金周报表和月报表的一个重要项目,就是借款明细表,也可以叫作还款计划表,如表3.7所示。

表3.7 借款明细表

序号	银行名称	长期短期	方式	金额(万元)	开始日	到期日	利率(%)	备注
1	A银行	短期	抵押	400.00	20×2-1-11	20×3-1-6	6	
2	B银行	短期	信用/免担保	290.00	20×2-9-1	20×3-3-31	7	
3	C银行	长期	抵押	700.00	20×2-10-27	20×3-10-22	5.5	
4	D银行	长期	保证	300.00	20×2-2-28	20×5-2-24	5.4	
5	张三	短期	保证	100.00	20×2-2-3	20×3-12-18	10	
合计				1 790.00				

这张借款明细表里列明了企业所有的借款,包括银行的、非银行的等,把相应的基本内容填写完整,企业就能对当月所有的借款明细做到心中有数,包括各部分钱能用多长时间,大概什么时候到期,利率多少,有没有特别说明,等等。

我们根据到期日进行排序,就可以做成到期还款计划表。在实际操作中,我们会把一个月内每周到期的标注成不同的颜色,同时会把每周和每月的到期还款项目分别做汇总,方便查看和了解。

3.3.6 做好资金预警和预判

因为钱有不同性质,再加上钱会频繁进出,导致它的余额一直在变。所以我们需要通过资金预测表,对企业整个资金的流动情况有一个清晰的了解,对未来2~3个月的钱的变化有一个预期。如果觉得有可能出现问题,就提前预警,然后赶紧想办法解决问题,这样企业的钱就不会断,资金预测和管理才算是做到了位。

本小节我会介绍一个重要的工具——资金预警。

我们要为企业和钱有关的几个关键性指标设定一个预警线，在公司的钱随着业务变动的过程中，一旦某一个指标数据低于预警线就会报警，用来提醒我们，这个数据，甚至是这段时间、这个业务可能有问题。我们就要赶紧查看并及时采取措施进行干涉和处理。这些指标一般有库存余额、应收账款余额、资金余额等，关于它们的"预警线"，一般用这些数据和销售收入的比值来表示。

关于这个预警线的设定，一般有3个参考值：一个是企业近三年的平均水平，一个是近三年的最高水平，一个是行业平均水平。

我们要对企业近几年的资金状况做一个规律性的总结。就拿应收账款跟收入的比值来说，3年里，企业每卖掉100元的东西，平均有30元收不回来，但有一个月情况特别好，卖了100元的东西，只有15元收不回来，那么应收账款和收入的比值就是30%和15%。其中，30%是平均水平，15%就是最高水平。

预警线不是最好的值，也不一定是平均值，而是企业结合自身的实际情况自己设定的，是企业根据过去的经验，自己觉得哪个数会比较危险，就把它设为预警值。

每个企业的资金调度能力都不一样，融资能力不一样，管理能力不一样，对危险的判断和感知度也是不一样的，所以每个企业的预警线也不一样。当然，行业的平均值也可以做参考，如果你的企业比行业水平高很多或者比行业水平低很多，要么说明你对资金利用得不够好，或者对资金管理得不够好；要么说明你的企业存在一定的潜在风险，需要及时关注。

3.4 在付款签字时，你该想什么？

经过对前文的学习，我们知道了钱的重要性和管理钱的复杂性，我们不仅要会看资金报表（含日报表、周报表和月报表），还要会看资金预测表，了解资金的变动情况，了解账上的可用资金及资金的时间节点。做到心中有数后，我们还要关注两件重要的和钱有关的事情：第一，保持资金的合理占用，注意付款的计划；第二，保证资金的安全，注意付款的流程。

3.4.1 保证资金的合理占用——付款的计划

我们在日常进行资金管理的过程中，要保持钱在企业内各业务、环节里的均衡流动，不要让钱拥堵在某一个地方，以防止资金沉淀、周转不畅通，从而影响资金的周转效率和速度，甚至是资金链断裂。有的时候我们要量入为出，有的时候要控制节奏，有的时候要多与收款方进行沟通，防止多付、少付和错付。

对于资金的占用，我们要防止资金在库存和应收账款中占用过多，否则会影响企业整体的资金周转效率。

以制造业为例，正常的周转是，拿钱去买原材料，用原材料生产成成品，然后卖出去，再把钱收回来，这中间有以下4个重要的时间概念。

1. 存货的时间

把材料买进来，一直到成品卖出去的这段时间，都是存货的时间。这段时间内有多少存货，就占了公司多少资金。这些占资金的存货包括原材料、半成品、产成品；如果外地有仓库，还要算异地库存。除此之外，还包括公司囤的货，等等。

我们做个简单的比方，如果从把东西买进来到卖出去（存货）的时间是45天，那么具体的情况便会如表3.8所示。

表3.8 存货时间表

	存货步骤	天数
1	供应商装车在途，到公司	2
2	入库及整理	2
3	入库后到生产领用	25
4	生产成半成品	4
5	合理地放、晾、烘干、泡（部分企业）	3
6	继续加工成成品	5
7	拉到异地仓库	2
8	客户下订单到被客户签收	2
合计		45

大家可以参考这个表，算算自己公司的存货的时间。

2. 应收账款的时间

从把东西卖出去到把钱收回来的这段时间，叫应收账款的时间，也叫账期。这个账期比我们平时所说的账期范围广一些，平时业务中所说的账期，是给客户赊账的天数，而这里的账期则是指，从发货到把客户的钱收回来之间的所有时间，包括账期内和逾期的，有一周内的，有超过一个月的，也有超过一年甚至更长时间的。

计算应收账款的时间，要加上逾期的时间。每个客户逾期的时间不一样，平均一下，就可以算出企业的平均实际账期。

3. 应付账款的时间

从把原材料买回来，到给供应商付钱的这段时间，叫应付账款的时间。

同样的，用计算应收账款的方法，我们也可以计算出应付账款的平均时间。

库存、应收账款和应付账款，会对公司的资金占用情况产生至关重要的影响，前两项要占用钱，周转得越快越好，后一项相当于是我们占用供应商的钱，周转得越慢越好。

我们算这3个重要的时间，就是为了算出第4个重要的时间概念，即现金占用时间，也叫自有资金时间。

4. 自有资金的时间

自有资金也叫铺底资金，是企业为了正常生产经营而垫的钱，这里含费用开支。

自有资金时间 = 存货时间 + 应收账款的时间 − 应付账款的时间

简单说明一下：假设从买材料到成品卖出去的时间是45天，你给客户的账期是15天，大部分客户是逾期20天左右给你，那么你的平均应收账款的时间就是35天。也就是说，从你买材料花钱，到东西卖完后钱都被收回来，需要80（45+35）天。

虽然这80天都要占用资金，但不一定都是占用你自己的钱，因为你也占着别人的钱，如占供应商的钱。

假设供应商也会给你15天的账期，平时你会再拖1~2天付钱。意思就是说，刚刚的80天里面有17（15+2）天不用你的钱，余下的63（80−17）天就都需要你拿自己公司或者自己家里的钱。而这个63天，就是你自有资金的时间。

业务量越大，自有资金也会占得越多。通过对前面内容的学习，我们知道这是资金运作的规律之一。

在这里，大家是不是发现了一个管理资金的目标？就是尽量不用自己的钱。自己的钱用得越多，资金就越紧张，日子也越难过；自己的钱用得越少，活儿就会越好干。所以，我们要尽量压缩和减少自有资金的时间和金额。

5. 如何减少自有资金的时间？

方法很简单，就是尽量压缩存货的时间和应收账款的时间，同时尽量延长应付账款的时间（在不伤害企业信用的前提下）。

比如，把案例中存货的时间减15天，把应收账款的时间减8天，再和供应商谈谈，把应付账款的时间延长 5 天，这样就可以节约出 28（15+8+5）天的时间，节约出一个月的资金量，多干一个月的业务。

减少自有资金占用时间的过程，也是在挤压资金流转过程中的水分，将资金总金额、总天数一步步压缩到合适的范围，从而加速资金的周转，为企业创造更多的价值。与此同时，企业也从资金入手，迈出了内部控制和提升企业整体管理能力的第一步。

另外，付款的时候，企业要根据自身的资金状况，结合资金预测表的流入流出情况，合理安排付款计划。

3.4.2 保证资金的安全——付款的流程

企业的钱是流动性最强、控制风险最高的资产之一，钱被挪用、贪污和诈骗等案例屡见不鲜，而这些案例的发生，往往与资金没有管理好、存在管理漏洞直接相关。

企业的资金管理涉及资金收入、支出、审批、保管、记录、对账、盘点等诸多方面，稍不注意，就会给资金安全带来隐患。所以，在办理付款业务时，要加强资金支付的流程管理和授权审批权限，履行授权审批程序后，方可对外支付。

企业资金支付通常包括以下环节。

（1）支付申请。公司有关部门或个人用款时，应当提前向审批人提交付款申请，注明款项的用途、金额、支付方式等内容，并附有效合同或相关证明。

（2）支付审批。审批人根据其职责、权限和相应程序对付款申请进行审批。对不符合规定的付款申请，拒绝批准。

（3）支付复核。复核人对批准后的付款申请进行复核，复核付款申请的批准范围、权限、程序是否正确，手续及相关单证是否齐备，金额计算是否准确，支付方式、支付单位是否妥当等。复核无误后，交由出纳人员办理支付手续。

（4）办理支付。出纳人员应当根据复核无误的支付申请，按规定办理货币资金支付手续，及时登记现金和银行存款日记账。

企业要建立相应的付款审批制度，在制度中约定付款经办人在办理付款业务的职责范围和工作要求、审批人的职责和权限。审批人应当在授权范围内进行审批；经办人应当按照审批人的批准意见办理付款业务；对于审批人超越授权范围审批的付款业务，经办人有权拒绝办理，并及时向审批人的上级领导报告。

在进行付款审批时，我们不仅要关注审批的过程是否可控，还要关注可用资金的变动情况及公司实际收支与预测的偏离情况，及时发现问题，解决问题，保证日常资金管控及时、管控到位。

3.5 这钱是你想借就能借到的吗？

很多企业找我帮助他们融资，其实并不是因为缺钱，而是因为钱在不同的地方被占着，导致有钱不能花。

如果是因为内部库存和应收账款等占用资金，或者是因为内部管理失控，"跑冒滴漏"现象严重，那么建议企业先管好自己的内部，通过加强内部管理，提高钱和财物的周转效率，挤压出运营资金。如果这样操作后还是缺钱，再考虑去外部融资。因为只有这样，外部资金进来时才能发挥该有的杠杆效应，否则，从外面借的钱越多，内部管理吞噬的窟窿会越大。

融资是把双刃剑，表面看着好，实际上谁用谁知道。很多企业就是倒闭在了融资加杠杆，自己却玩不转上面。

所以，企业在融资前一定要关注以下 5 个问题。

- 到底是真缺钱还是内部管理不当，把钱都耗没了？
- 如果真要借钱，到底要借多少？
- 该找谁借？
- 不是说企业想借钱就能借来的。
- 一定要了解借钱的流程。

3.5.1 什么时候该借？什么时候不该借？

该不该借钱，取决于 3 个方面：（1）是否真的缺钱？（2）是否赚钱？（3）内部管控是否到位？

1. 是否真的缺钱？

假缺钱，是指公司有钱，只是你看不见。比如，闲置的人、闲置的办公室、闲置的材料、闲置的产品等，这些钱不在公司银行账上，而是散落在各处，也没有加以管理。有的是散落在各个银行卡上，没有汇总，不知道每张卡上有多少钱；有的是被各个环节占用了，导致整个企业"虚胖"，库存一大堆，应收账款一大串，应付账款一大串，从银行借的钱也很多，到处是水分，显得企业"很胖"，实际上抽掉水分后，企业会迅速还原，变成它该有的样子。

我们首先要做的就是，识别这种"虚胖"，通过查看报表、数据，对公司进行实地盘点，以及与客户、供应商对账，找到这些"症状"及"症状"形成的原因，及时地进行干涉和管理。

在很多人的印象中，资金管理就是对现金和银行存款进行管理。其实不然，企业里面只要用得着钱的地方，我们都要去管理，这些都叫资金管理。尽量让企业的存货和应收账款变成现金，并将其投入新的周转中去，而不是停留在账上。

为了消除企业"虚胖"，让营运资金正常周转起来，第一，我们要参与到库房的管理中，将报废的、过时的、彻底不能用的存货分好类，并想办法把它们处理掉。即便亏一点，也要把它们转化成钱。

其次，对于应收账款，要逐个分析到底有多少钱是可以收回来的、有多少是逾期的、有没有人去跟踪和追讨，等等。有了这些数据以后，才能用它来推动库房人员去处理和盘活库存；或者是推动销售人员加快对应收账款的回收。

通过这样的操作，可以大大消除企业的"虚胖"，多出来的钱就能解决企业的燃眉之急，也许不需要融资就能正常周转。就如前文所说，如果企业每年保持20%~30%的增长速度，一般是不缺钱的，因为公司赚的和折旧的钱就正好满足企业的增长，并且这也是企业发展较为稳定、持久的状态。

2. 是否赚钱？

如果经过分析发现企业不赚钱，那么是否还有融资和借钱的必要呢？这个要看企业的商业模式。

（1）企业的商业模式很好。

如果企业的商业模式很好，即使不赚钱，也会有源源不断的投资人给企业投钱，支持企业快速发展，那么在这种情况下，企业要做的是：第一，保证资金充裕；第二，赶紧突破业务瓶颈，尽快达到赚钱的状态。

因为不赚钱的情况下，市场的增长、商业模式的转化，都会对投资人的投资决策产生很大的影响。一旦他们看不到希望，就有可能不再追加投资，企业倒闭的风险就会很大。

（2）企业的商业模式不好。

这种情况下企业要尽快收缩业务，甚至要赶紧停手，并且要转型、转产、转行等，而不是到处融资，去抢占市场、扩充业务，否则就会加大企业的经营风险。

假性缺钱和不赚钱确实是企业在融资时容易忽略的两个因素，但它们同时又是容易导致企业出事的两个因素。

3．内部管控是否到位？

该不该借钱，有很多影响因素，除了假性缺钱和不赚钱外，还取决于企业的战略规划、发展计划、企业目前所处的发展阶段，以及企业的融资能力、对融资环境的判断，等等。

我们要了解自己企业的战略规划、发展计划、商业模式、盈利模式，对企业的赚钱能力有个正确的认识和判断，同时要做好对假性缺钱的管控，搭建起结实的管控体系和发展框架，这样才能承载起资金注入后带来的飞速发展。

在这里，我给大家介绍一种工具，用来管理我们的资金，尤其是管理库存和应收账款。这个工具就是账龄表/库龄表，它可以对账款的账龄和库存的库龄进行分析，比如，库存超过了半个月、超过了一个月、超过了两个月，等等；应收账款分为正常周转、逾期一个月、逾期两个月，等等。根据企业管理的需要，可以按周分、按10天分，也可以按月分。

表3.9所示为应收账款/应付账款账龄表，应收账款和应付账款也可以分开，做成两个表。库龄表和这个结构一样，要先分大类，如材料、半成品、产成品，然后分小类，不同类别的库存要分开分析，同一类别的要合并分析。

表3.9 应收账款/应付账款账龄表

类别	往来单位	余额	0~15天	16~30天	31~45天	……	90天以上
应收	A客户	258 964	28 889				230 075
应收	B客户	360 000	178 000		182 000		
应收	C客户	701 523	323 688	377 835			
应收	D客户	1 015 038		1 015 038			
应收	……	133 027	133 027				
应收账款合计		2 468 552	663 604	1 392 873	182 000	—	230 075
应付	M供应商	343 248	261 701	81 547			
应付	N供应商	34 614	34 614				
应付	T供应商	2 897 666	593 826	469 633	531 556	1 302 651	
应付	X供应商	251 805	32 400	22 400	27 400	36 100	133 505
应付	……	1 095 700		590 400	238 000	267 300	
应付账款合计		4 623 033	922 541	1 164 080	796 956	1 605 951	133 505

对库存来说，一般保证正常生产需要的库存就可以，根据买东西的难易程度、与供应商关系的好坏、业务量大小、距离远近等因素，一般企业的库存在7~10天，有的在3~5天，管理好的保持1~2天的周转，甚至有的企业0库存，材料和成品基本上没有库存。

对于一个企业来说，想要真正把钱管好，就得先管好自己的业务，根据数据推动销售人员卖出更多的产品，并及时地把钱收回来；要推动采购人员和供应商谈条件，尽量在保证信誉的前提下，延长付款的时间。

现在很多生产企业利用互联网下订单，以销定产，其实就是为周转金做优化。厂家收到订单后，也并不是立即发货，而是承诺一个发货时间，如72小时内发货。为什么定这个时间呢？因为这是他的备货和生产期，也就是我们前文中所说的存货周期，不同企业的存货周期是不一样的。

收到订单后，厂家会根据订单采购材料（有的不需要采购材料，有备用材料），然后开始生产，生产完后再发货。整个过程中，厂家因为先收款或者先收定金，应收账款会比较少。除了基本的备用材料，几乎也没有库存。资金占用量比较小，发展非常迅速。

3.5.2 该借多少钱？

企业需要多少钱是和收入规模成正比的，也就是说，销售增长得越快，需要的钱也就越多。

比如，去年收入2 000万元，用了300万元，今年收入想增长50%，即增加1 000万元，做到3 000万元，所用的钱也得增加50%，即增加150万元。这150万元就是企业需要的钱。

企业需要的钱不一定都要从外面借，或者让股东投，因为企业经过一段时间的发展，账上是赚了一些钱的。另外，设备也在陆续回本，回本的钱也在账上。这么一算的话，企业就不需要从外面借150万元了，也许借100万元就够了。

到底要借多少钱，第一，取决于企业的增长目标，如果增长得很快，超过了公司自有资金的增长速度（20%~30%），就需要借钱；第二，取决于企业借钱的能力，借钱能力不足的话，账上就要多备些钱；第三，取决于公司赚钱的能力；第四，取决于借钱的成本；第五，取决于企业所在的行业。

1. 企业的增长目标

企业的增长目标有主动的目标和被动的目标两种。

（1）主动的增长目标。

就是企业的增长是自己说了算的。比如，企业每年赚20%，自有资金增长30%，老板是个很保守的人，从来不借钱，也不与别人分享公司的商业秘密，他就确定一个自己能完全掌控的增长比例，比如确定第二年的增长目标不超过30%。

（2）被动的增长目标。

就是自己还没有干出一定的门道，但因为看到了潜在的市场，或者被合伙人、被员工激励，激动之下就定了个增长目标。至于这个目标是否能实现、需要的资源能不能到位都先不管，走一步算一步。这样的目标就是我们所说的被动的增长目标。

无论是哪种目标，需要的钱都和增长有关。一般情况下是同比例增长的关系。但是如果是被动的目标，有可能就不是同比例增长的关系，比如，收入增长了50%，也许你投进去100%，2倍的钱也不一定保住50%的增长。因为被动的目标下，企业不一定做好了准备，内部的管理也不到位，资金不仅会在企业内部各个环节沉淀下来，还会以各种形式流出企业，这会间接葬送企业的未来。

保险起见，咱们要借的钱，一般是实现企业发展目标需要的钱的1.5~2倍。

2. 企业借钱的能力

提高企业借钱的能力，基本上是要做到本章前面章节说的所有的工具和方法，还要做到融会贯通。有的人胆子小，借了钱就睡不着觉；有的人胆子大，把自己借了"负翁"，不仅能安然入睡，还琢磨着去借更多的钱。企业也一样，胆大、本事大的，就多借一点，胆小、本事小的少借一点。后文会详细说明借钱的能力，这里不再赘述。

3. 赚钱的能力

我们都知道，钱是有成本的，谁都不会把钱白借给你用。既然把钱借给了你，那么对方就对这个钱有期待，想获得一定的回报。

（1）股权融资。

如果看好你的项目和企业，愿意花钱进来和你一起做大的，叫股东，他是来和你分的，你赚多少，都得根据他占的份额给他分；那如果不幸，企业发展不好，管理不善，亏多少，他也是要和你一起承担这个相应的风险的。这种借钱的方式就是股权融资。

（2）债权融资。

如果借钱的人，纯粹只是借钱给你，不想和你共担风险，到点就收利息，他不关心你赚多赚少，只在意自己是否每个月，或者每季度能获得一定的回报，到期你能不能把他的本钱还给他，这种人叫债主。这类型的借钱方式叫债权融资。

债主借钱给你，至少要收一定的利息，甚至这个利息要比银行利息还高，否则他为什么把钱借给你，存给银行，不是更安全、更稳定吗？

不同的债主成本也不一样，一般情况下，相对而言，银行的借款成本最低，一年4%~7%左右，市面上正常的借款利息是10%，有的找影子银行、私人债主，高利贷的利息能到24%，甚至更高。

在说企业是否赚钱的时候，我们花了很大的篇幅说了利息和成本的事情，其实就是想说，如果公司的赚钱能力低于从外面借钱的利息，那么借得越多，就亏得越多，相当于纯粹是为债主干活。

4. 借钱的成本

企业一个月会有很多笔钱是借不同的人的，金额不一样，时间不一样，利息也不一样，我们要计算一下平均利息成本。

比如，当月找不同的三类人借了三笔钱，总共1 000万元，其中500万元，利率8%；200万元，利率16%；300万元，利率11%。

那么加权平均的利息成本为：

（500×8%+200×16%+300×11%）÷1 000=10.5%。

这只是一个简易的算法，如果要算得更精细，还需要考虑每笔钱的借款时长。企业在做决策的时候，不需要那么精细的数据，如果确实需要，找专业人士帮助测算也是非常容易的。

企业赚钱的能力，一般用利润率来衡量，公式如下。

利润率=（收入−成本−费用）÷收入

这个利润率可以取三个月的平均数，也可以取一年的平均数。

如果利润率大于利息成本，那么企业还可以借钱，并且借的钱越多越好。直到借了足够多的钱后，重新计算出来的利润率与利息成本相等，就不能再借了。

如果利润率小于利息成本，就说明企业赚的钱不够还利息，此时就得想办法压缩债务，先还一部分钱。

5. 企业所在的行业

该借多少钱还和企业所在的行业有关，拿代理商来说，他们是靠钱打天下的，需要的钱当然越多越好，这样可以铺更多的货，对接更多的厂家。如果是零售店，就正好相反，一分钱都不出，全是客户和供应商的钱，也没有库存，因为库存不在自己的名下，这样他就一分钱都不需要借。

3.5.3 该找谁借钱？

一般情况下，开办一家企业，资金来源主要有两个，分别是自己的（通过劳动积累的）和别人借给的。而借的钱又分为两种：股钱和债钱。

1. 借股钱和借债钱

我们把共负盈亏、"同生共死"的钱叫股钱；把要定期还利息、还本钱的钱叫债钱。这也是前文提过的股权融资和债权融资。

上市也是借股钱的一种，就是到公开市场上借股民的钱。股钱相对来说比较稳定，因为股东投钱给企业，就代表他看好这个企业，一般情况下，不会轻易把钱撤出来。我们可以拿这些钱做一些长期的规划，如买设备、买地、建生产线等。刚成立的企业往往都需要借股钱。

很多企业在借钱的时候，都会想办法去借债钱，而不去借股钱。首先是因为债钱的成本（利率）是固定的，借钱的时候就知道未来要还多少钱；其次是因为借债钱相对纯粹一些，既不需要考虑分红，做决策的时候也不会被债权方"指手画脚"。

至于是要借股钱还是借债钱，要结合企业的发展阶段、发展规模、借钱的难易程度、企业的实际管理情况、借钱的成本等进行综合考虑。当然，也要多听听专业的分析意见，多方比对后，选择适合自己的借钱方式。

2. 股钱和债钱的比例

有的企业不借钱，一方面和自己企业的实际情况有关，另一方面和企业老板的性格有关，这样的企业如果是赚钱的，那么借一些钱再加点杠杆，可以赚更多的钱。此时，借钱的会认为不借钱的傻，背地里叫他们"傻子"。

而有的企业，自己一分钱不出，企业经营的钱全是借来的，完全是"空手套白狼"，背地里会被叫"骗子"。

绝大多数企业介于"傻子"和"骗子"之间，即自己出点钱，再借点钱，两者之间的比例，在财务上叫杠杆。

比如，企业总的资产有1 000万元，自己出了200万元，余下的800万元是借的，这就是加了4（800÷200）倍的杠杆，再加上自己的出资，总共就是5倍的杠杆。

说到这里，也许有人会问，杠杆是不是越大越好？不一定，杠杆越大风险越大，而且很多情况下不是你想加就能一直加的。

借多少钱与企业的债钱和股钱的比例有关，借得多，风险大，一旦玩不转，就会导致资金链断裂，并且借得多的话，企业完全就是给银行和借款人打工了，落到自己口袋里就没多少钱了。

所以，我们要平衡股钱和债钱的比例，让股钱多一点，债钱相对少一点。至于这个比例是多少，也没有一个准确的说法。一般认为，不能超过70%。如果的你的企业一直以来都是50%，并且行业的比例也是50%，那就没什么问题。如果行业的比例是50%，而你的企业是70%或者是30%，那就有问题了。要么会造成资金紧张，要么是资金得不到充分利用，导致闲置太多。

不同的企业能借到的钱也不一样，跟企业所处的行业地位、实力、信用情况、谈判的筹码、借钱的能力都有关系。能力不行的，账上的钱要留得富裕一点；能力强的，可以少借点钱。

3.5.4 这钱是你想借就能借的吗？

一个企业能不能借钱，取决于它借钱的能力、对借钱的流程有多清晰、对借钱的时间点的把控，以及对未来钱的消耗速度的推测，等等。当然，还取决于整体的金融政策，以及自己企业所处的行业是被鼓励的行业还是不被鼓励行业，等等。

1. 借钱的流程

借钱的流程非常复杂，这里简单说一下，大家有个印象就行。

我们举一个形象的例子，就说娶媳妇吧。首先，要看双方是否门当户对；其次，见面要讲究眼缘；再次，深入沟通后发现三观一致；然后，谈婚论嫁，商量细节；最后，领证结婚。

企业融资也是一样的道理。首先要筛选一遍，企业选投资人（出钱的人），投资人也在选企业。其次，看对眼后约见面，谈意向。再次，投资人会花两三个月对企业进行全方位的调查，会对你进行一系列的调查，包括你的人品，你的赚钱能力，你的家产，你所在的行业，等等；还要看企业借钱的用途，到时能不能还上，如果还不上，用什么来抵债。如果借得太多，他们还会让更多的人来帮忙把关。再就是审批，5~7个人，分别从不同的角度提出自己的顾虑，看看这些是否都被考虑到了。最后，签订借款合同，放款。除此之外，投资人还会设置跟踪环节，也叫贷后检查，看看企业的现状有没有异常，是否和当初借钱时不一样，以及发展状态是否和借钱时说的一致。

资源下载码：KZ2024

这么多借钱的步骤，每一步都很艰难，每一步的流程都很漫长，每一步都需要你用专业的能力去应对，否则，即使是借到了钱，也不一定是你想要的结果。举例如下。

- 你想借1 000万元，让对方占15%的股份。最后，虽然你如愿拿到了1 000万元，但是，你却让出了55%的股份。
- 你本来想找银行借钱1 000万元，银行前前后后拖了半年，最后才借给你300万元，还约定了有20%的钱不能动。
- 你找了许多人借钱，并且谈了很久，终于有人同意借了，于是你开开心心地订了设备、材料，可是过了好久，钱迟迟下不来，导致你万念俱灰。

2. 借钱的能力

在借钱之前，除了要了解资金流进流出的动向和相关的时间节点，以及对应的风险外，我们还要做好两项重要的工作。第一，测算清楚企业最少要有多少的钱，才能扛过所有的关卡；第二，要和各个借钱人保持良好的联系。

（1）企业的最低资金余额。

企业在经营的过程中可能会出现各种各样的风险，包括市场上的风险、经济上的风险、政策上的风险，还有天灾人祸。为防不测，我们要为企业准备第二方案来应急，其中一个非常重要的问题是要解决的，就是留多少钱合适？

如果留的钱特别多，就会造成浪费，因为钱都趴在银行账上，只有很少的活期存款利息；如果留的钱太少，又有可能无法应对突发状况。那么到底留多少钱合适呢？

对一个特定的企业来说，日常周转金留多少是没有标准答案的。你可以通过前一年甚至是前三年平均月底余额，减掉一些不合理的占用，来估算一个较佳的现金余额。

如果你的企业的商业模式很稳定，老板也不是很冲动的人，企业跟客户、供应商、银行的关系也比较好，需要钱的话，能很快弄到钱，就只需要备日常资金，预防性和投机性资金可以少准备些。

（2）要和借钱给你的人保持良好的联系。

无论是与股东还是与银行，抑或是与其他借钱给你的人，都要保持良好的关系。有时要及时了解他们的需求，在力所能及的范围内帮助他们完成一些业绩和任务，为未来的长期合作打下坚实的基础。

就拿银行来说，我们要了解他们的各种产品，了解他们的存款需求；结合自己企业的产品和业务与银行的产品做深度的链接，多使用银行的各种产品，如存款、贷款、票据、短期融资，等等。合作的品类越多，和银行的关系也就越紧密，在银行的系统里面就会多频次地出现你企业的名字，会为你贷款时获得较多的加分。除此之外，还可以在银行的协助下，利用不同的产品和策略，又快又好地借到自己需要的钱。

3.6 小结

钱是企业资产的重要组成部分，在企业的各项经济活动中起到了非常重要的作用。因此，为了企业的正常运营，我们要加强对钱的内部控制。

3.6.1 针对不合理占用资金的控制措施

对于钱被不合理占用，或者资金周转不畅的问题，我们可以采取以下控制措施。

1. 加强资金全过程管理

统筹协调内部各部门的资金需求，做好资金在采购、生产、销售等各环节的综合平衡，全面提升资金使用效率。

2. 充分发挥资金收支计划的作用

组织资金的及时收付，实现资金的合理占用和良性循环。

3. 定期召开资金调度会

对资金计划和使用情况进行分析，做好资金的监控和预警，及时发现异常情况，并采取措施进行处理，避免资金冗余或资金链断裂。

4. 加强对资金的财务控制

收到的钱要及时入账，不要设立"小金库"。办理付款业务时，要严格履行授权审批程序，不能由一个人办理收付款的全过程，不将办理付款业务的印鉴和U盾交给一个人保管。

3.6.2 针对付款流程和权限的控制措施

对于付款没有流程，或者没有遵守流程的问题，我们可以采取以下控制措施。

1. 建立付款审核批准制度

由审批人根据其职责、权限、程序对支付申请单进行审批，对批准后的支付申请单进行复核；复核无误后交由出纳办理支付。付款后，出纳要及时登记日记账，定期汇总付款情况给管理层。给出纳以外的人开通银行账户短信提示功能，及时掌握银行账户资金变动情况。

2. 不违反企业制度规定开立和使用银行账户

每月编制银行余额调节表，及时发现未达账项。对连续挂账 2 个月的未达账项，要分析原因，跟进解决，防止资金被挪用、抽逃。

长期不使用的账户要及时销户，建立银行账户统一台账，并定期与各银行核对。和银行对账时，要书面对账，不仅要核对余额和发生额，还要核对贷款信息，及为他人担保的信息。

3. 企业要加强对票据和空白单证的日常管理

票据和空白单证要存放于保险箱，不得提前盖印鉴章；票据的使用和流转应留下书面记录；对作废票据要加盖作废章并妥善处理；对各类票据和空白单证要实施定期和不定期盘点，确保盘点结果与票据登记簿记录一致。

4. 要明确资金管理各岗位人员的职责权限

因为资金管理的复杂性，企业对资金的管理难度远超过对预算、利润的管理。资金管理覆盖了财务、管理、运营、战略、税务、资本、投融资等诸多领域。

所以，我们要保持清醒的头脑，避免盲目投资，并且要持续提升企业的盈利能力，加速资金的周转，做好资金的过程控制。

第4章 和"买"有关的内部控制

大部分的私营企业，买东西这事通常由老板决定，几乎没什么决策，流程也比较简单，对具体经办人员没有什么约束，管理上也不到位。大家普遍认为采购就是买东西，不需要太多专业知识，也不需要太高的学历；主要的工作内容就是和供应商杀价，要急催货慢付款；除此之外，还会有回扣。

这个岗位在企业里是个"肥差"，为了"肥水不流外人田"，民营企业的采购负责人一般是老板或者老板的亲戚。

基于这些错误的采购理念导致采购部成了企业里最大的"是非之地"，买回来的东西经常性不良、经常性断料、生产配套率不高，库存周转不快。

4.1 "是非之地"的是非

电视剧《西游记》里有一集,黄狮精得了个宝贝想要庆祝一下,就安排两个小妖去买些猪羊回来。两个小妖来到市集,边走边商量:"二十两银子买猪羊,我们先吃几壶小酒,再好好划算一下,争取还能落二三两银子,好用来买过冬的棉衣。"正好被孙悟空听见了。

孙悟空遂与猪八戒、沙和尚变身后,赶着一群猪羊回来。黄狮精问:"买了些什么?"孙悟空说:"买了八口猪七头羊,共十五头。猪16两,羊9两,合计25两。之前领了20两,还欠5两。这个是卖家,跟着来要钱的。"黄狮精听完,安排管钱的取了5两银子打发了沙和尚。

就这样一个小业务,小妖落二三两银子,"油水"就高达10%~15%,加上吃酒的采购费用,估计能到20%。孙悟空更会钻空子,又捞走5两,这样就能抽到35%以上的"油水"。

一个简单的故事透露出,买东西确实是个肥差,并且还不太容易被人发现。对企业来讲,这也是个风险比较大的业务,不太容易管控,对公司的生死存亡又有着巨大的影响。

4.1.1 "买"会给企业带来哪些风险?

那么买东西这事到底会给公司带来哪些风险呢?

- 公司没有计划,想到什么买什么,缺什么买什么,或者虽然有计划,但这个计划严重脱离实际,在买东西时也没有什么约束,想买多少买多少。买少了,会影响生产;买多了,物资积压,库存增加,会造成公司资金紧张。
- 通常大家认为,买来的东西便宜且质量不错就是一个好的采购,至于是不是合理却不怎么关注。实际上一旦买得不合理,如超额采购,或是买了一些不必要、不合适的东西,就会增加公司成本,浪费公司资源。
- 至于向谁买,公司也没有做出明确的规定,导致采购会选择和自己关系好,或者回扣给得比较多的供应商,有可能导致买的东西质量不好,价格还高。
- 人为地增加采购费用,增加采购的流程和成本。比如,量小、金额小的物资也要经过大量的审批环节,多轮的询价比价,看似能提高采购质量和效益、降低成本,其实流程规范、公开、透明的招标也可能猫腻甚多。
- 一些企业管理不善,在验收和付款时会出现"跑冒滴漏"和"吃拿卡要"的现象,使得企业物资和资金受损,甚至导致信用受损。

既然采购风险这么高，那要怎么做才能保证在做好采购工作的同时，整体降低公司的成本，提升公司的效益呢？后文会详细讲解。

4.1.2 了解采购业务

要想在做好采购工作的同时，做好对采购业务的内部控制，我们首先要了解采购业务。

在大多数人的认知中，采购分 4 步——请购、采购、验收、付款。实际上远不止这 4 步，一个相对完整的采购过程，如果不考虑细节，一般包括 9 步。图 4.1 为×公司采购业务流程图，可做参考。

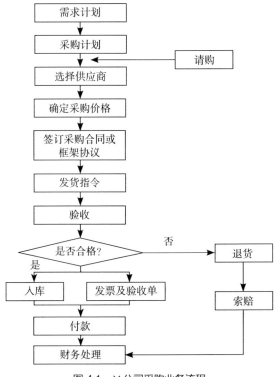

图 4.1　×公司采购业务流程

（1）制订采购计划。

采购计划包括买什么、买多少、大概什么价位可以采购、大概向哪些供应商买、每家大概买多少。一般来讲，采购计划是按月或者按年做的。

（2）制定采购策略。

要向哪些人买，他们具备什么条件才能成为我们的供应商？选择以什么方式买？供应商进入我们的采购名单和被清除名单有没有什么条件？每家买多少的标准怎么定？是从原厂买还是向代理商买？是就近买还是全国各地都买？是集中汇总买还是每个下属公司各买各的？买的时候是更看重价格还是更看重质量，抑或是更看重交期？这些都属于重要的采购策略。

（3）定价。

定价有两种方式。第一种是参照成文或者成体系的价格机制，如招标、谈判、比价；第二种是随便简单地购买，不关注价格，喜欢就买。

（4）请购。

什么条件下可以请购，每次买多少，这些都应该有明确规定，而不是什么时候想起来什么时候买，或者缺货了才去买，得有个标准，达到条件了就可以提出请购的要求。

（5）采购条件。

具体和对方协商谈条件，一般要谈这5个条件。

价格：比如，公司有没有现成的竞标和供应商管理机制，有没有货比三家的简单比价机制？如果有，价格应该从这些机制上来。

数量：买多少的数量是怎么决定的？

付款条件：比如，绝大多数物资，到货后多长时间付款，15天、30天还是60天，个别的可能还要预付。

验收：验收条件及标准，还有对退换货的说明。

运输：是买方自提，还是送货上门，还是请第三方物流。

（6）签合同。

根据上面谈妥的5个条件，签订年度框架协议或者采购合同。

（7）管理采购过程。

验收的标准、验收的人员、验收的流程、退换货的条件和流程、付款的审批流程等都要管理。另外，还需要审核采购相关的合同；进行日常的分析，分析哪个买多了、哪个买少了，买的时候是不是符合制度要求和程序；管理付款、发票等。

（8）记录。

可以理解为记账，也可以理解为记录买的东西和过程、出入库的流程、挂账的流程、单据的传递、台账的登记、业务的跟踪等。

（9）分析。

业务结束后要进行评价，兑现绩效。相关绩效指标的设计，有了指标怎么干，有什么约束条件？财务相关指标的收集与检查分析等。

采购环节每个节点上或多或少都有风险，只不过每一个节点的风险都不一样。一个公司如果没有明确的采购业务流程，或者采购流程有缺失，就意味着采购人员有空子可钻。如果以后再增加流程，就会遭到采购部的强烈抵制，所以要把采购过程中所涉及的事提前想好，做好一定的安排。

4.1.3 商定采购策略

本来采购的权力是公司的，采购部是作为一个职能部门代替公司来行使采购的权力的。

一般情况下，有权力就得有相应的约束，采购的权力（买什么、向谁买、定价、确定质量、确定数量、确定预算、分析原因和问题）在谁手里，就要对谁做出一定的约束。

商定采购策略，最好由公司的一个特殊组织，如采购管理小组（由总经理、副总经理，以及财务、采购、生产、技术开发、销售等部门的负责人组成），来决定和审批采购中比较大的权力，在一定程度上可以预防采购中可能存在的风险。

反复研究采购中前面提到的7项权力，针对可能存在的风险制定对应策略并整理出来，就是采购相关的制度，如采购计划管理制度、供应商管理制度、招标管理制度、请购制度、采购合同管理制度、简化采购管理制度、采购价格管理制度、验收管理制度、采购付款管理制度、采购分析和评价管理制度。

然后经采购管理小组讨论决定由哪些部门起草。比如，由财务部或者采购部起草，不能都由财务完成的，也不能都由采购完成的；最好是分开写，再合并，最后提交采购管理小组讨论通过。

对权力的约束一般体现在制度当中，当一个权力在制度中没有被写出来的时候，谁执行谁就直接有权。比如说招聘，如果制度里没有写清楚招聘的条件和标准，就等于把这个权力直接交给了人力资源部，他爱招谁就招谁。

针对采购业务中有可能出现的风险，采购的内部控制可以分为以下6类。

（1）采购策略类：包括采购计划、采购要求、采购策略等。

（2）供应商管理类：识别供应商、管理供应商等。

（3）合同制定和维护类：包括合同谈判、合同管理、合同分析等。

（4）采购业务类：包括采购和审批、订单数量、采购过程跟踪、到货验收、特殊情况处理。

（5）采购价格类：包括价格预测和跟踪，报价、比价、价格变更流程及决策机制等。

（6）其他控制机制，包括预算与分工、轮岗等。

这些将在下文中详细说明。

4.2 什么该买？什么不该买？

在买东西这件事上，大家经常关注价格和质量，至于买得合理不合理，就没那么关注了。实际上一旦买得不合理，给企业带来的损失是巨大的，甚至是毁灭性的。

4.2.1 什么叫买得合理？

什么叫买得合理呢？就是买的东西管用、好使又不贵，包括6类，分别为：合适的种类、合适的质量、合适的数量、合适的地点、合适的物流安排，以及合适的时间运到了合适的地方，而且花费较少。这里说明一下合适的种类，我们要根据产品的定位，匹配相应种类的材料和配件，既不能高配也不能低配。

买得合理，既能达到采购部门的效益目标，及时供货，满足生产运转需求和企业的付款要求，还能在保持良好的供应商关系的前提下，持续降低采购成本。

这6类要求，到底哪个更重要，哪个不重要，同公司重视程度不一样，要求也不一样，跟企业的战略有关。有的公司重视价格，尤其是自己的产品档次较高时，竞争全靠价格；有些公司很缺钱，买的数量不能太多，但又不能缺货，所以对到货时间更为关注；一些品牌公司特别强调质量。

4.2.2 采购计划缺失的风险

采购计划做不好或者执行不好，会给企业带来以下风险。

（1）不能及时买到合适的东西，不能满足生产的需求。

（2）集中大批量采购，导致物资积压，库存增加，还会因此占用大量资金，导致公司资金紧张，资金使用效率也随之降低。

（3）因为采购没有计划，想买就买，想买多少就买多少，随时都有可能到货，谁也不知道到底买了多少东西，导致企业的仓库、物流、质检等配合部门的工作受到直接影响，不得不根据到货情况被动地安排工作。

（4）员工有可能为了个人利益而采购一些不必要的物品，导致公司资源被浪费等。

为此，企业要根据未来年度的整体销售情况或者整体的发展目标，定一下第二年的采购计划，包括主要买什么、买多少、大体的单价情况、主要的供应商等。采购计划既不能太粗也不能太细，主要物资要按类别确定，不能按单品确定。

4.2.3 采购计划的作用

采购计划有什么作用呢？

它主要是告知公司的相关管理者，如董事长、总经理、财务负责人、采购负责人、销售负责人、仓库负责人等，公司未来采购的大体状况，以便从自己的工作领域去分析与之相关的问题，定下与之相应的策略和具体的工作计划。

采购计划是相关管理人员在了解市场供求情况，掌握企业物料消耗规律的基础上，对未来一段时间内的物资购买事宜所做的一系列预见性安排。一般根据销售部门、生产部门或其他使用部门的需求计划来制定。

简单来说，采购计划就是一张表，如表4.1所示。企业的主要材料都要列出来，且列到整个采购计划的80%以上。实在不知道单价的，暂时估个金额即可，明确了这些内容后，就可以用它来定采购策略了。

表4.1 主要材料采购计划

主要材料类别	供应商	数量	单价	合计
材料 A	供应商 1			
	供应商 2			
	供应商 3			
材料 B	供应商 4			
	供应商 5			
	供应商 6			
	供应商 7			
……	……			
合计				

采购策略是重要采购事项的事前思考，很多公司对此没有考虑或者考虑得比较片面，就意味着采购没有规矩，想怎么干就怎么干。

浙江一个做医疗器械的客户，每次采购就喜欢多买，反正这个医院也要，那个医院也要，采购之前也不去仓库看看还有没有、里面的货是不是快过期了，导致公司库存很大，占用资金三四千万元。

等我们去现场盘点时发现，60%的库存都过期了。这些器械属于特殊器械，有效期是5年。5年的东西都能放过期，还能过期这么多，令人大跌眼镜。另外，即使是报废还得走特殊的报废（医废）通道，要额外支付处置费用，前前后后给公司带来了巨大的损失。之所以出现这种情况，就是因为存货没有得到合理的控制，采购的时候缺少计划，也没去仓库核对。

4.2.4 制定采购策略

做好了采购计划，就要定大的采购策略了。

1. 供应商的确定

与供应商有关的采购策略将在本章第三节详细说明。

2. 价格的确定

将企业所需的各类物料进行分类，分别从单价、对业务的重要性、使用的频率3个维度出发，合理选择不同的方式进行定价。定价方法主要有4种：询价、招标、定向买、直接买。

（1）重要的、单价高的、使用的频率不高的物料，如固定资产和设备类的，要组织专家，采用询价的方式货比三家，寻找综合成本最低的。小的企业一般都是老板自己亲自买。

（2）采购金额大、使用频率高、物料比较标准的，对企业成本影响最大。前期通过招标，后期通过供应商管理的方式，做好招投标的工作，规定好招投标的范围、入围条件、招投标程序和评标规则。

（3）采购金额小、市场供应紧俏的物料，就不能太关注成本，要保证及时供应，一般采用定向买。

（4）小额零星的不太重要也不是很贵的物料，如办公用品、备件及耗材等，可以简易比价后直接买。

对上述不同物资，要定期分析并判断一下买得是否合理，如果不合理，就要及时调整。

招标采购是一种常见又特殊的采购方式，是提高采购质量和效率，降低采购成本的有效方式之一。但从实践中看，一些企业的招标并未起到预期的效果。

首先，我国招投标市场还不规范，存在围标、陪标、串标、恶意低价接标、收买评委等不正常现象。另外，企业内部的招标流程存在缺陷，比如，有的采购人员与供应商在招标之前就私下"勾兑"好了，使得招标看上去更像走流程、走形式，表面上看招投标环节规范，标准公开、透明，外部机构参与监督，但往往猫腻甚多。

3. 数量的确定

每次具体买多少，是生产部门根据生产计划和实际需要，向采购部提出申请的。通常有两种申请方式：一种是经办人申请，比如，生产部或者工程部需要什么东西，经办人员提交申请；另一种是机器申请，某种物料达到了某个最低量时，系统自动提示要进货或者补货。

对于具体的采购数量，一般有以下 4 种决定机制。

（1）精确计算。

如果每天早餐都要吃一个鸡蛋，一个月 30 天，那么除了几个备用鸡蛋，每个月只买 30 个鸡蛋就够了，多了也用不着。

同理，在企业里，我们可以计算一下每生产一定数量的产品，要用多少种原料、每种原料用多少，就能算出一段时间内大概需要的原料。算好之后，结合现有的库存和未来的库存策略进行一些调整，就可以确定需要采购的数量。使用这种方式可以避免采购乱买东西。

（2）库存定量。

库存一旦低于某一个量，就补足到相应的数量。比如，只要低于 3 吨，就要补足到 3 吨，一个月统计一次。

（3）采购定量。

不管库存多少，每个月买的数量固定，定期定量。比如，某个材料每个月固定买 200 个，然后每 3 个月或者每 6 个月根据实际情况调整一下。

（4）囤货。

低库存一般都不出事，但是高库存一般都有事。高库存一般是公司的策略，因为觉得某个东西会涨价，所以选择囤货。囤货之前需要经过公司的特殊审批和流程，以体现出是公司的策略，而不是采购人员自己的主观行为。

对于超计划和计划外的采购，要先经过公司的特殊审批流程才能办理请购；审批人在审批采购申请时，应重点关注申请的内容是否准确、完整，是否符合生产经营需要，是否符合采购计划。对于不符合规定的，可以要求请购部门修改或拒绝批准。

4. 集中买还是分散买？

企业的采购业务最好能集中购买，避免多头购买和分散购买，以提高采购的效率，降低采购成本，堵塞采购漏洞。

采购之前，可以根据需要将采购的权力授权给相关部门。在设计制度的时候，先把采购的权力进行集中，需要时再暂时授权，后续如果需要把权力收回来，也会比较容易。

我们前面说过了，最好是能集中购买，但也并不是说要绝对的、全部都集中购买，对于那些重要性不够，或者一些非特殊的物资，可以分散购买。比如，对那些不够重要的，可以适当授权让下属去采购，大额的、重要的集中上来，小额的、零星的就分散购买，重要性的是遵循"二八原则"，重要的应占到80%以上。

中国铝业的集中采购，采用"年度合同、季度定价、月度定量"的方法。季度定价时，通过向供应商询价，对供应商产品的质量、价格、服务等综合评价，结合总部和各分公司的需求计划，做出季度采购草案，然后提交采购领导小组讨论通过。

亚泰集团针对集中采购，建立了一个大的采购系统，把所有的物资统一编号，各个地区都可以去找供应商，然后提供给总部评选，筛选后进到采购系统。供应商在系统里报价，有需求的部门在系统里查询报价，在比较低的几家里挑选一个。

5. 选择的原则

假设要买一台设备，有以下两个方案。

方案A：进口，单价高，但后期运行维护成本低；

方案B：国产，单价低，后期运行维护成本高。

根据自己的理解和实际情况，你会选择____方案。

一般在决策的时候，大家都会考虑3个方面。

（1）做出决策的人。

如果是采购人员或者职业经理人，基于对预算的控制、考核指标的压力，大部分人会选择B；但如果是老板，大部分人会选择A，因为基于对企业长期发展考虑，看好企业的未来。

（2）价格导向还是成本导向。

如果以价格为导向，大部分人会选择A；如果以成本为导向，很多人就有可能选择B。因为综合计算设备的总成本，即前期投入成本和后期运营成本的总和，前者愿意现在一次性支付所有的成本，后者更愿意分期支付未来的成本。

（3）企业的战略及定位。

不同的企业在采购时关注点不同，看企业是更看重价格、成本还是更看重品质，关注品质的对设备要求高，倾向于买贵的、质量更可靠和稳定的。

基于以上对采购的标准和要求、采购计划的安排及采购策略的一系列思考，把考虑到的这些，做成相应的采购管理制度。

如果实际采购价与计划价格出现了较大的偏差，或者发生了特殊事情，那么这个计划要到哪个级别、由谁来审批？如果实际采购价比计划价格便宜，就可以降级审批；如果实际价格高于计划价格，就要升级审批，要由董事会或者采购管理小组来审批。另外，如果是临时的或计划外的采购，一般也要升级审批。

6. 注意事项

在制定采购计划的时要注意以下 3 点。

（1）采购计划的制定要有对应的制度和流程，而不仅是执行和审批。

（2）需求部门提出需求计划时，不能指定或变相指定供应商。对于那些特殊专业技术和特殊资质，对采购物资要求非常高，或者市场供应非常有限，技术要求只能由特定的供应商提供，此时，就必须由技术部门提出申请，经专业技术部门和专家人员研讨后，再由审批部门或人员进行审批。

（3）公司内部的信息和数据要共享。生产、库存、销售信息要及时共享，确保采购人员根据最新的生产动态和库存情况灵活采购所需的物资，不多买、不少买、不错买。

4.3 该买谁家的呢？

大部分中小企业都做不到将选供应商和采购切实分开，顶多找三家来比价，采购想找哪家就找哪家，跟没比一个样。而招标中的陪标，很多就是因为货比三家才出现的。

选供应商，向谁买，这个权力是所有采购权力当中最大的，如果这个权力在公司当中没有控制好，公司的采购制度、流程和内部控制措施写多少做多少都没有用。

4.3.1 选供应商流程缺失的风险

既然挑选供应商这个权力最大，那我们先分析一下，如果这个权力缺失，会给企业带来哪些风险?

(1) 存在唯一供应商和供应商开发不足的风险。

若只有唯一供应商,那么企业就会受制于供应商,不能通过讨价还价争取自己的权益;如果供应商开发不足,一般情况下采购是有问题的。

对此,要么把开发供应商的权力移出去,给采购部以外的其他部门或者是采购管理小组,要么把这个工作作为采购部的一项考核目标,让采购部阶段性地开发出几个新的合格供应商。如果做不到,就要接受惩罚。

(2) 选择了不合适的供应商,导致购买的东西质次价高,无形之中增加了企业的成本。有时会出现交期风险,不能准时送货,影响生产;有时会出现价格风险,谈好的价格不依照执行,甚至以不发货来要挟企业加价;有时会出现舞弊风险,如果供应商大部分是民营企业,他们靠给回扣"打天下",长期对企业的采购人员进行进攻和腐蚀。

2007年8月2日,美国最大的玩具商美泰公司,以产品存在严重的质量问题为由,向美国消费者协会提出召回申请,要求召回佛山利达生产的96.7万件塑胶玩具。这家曾经的玩具厂巨头——佛山利达,一夜之间走上绝境,不仅产品被限制出口,还被迫停业整顿,2 000多名工人失业。

造成这次事件的主要原因,就是该公司和他的供应商公司都没有做好供应商管理,也没有做好对材料的验收。

在选择供应商的时候,他选择了合作多年的好友,而好友公司的内部控制缺陷是整个事件的导火索。因为美国的这批货要得特别急,为了配合该公司尽快交货,好友公司的采购人员在网上找不知名的公司购买了不合格的原材料,双方公司对这批材料都没有进行验收,就直接投入了生产。正是因为把这批不合格的材料生产出原材料用在了玩具上,才发生了严重的质量事故,给企业带来了不可挽回的损失。

4.3.2 供应商的分类

为了避免上述风险,我们要对供应商进行管理,根据供应商的情况、采购量、材料质量、合作年限和频率及配送服务等,将供应商进行分类。

- A类供应商:各部门都评价好、认可度高的供应商,要加大采购量。
- B类供应商:一般的供应商为B类,保持与之前一样的采购量。
- C类供应商:减少采购,把减少的量转到A类供应商。

- D类供应商：不再采购，并对一定时间内达不到合格条件的供应商进行淘汰；将那些有欺诈行为的供应商列入黑名单。

要建立一套符合企业实际情况的评价体系和准入标准，确保合格的供应商能进来，并跟供应商签订质量保证协议；要有备用供应商，防止原有供应商出现突发情况，发生缺货风险。

4.3.3 供应商的准入

对供应商进行准入审核，并且准入标准要根据供应商给我们提供的服务和产品的类型来定。

（1）如果是标准化的产品，而且市场的货源比较充足，因为价格比较透明，标准也比较明确，所以发一个询价单，比较一下报价就能直接确定供应商。

（2）如果是技术比较复杂的或者比较特殊的产品，需要专家参与，就要采用竞争性谈判的方式来确定供应商。因为这类产品和服务大部分是定制式的，供应商的报价有高有低，产品和服务的质量也有好有坏，所以要去考察、谈判，了解产品和服务的具体性能、质量、价格、标准等。

（3）对于金额较大的产品和服务，可以通过招标来选择供应商。招标又分公开招标和定向招标。公开招标，一般没有限制，只要是符合条件的都可以来投；定向招标，是指在有限的范围内邀请供应商来投标。招标采购在实施中也是舞弊的高发区，要重点关注招标的流程和审批。

（4）单价低的零星的办公用品的采购，采用简化策略，去超市或者网上直接比较购买。

独家采购是很多企业头疼的一个问题，采购人员会找很多理由选择独家，不仅贵，各种服务还不一定跟得上。对于这种类型的采购，企业要明确一个标准，确定哪些情况下可以独家，审批上也要更加严格，让他不能轻易选择独家采购。

有的供应商会事先跟研发人员搞好关系，让他们在设计的时候只定向地用他们公司的材料和配件，产品投放上市后，从其他地方购买的都不符合要求，到那时，再想控制就晚了。

设计人员在设计时使用的所有材料，在市场上至少要保证有三家的合格供应商，确实情况特殊，需要独家的，要先提出申请，经过公司评审。如果评审后大家觉得理由合理，设计就继续，否则就修改设计方案。另外，如果配件很小且不重要，成本占比很低，单价也不高，为了简化可以允许独家。

通过对供应商进行全面考察和评价后,确定 2~3 家为企业供货,并平衡各供应商的供应量。

如果供应商太多,表面上看可以提高供货的稳定性,增强供应商之间的竞争,降低采购成本。但是从长远来看,因为供应商数量太多,每家得到的配额都不多,各供应商会为此使用各种策略对采购人员进行公关,导致供应的价格越来越高,质量反而越来越差。

4.3.4 供应商的选择

选择供应商时不仅要考虑采购的单价,还要核算采购的总成本。

采购的总成本包括看得见的和看不见的。看得见的是指买价、运输、质量等写在合同上的,也包括仓储成本,而看不见的主要有以下内容。

- 交货延迟带来的缺货损失;
- 各种与材料相关的其他物料的利用、损耗和浪费,如包装材料、装卸成本、运输距离的远近、质量的要求;
- 单据的及时性及供应商给的账期;
- 售前、售中、售后的服务等。

当我们清楚了采购的总成本后就会发现,一味地降低采购单价,并不一定能真正降低采购成本。若价格下降了,一般会出现断货、质量和库存等其他方面的问题,有时综合成本不仅没有下降,反而还会增加。

基于对总成本的考虑,供应商的选择标准是,质量一样时比交期,交期一样时比服务,服务一样时比价格,价格一样时比费用。

另外,是从厂家直接买还是从代理商处买,要把握以下原则:用于日常消耗的东西一般是从代理商处买,而企业用于生产的物资,尽量从厂家直接购买。

4.3.5 供应商的管理

供应商管理主要包括对供应商进行评价,及制定一系列的供应商管理制度,方便企业在进行供应商管理时有所参考。

1. 评价供应商

要怎么评价一个供应商呢?有些企业简单评估,供应商提供营业执照和一些技术认证即可;有的企业评估比较复杂,参与评分的部门众多,采购部、计划部、质量部、技术部、财务部、人力资源部等都会参与,会从不同的角度打分,包括企业性质、规模、市场份额、业务稳定性、生产能力、研发能力、质量、交货能力、员工素质等。

表 4.2 所示为×公司供应商及客户评审表。

表 4.2　×公司供应商及客户评审表

	审批编号	
创建日期：		
创建人：		
创建部门：		
单位名称：		
法定代表人：		
注册资本：		
企业属性：		
成立日期：		
注册地址：		
联系地址：		
联系人及联系方式：		
拟确定的风险评估等级：		
附件：		
备注：		
审批流程	经办人：	
	法务：	
	部门负责人：	
	分管领导：	
	财务负责人：	
	总经理：	

2. 供应商管理制度

供应商管理制度、审批流程、供应商考评标准的确定和变更、合格供应商的采购比重、合格供应商的数量，这些制度和要求，如果以后要做，由谁来编写，谁来审批？

要不要向供应商告知公司的投诉电话和邮箱，供应商需要提供哪些信息给公司、都提供给谁、放在公司的哪个部门，谁有权查看和检查这些信息等都需要在制度中进行明确。

以下条款可以作为参考。

- 建立科学的供应商准入制度，对其资质的真实性和合法性进行审查，确定合格的供应商准入标准，建立供应商数据库。
- 新增供应商的准入、供应商新增的服务和产品，由采购部提出申请，按规定的权限和流程审批后，纳入供应商数据库。
- 当供应商信息发生改变时，应及时在库中进行相应的变更，变更流程同新增准入流程。
- 建立供应商淘汰机制，对供应商提供的物资或服务的质量、价格、交货及时性、供货条件、付款条件及经营状况等定期进行评价。然后根据评价结果，提出淘汰，经审批后对数据库中的供应商进行类别调整或者直接淘汰。

4.4 为了那个约定，为了那个承诺

企业定好了采购计划，也确定好了供应商后，首先基于采购策略，对重要采购要素，如价格、数量、质量、付款条件、运输条款、违约条款等，和对方进行协商和谈判；其次签订采购合同；最后企业按照合同约定的方式付款，供应商按照约定的条件交货。

4.4.1 采购合同

企业要对签订的采购合同走内部审核流程，一方面可以确保与供应商谈判时定下来的合同条款是符合企业制度要求的，是在按照公司的一系列采购策略指导的原则下签的，以约束采购人员与供应商之间的一些行为；另一方面，可以避免和供应商日后出现各种纠纷。对一些经常使用的合同，要建立格式合同和模板合同，签署时只需要填写并审核关键的合同条款就行，以此把相关的一些风险提前规避掉。

采购合同要根据采购东西的不同和金额的不同，分别确定不同的审核环节。所有合同均要接受法务律师和财务部的审核。格式合同和模板合同，如果没有特殊条款，可以不需要律师的审核。合同中的数量和价格、质量、付款条款及潜在的法律风险，均由不同的部门参与审核并出具审批意见。

企业应该对采购合同统一编号，统一存档，规定合同的签订流程，规范各部门不同级别人员的审批内容和审批权限，并且将此写到制度里。

4.4.2 采购过程跟踪

对于签好的合同，企业要做好跟踪管理，做好合同台账，及时发现合同执行过程中存在的问题。

要选择合适的运输方式及运输工具，及时跟踪货物的发出及运输，防止购买的物资出现损坏、丢失及不能及时供应等一些运输风险。

对于合同的跟踪，要有专人负责；对已经签订还未执行完毕的合同，要每天跟踪进度，汇总进度数据，上报给管理层。

供应商的交货过程要列入供应商评价标准，包括交货是否准确、是否及时、是否有质量问题、质量问题的多少、交货过程的服务态度等，以保障公司的长期利益。

4.4.3 采购验收

企业要建立严格的采购验收制度，确定验收的方式和标准，并由专门的验收人员对所购买的物资和劳务进行验收，出具验收证明，以确保采购的东西符合合同的相关规定和质量要求。

1. 验收环节的风险

验收环节的风险有：采购的物资没有经过验收就入库或者付款了；验收标准不明确，验收程序不规范，导致不合格的产品被验收合格；验收人员没有经过执行验收的操作流程，比如，没有过磅或者没有清点数量，就直接验收入库；对没有进行实际采购或者入库的物资出具了虚假的验收单；对验收中存在的异常情况不处理或者不及时处理，导致账实不符。

供应商为了多卖东西，会想方设法收买企业的验收人员，明明东西不合格，数量没这么多，也会想办法取得自己想要的验收单。

某工地买沙子，下单买了5吨沙子，实际上供应商只送来3吨，往沙堆上一倒，就开个单子说送了5吨。如果验收人员严格把关，及时监督过磅，一般是蒙混不过去的。但是供应商送点好处给验收的人，验收的人就会睁一只眼闭一只眼，直接在签收单上签字。

有的企业会觉得奇怪，采购各个环节都没有问题，自己也盯得很紧，为什么材料成本会高出这么多？采购及验收的手续也很齐全，也没发现什么异常。实际上这里面问题很大，有可能是质量不合格，有可能就是多算了数量。

2. 怎样控制验收环节的风险

为了控制验收环节的风险,要做好以下 5 个方面的控制措施。

(1)强调验收的一些基本要求,并且要想办法把验收人员跟供应商进行隔离,验收人员只管核对数量、称重量、检验质量。谁来验收这批货,或者验收的是哪一家供应商的货,并不需要让他们互相知道。供应商只需要对接采购人员,不对接验收人员。

(2)若买的东西单价比较高或者比较重要,要联合好几个部门一起验收,甚至可以和中介机构一起,并把验收过程记录下来。另外,对验收人员要随机轮换,抽签决定,不让供应商有漏洞可钻。

(3)有条件的企业可以安装摄像头,进行全程监控。万一有不合理的现象,可以及时发现,让验收人员真正地按照制度规定验收。

(4)对于验收过程中发现的异常情况,比如,没有采购合同、物资超采购合同、物资不合格,验收物资的数量低于合同数量的允许范围,或者到货验收时发现物资毁损,验收机构或验收人员要及时向有权力的管理部门报告,由相关部门查明原因并及时处理。

对于不合格的物资,采购部门应依据检验结果和公司的制度让步接收或者拒绝接收,及时安排退货,并将相应的单据传递给采购部和财务部,方便跟踪后续索赔或者付款事宜。对于由于延迟交货给公司带来损失的,要按照合同的约定向供应商索赔。

(5)建立退换货管理制度,对退换货的条件、退换货的手续、货物出库、退货款的回收等要做出明确规定,并在采购合同中明确退换货事宜。对符合索赔条件的退货,要及时办理索赔款项的回收。

4.4.4 付款

付款是指企业在对采购计划、采购合同、相关单据凭证、审批程序等内容审核无误后,按照采购合同的规定及时向供应商办理付款的过程。

1. 采购付款的风险

常见的风险有:

- 本来要付给 A 供应商的钱付给了 B 供应商;
- 采购了没有经公司批准的东西且付了钱,或重复付款;
- 把钱付错了,如明明要付 200 万元,却付成了 300 万元;

- 付款未及时入账；
- 付款记录填写错误；
- 没有与供货商核对账目，导致账目不清。

这些都会导致公司的钱受损或者造成额外的费用开支。所以，我们要加强对采购付款的管理，完善付款流程，明确付款审核人的责任和权力，严格审核采购计划、采购合同、相关原始单据、审批程序等相关内容。审核无误后，按照合同规定及时办理付款。

表4.3所示为×公司付款申请单，可作参考。

表4.3 ×公司付款申请单

审批编号		
创建日期：		
创建人：		
付款申请说明：		
付款明细：		
付款总金额：		
付款方式：		
附件：		
备注：		
审批流程	经办人：	
	部门负责人：	
	业务会计：	
	财务部长：	
	业务分管领导：	
	财务负责人：	
	总经理：	

江苏一个企业的财务负责人，利用正常的劳务费支付操作，编造了假的施工人员和施工工程，做了一份近40万元的工程结算单，给总经理说是为了给高管省税用的附件。总经理签好字后，这个财务负责人将这个结算单分别交给了公司相关的几个部门负责人签字。因为总经理先签字了，所以整个审批签字过程特别顺畅，凭着这张"手续齐全"的签字单，该财务负责人把钱转给了提前找好的施工队，并把钱取了出来。

这个案例，就是典型的未按照付款流程付款，给公司带来了经济损失的案例。

案例中的这个企业,其实是有付款流程的,按正常的报销流程,是经办人先提交付款申请,经过部门负责人审核签字,到财务,然后到分管副总,再到总经理。但是为什么会出现付款风险呢?

就是因为他们并没有严格执行公司的付款流程,这个财务负责人,随便编了一个看似合理的理由,先找流程的最后一个环节,总经理签字,余下的签字就会顺理成章。如果总经理坚持一下原则,让其他的人先把字签了,这个事情其实也并不会发生。

2. 怎样控制付款环节的风险?

要避免付款环节的风险,我们要做好以下内部控制。

(1)付款的时候一般看"三单"。

- 请购单,如采购计划、订单合同,表示要买这个东西是经过公司相关需求部门同意的;
- 入库单,表示买的这个东西确实收到了。要是没收到,或者收到后发现质量不合格,就不能付钱;
- 发票,表示是从正规单位处买的东西,与合同和业务相匹配,不易产生太大税务风险。

(2)尽量不要经常拖欠货款。

供应商不要钱,就不主动付钱,即使供应商来要钱,也不一定给。这样的话,长期合作的供应商可能会放弃你这个客户,或者下次将价报高一点,否则它的资金成本和信用风险很高。

如果经常拖欠货款,就会导致市场口碑不好,时间一长,大家就都不愿意跟你合作了。对于企业来讲,天天有人来公司要钱,要花很多的时间和精力来处理这些事情,不仅没有必要也很麻烦。所以在付款时要做好计划,每个月付多少钱要做到心中有数,和供应商约定好,到了账期后的某一天就主动付款。

(3)提前做好资金计划。

有的企业资金紧张,想付钱的时候账上没钱,越是资金紧张,付款计划就越重要,因为如果没有计划,企业就不知道到底欠了人家多少钱,就不知道企业的资金缺口到底有多大。

在资金紧张的时候,也要遵循一定的付款顺序,否则企业的资金链就很容易断裂。一般情况下,紧急的或者必须付的,一定要优先支付,如水电费、税费;其次是小额的、零星的要先付;大的合作比较稳定的供应商,实力比较强,就跟他们商量延迟付款。另外，还要及时通过一些融资手段去借钱。

如果一味地靠拖欠供应商的钱进行周转，那么实力不强的供应商，就有可能会被你拖垮。不得已之下，对方就有可能去法院起诉你，冻结你的账户，甚至还联合同行，不再与你合作。

按照付款计划有规律地付款，也能避免付款环节的舞弊现象。有的企业没有计划，关系好的早付或者先付，关系不好的不付或者少付。如果提前做了计划，每个月提前收集好要付款的供应商和金额，经相关的管理层签字审批，财务按照规定该付的就付，不该付的不提前付，可以防止供应商对财务进行公关。

（4）加强预付款管理。

网上传了一个段子。疫情防控期间口罩太抢手，一个口罩厂收了一个客户的钱，做完后发现别的客户出价更高，就把本来要给第一个客户的这批货卖给了第二个客户。口罩一直紧俏且一直涨价，这个口罩厂就一直扣着第一个客户的钱周转，客户就一直等啊等，等到口罩厂把收他的口罩钱退回来，还是没卖给他口罩。后来大家议论纷纷，有的还安慰这个客户说，好在没有把他的钱骗走。

如果要预付款，我们就要对供应商做一个信用审查，看他的信用能值多少钱。就算被骗，大概损失多少钱自己能承受。也可以通过一些中介机构（如银行）开具保函、信用证，或者把钱给第三方中介，等到收到货后，让中介及时付款等。

（5）做好跟踪管理。

企业要做好采购付款的过程控制和跟踪管理，如发现异常就拒绝付款，并及时上报，避免出现资金损失和信用损失。

4.4.5 采购事项记录

供应商按合同发了货，就把重心放在了收钱上。当企业因为各种原因资金紧张时，供应商为了能及时拿到货款，通常会采取各种措施对企业的相关人员进行公关。

有的企业管理不严，员工就会利用挂账和付款的权力从事舞弊活动。企业资金紧张，反而为个别财务人员谋取个人利益提供了条件。为杜绝这种现象的发生，企业就要要求验收人员对验收入库的货物及时录入系统，以便及时传递给相关的下一个流程部门。

要定期组织盘点，确保会计记的账与采购的记录、仓库的记录一致，还要保证和实物一致。如果不一致，就要及时查找原因，防止货物丢失或者损失。

另外，要定期与供应商进行书面对账，至少半年一次，有条件的每月核对。

对账过程中发现的异常情况，应及时查明原因，经有权管理部门或人员批准后，及时做出调整和处理。

4.4.6 采购业务后评估

企业要跟踪采购业务的全过程，收集采购过程中的相关资料，对采购的全过程进行综合评价和分析，及时发现采购业务中存在的问题（如库存过多或紧缺，质量问题突出），并分析问题出现的原因；不断优化采购流程，加强后续管理；同时，要对采购执行过程进行相应的业绩考核，加强信息共享，促进各部门有效沟通和合作，不断防范采购风险。

4.5 减"肥"

都说采购是企业最"肥"的差事，有些采购人员会为了个人利益选择那些有回扣的供应商。从表面上看，供应商给回扣是采购外的行为，不直接影响价格，但实际上，供应商会将给回扣所支出的费用转嫁给企业：要么提高货物价格，要么降低货物质量，最终受损的还是企业。

4.5.1 采购中贪腐的一些手法

2019年1月17日，深圳市大疆创新科技有限公司（一家研发无人机的企业），对外发布了一个"反腐公告"。这份公告中，公司处理了涉嫌贪腐的员工45人，其中，移交司法的有16人，直接开除的有29人。这些人的贪腐给公司带来的损失保守估计超过10亿元。这则公告中甚至还说，"采购是腐败的重灾区"。

在该公告中，公司还披露了采购贪腐的一些手法，举例如下：

（1）在供应商的底价上直接加价，加价部分双方按比例分成；

（2）利用手中的权力，以技术不达标为借口，踢出那些不给回扣的供应商，留下那些有回扣的或者回扣比较大的供应商；

（3）把一些差的供应商引进来，采购与仓库串通好，质量不合格的验收合格，导致一些质次价高的物资长期独家供应；

（4）成立皮包公司，需要采购的物资，由皮包公司接单，然后去找工厂采购，差价完全由自己来控制。

这些行为导致公司物资采购的平均成本超过了合理水平的20%，高价的物资以20%~50%加价，低价的物料很多以2~3倍的价格卖给公司。

采购贪腐屡禁不止，各种贪腐事件频频曝光，包括京东、阿里、美团、滴滴等商业巨头也都公告过员工贪腐的事件，可见这确实是一块"重灾区"。

4.5.2 减"肥"的原则

那要怎么做才能减少贪腐事件的发生，减去这份肥差中的"肥"，让"体内的囊肿"得到遏制，一切回归到健康状态呢？

首先要想清楚，我们对采购的管控到底要达到一个什么样的目的，最重要的不是防错防弊，而是买得更便宜一点、质量更好一点、交货更及时一点，通过管控使公司的整体成本降低。如果不能使公司的整体成本降低，即使管控手段再有效也不一定会被采用。

所以，要在舞弊带来的损失与做采购内部控制花费的成本之间进行权衡和比较，采取对企业最有利的方式。

4.5.3 减"肥"的技术手段

协助企业减"肥"，有以下7种技术型管控手段。

1. 进行分权

采购中有两类重要的人：第一类，有决定权的人，叫"采"，决定跟谁买，买什么样的；第二类，买的人，叫"购"，负责下单、签合同、跟踪发货，前者需要专业技能，是一个专业，关注买的东西；后者仅仅是一个职业，专注于买的过程。

企业要通过组织架构的设置，将这两拨人——"采"和"购"分开，"采"的人负责开发供应商，谈判沟通、收集信息，议价比价等工作，在企业，一般是由采购管理小组来做；"购"的人也就是采购人员，负责下单跟单、签订合同和开票发票等具体的购买工作。一般来说，对于供应商而言，搞定两个人的成本和风险要比搞定一个人大得多。

选择供应商和采购这两项重要的权力，很多公司没有区分开。采购管理小组，代替公司做一些重要的决策。如果公司定的就从几家供应商里比价去买，采购舞弊的空间就会小很多。除此之外，选择供应商的人，在做手脚的时候也会受到限制。

2. 岗位牵制

我有个客户是做物流的，大家都觉得他们企业的运输服务又贵又慢。我去企业现场评估时发现，"一把手"是销售出身，对采购和物流不在行也不专业，就把这个事情全权交给一个专业的采购人员。在选择供应商、换供应商、变更采购合同中重要的条款时，公司没有其他人员和部门参与，权力集中在这个采购一个人身上。虽然公司把采购、付款、验收这些环节分开了，但是根本起不到隔绝风险的作用，就给这个采购人员营造了一个很大的舞弊空间。

在与采购相关的不相容的岗位中，采购不能同时负责验收工作，以防采购收受贿赂购买劣质材料；采购和仓管不能担任记录工作，防止绕过验单，以减少误记数量、金额的可能；付款审核人与付款执行人的职务要相分离；记账的会计不能同时担任出纳等。

3. 岗位轮换

在某些国企、政府事业单位，关键的采购岗位会定期轮换，有助于降低舞弊的风险。虽不能杜绝，但不会出较大的负面影响。

判断一下，下面哪种情况被曝光的概率比较大，对企业的负面影响更大？

情况一：1个采购人员，在公司工作10年，累计贪污了500万元；

情况二：10个采购人员，在公司工作一年，每个人贪污50万元。

采购部门内部的人员轮岗，一方面可以给人员多岗位的锻炼机会，拓宽知识面、提升专业技能；另一方面也能规避风险、预防腐败。

4. 数据分析和披露

通过对每个月的采购数据进行分析，即使制度不完善，有时也能发现成本的上涨、材料价格的上涨，再分析二者上涨的幅度是否一致。

如果成本上涨幅度快于材料价格上涨幅度，就说明公司"跑冒滴漏"现象比较严重，或者浪费比较严重；如果成本上涨幅度低于材料价格上涨幅度，就说明公司内部管理有了很大的改善。

5. 避免接触实物

避免接触实物，就是指采购负责买东西，验收由其他人去做。在验收过程中，验收者和被验收者（采购）不能是上下级关系。很多公司的仓库归采购人员管理，导致采购人员能够直接接触和影响仓库的一些管理，从而把采购中所涉及的一些问题"埋"在仓库里，不容易被发现。

还有的企业采购人员买回来的东西不好，导致质检人员不满，二者还经常找老板理论。老板就让仓库和质检都归采购管,看似解决了二者闹矛盾的问题,却违反了内部控制的分权和牵制原则,给公司带来了隐患。

在公司初创阶段,各部门沟通协调不畅,可以通过合并部门,或者指定共同负责人进行协调和沟通来解决。随着公司的发展壮大,就要将这些部门和职能分开,防止出现较大的跨部门舞弊事件。一旦这样的事件发生,不仅不容易被发现,并且处理起来非常麻烦,甚至会让企业"伤筋动骨"。

6. 监督

(1)召开供应商大会。

企业的供应商一般只跟采购部打交道,不跟公司其他人打交道。如果召开供应商大会,供应商就会认识企业更多的人,没准什么时候就把采购的一些事给透露出来了。

(2)致供应商公开信。

与供应商签订阳光协议,告诉他们公司的要求,供应商要遵守商业道德,公开、公正、公平地与企业人员进行业务活动,如果行贿或者存在其他不合法的行为,一旦发现就不再从他那里采购东西。

要求采购人员或者相关人员签署诚信承诺保证,企业一旦发现一些迹象,可以随时开除,严重的还要诉诸法律等。采购人员的保证包括:承诺遵守企业的管理规定;遵守与供应商的交往原则;如果违反承诺保证,将接受企业的处罚,等等。

(3)设立一个举报中心。

接受来自企业员工、外部相关单位和人员的举报,包括供应商。举报中心的联系方式在企业内部公布,同时也要写在致供应商的公开信里。当供应商发现企业人员对其提出非法利益的要求时,可以向举报中心举报。

(4)扣留供应商保证金。

举个例子,假设一年里从供应商处买500万元的东西,就扣30万元的保证金。一旦有迹象表明供应商请采购吃饭了、给采购送礼了,这30万元就不给了;如果没有不当行为,就约定到年底返还。

(5)高层领导访问供应商。

高层领导定期或者不定期访问供应商,可以直接了解供应商对采购人员的一些看法,从而对员工遵守企业规定起到监督和威慑作用。

7. 事后审计再监督

成立内部控制管理小组,如内审部,对于在采购中发现的一些内控问题,早发现、早诊断、早治疗，不要等问题出现后再去反思，再去堵漏。采购审计应包括从编制采购计划到付款，再到业务完成后分析、评价的全过程。

4.5.4 减"肥"的非技术手段

除了专业的技术手段，减"肥"还有以下非技术手段。

1. 回避利益冲突

定期对企业敏感岗位的员工进行利益冲突调查。这些人员包括采购部所有人员、检验人员、仓库管理员、过磅称重人员、生产领料人员、财务部所有人员、ERP 系统录入人员等。在新员工入职前也要先进行背景调查。当上述人员和供应商存在潜在利益冲突时，处理相关业务时应要求这些人员回避。

2. 使用信息化管理系统

主要包括 ERP 供应链系统和 OA 办公系统。ERP 供应链系统可以有效控制货物的数量、订单、采购、领用、销售、库存、开票等数据，从订单开始，到生产，最后到库存，能有效控制采购及库存的问题。

OA 办公系统可以将授权审批落实到具体的业务处理过程中。业务申请和各审批人员通过预设的权限，在权限范围内处理各自的业务。

3. 一些可替代的管控方法

- 盯人，采购人员买东西的时候派一个"小跟班"跟着，采购人员走到哪儿，跟班跟到哪儿，以起到监督的作用；
- 让采购人员入股，成为股东之一；
- 兄弟俩开公司，一个人负责销售，另一个人负责采购；
- 老板看着采购小伙子不错，把自己的闺女嫁给他，变成自己家里人；
- 外包，把一些非核心业务交给专业的公司去做，比如，沃尔玛就将在中国的采购业务全部外包了。除了这些，当然还有很多别的方式。

另外，需要注意的是，如果采购人员是老板或者老板自己家里人，针对采购做的这些内部控制就没有太多的意义，除非老板有意退位或者想挑选职业经理人。

4. 文化建设

管理是灵活的，主要是为了防患于未然。除了管理，通过企业文化来引导员工形成正常的价值观和信仰，也能在一定程度上规避风险。

对员工加强企业文化和思想道德教育，让采购在思想上没有想腐、想贪的动机，才能从根源上杜绝腐败和舞弊行为。同时，企业内部要形成各级领导及管理者以身作则、清廉为公的企业文化。

事前的教育防范，强于事后的采购审计，要明确告诉采购人员与供应商商务往来的尺度和边界在哪里，哪些事情可以做，哪些事情不可以做。

法律规范和制度只能规范人的行动，道德准则才能规范人的内心，使相关人员不能腐、不想腐，也不敢腐。

上述诸多方法和措施，不能保证哪一个方法绝对有效，所以企业要结合自身的实际情况多管齐下，搭配着使用。

其实内控最大的局限性，就是大家串通合谋，从"个案"变成"窝案"，参与人数众多，给管控带来很大的困难和阻力。由于内控做得越完善，防范成本就越高，完全消灭企业中存在的舞弊是不可能的，但至少不能太离谱或者失控。

4.5.5 采购内部控制的影响因素

采购内部控制一般有如下影响因素。

1. 与企业类型有关

不同的企业对内控的要求不一样，比如，部分国企和上市公司只要求把内控的形式做好，基本的控制手段能过关就行，制度和标准要保证有，效果不行是另外的事，咱可以接着努力。如果用了各种各样的方法，内控都不管用，就可以不用；做内控的人，花心思做形式；想搞事的，花心思去找漏洞。

民营企业不一样，都是自己赚来的钱，所以一般没什么大事，供应商都是老板自己联系的，从企业成立之初就一直从他们那儿购买，跟供应商处得跟哥们儿一样。因此采购方面基本上不用投入额外的时间和精力去管控，除非老板忙不过来，找了新的采购，开拓了新的市场。对民营企业而言，不管用什么方式，只要达到了内控的效果，不出什么纰漏，都可以接受。

在民营企业中，"人治"重于"法治"。因为当"法治"没有条件落实，又太费钱的时候，企业就会注重"人治"。"人治"的表现就是"肥水不流外人田"，企业用家族人员、老乡、亲戚，不管水平如何，信得过就行。

民企的老总多数是生产和销售业务出身的，对业务比较了解，资源在手，但先天管理基因不足，所以他们更倾向于"人治"。比如，要买东西，就向朋友买，向熟人买，向家族的其他人买，反正买贵了、便宜了都不要紧。

还有的民营企业老板给采购人员比较低的工资，比如，企业其他人员的平均工资为每年15万元，只给采购为每年10万元，采购还干得乐呵呵的，哪怕再少一点也觉得挺美，因为老板知道采购会在中间"拿点"，不过老板也管不过来，把"拿的"就权当奖金了。

民营企业一般追求效果，如果企业环境不成熟，就一定要多思考，看看是不是有其他的方法或者手段补足这块缺陷。

2. 监管者的能力

如果监管者的能力不足，权力就会"形同虚设"。企业里采购的金额稍微大一点，就需要找董事长审批。如果董事长和总经理都很懂，就有能力监控；如果总经理和董事长不是采购出身，对这块不太懂，那么即使把审批的权力交给他，大概率也控制不住采购人员，杜绝不了采购风险，看似制定了分权和授权的内控机制，但是实际执行效果根本达不到。

对于一些集团化的公司，管理下面公司的采购，一般有以下两种方式。

第一种是只管管理者，把所有的指标都压给各下属公司的，比如，今年销售达到多少，利润达到多少，采购你自己管。

第二种是对所有的下属公司，采用不同的业务线，进行业务线上的管控。比如，销售由销售事业部垂直管控，采购由采购事业部垂直管控，工程由工程事业部垂直管控。

4.6 小结

很多中小型企业，材料的价格每天都在变化，且供应商数量众多，像餐饮行业、简单的加工企业，甚至是一些贸易公司，很难采用我们前文中所说的各种方式，达到一个比较好的管控效果。

对此，可以把采购和销售合并。销售人员在买材料的时候，要根据市场上卖的情况来判断这个价格下能不能买，售价要在采购成本的基础上加上企业的加工费用，还要保证企业有一定毛利，比如，毛利率不能低于20%或者30%。如果能达到，就可以买，同时也可以卖；如果达不到，就不要乱买。

有人说，根据内控的管理规定，采购和销售这两个职位要分开，不能由同一个人或者同一个部门担任，虽然这么说也有道理，但是要记住一个原则，所有的控制，最终目标都是为了降低公司整体的综合成本，不能拘泥于形式。对于上述类型的企业而言，控制整个单子的利润率就行。

这也是在内控岗位设置上的一个理想状态，就是将买东西的这项权力和卖东西这项责任，紧密联系在一起，有的企业做不到这一点。

尤其是大企业，因为分工和内部牵制的存在，很难找到一个合适的人，既能管采购，又能管销售，还能把生产协调起来，于是大企业就会设立采购委员会，包括研发、采购、生产销售、财务这些部门的人。这些人定期收集资料，代替公司做一些决策，在一定程度上也可以牵制采购，达到管控采购的目的。

采购的内部控制，一定要有老板深度参与并指挥，否则根本达不到效果。

曾经有个客户的公司，老板让财务做内控，但并没有要求说，一定要让财务做出什么效果来，只是为了吓唬吓唬业务人员，但财务玩真的，把公司的一个项目负责人弄毛了。这个负责人来找老板谈："要么我走，要么财务走。"老板思考再三，觉得项目负责人是贪污了点，但还得指望人家拿项目、管项目，后来就把财务开除了。

做关于采购的内控并不是一个简单的事情，而是一个系统化的工程，中间还掺杂着各种对人性的考验。企业要结合自己的实际情况，不断健全和完善各项采购业务管理制度，按照规定的审批权限和程序办理采购业务，定期检查和评价采购过程中的薄弱环节，并采取有效控制措施，确保物资和劳务采购按质、按量、按时且经济高效地满足生产经营的需求。

第 5 章
CHAPTER 5

和"东西"有关的内部控制

在企业中,"东西"有很多种,有的看得见、摸得着,有的看不见、摸不着。我们把前者叫作有形的东西,如材料、产品、设备、厂房等;把后者叫作无形的东西,如商标、专利、软件等。为了做好与"东西"有关的内部控制,我们还需要把有形的"东西"分为两种:库存资产和非库存资产。

5.1 仓库的货为什么这么多？

在很多人眼中，仓库只是个收货、发货、存东西的地方，其实仓库是企业最真实的管理窗口。因为仓库里的东西，品种多、数量多、出入库频繁、占用的钱比较多，并且变成钱的时间也比较长，所以仓库并不好管理。如果企业仓库管理得好，说明货物转运和业务流程都比较顺畅，其他管理也比较到位；若仓库管理比较乱，那么一般企业的管理也比较乱。

5.1.1 库存会有哪些风险？

库存的风险主要有以下两种。

- 库存不够会产生缺货的风险。成品不够的话不能及时供货；材料库存不够的话，不能如期开工。
- 若库存太多，就会带来管理上的成本和风险。比如，你需要足够的场地放这些库存，需要增派仓管人员看管，还会有丢失、过期、毁损的风险。

5.1.2 企业为什么要持有库存？

为什么需要库存？主要是为了应对需求的不确定。如果需求很确定，理论上就不需要库存。在企业的生产过程中，从买到入库，到领用，到生产，到卖出去，物料经过的每一个环节的下一个环节都是当前环节的需求。

造成需求不确定的原因主要有以下两种。

1. 流程造成需求不确定

从顾客下单往前推，需求相对比较确定，因为有订单，除非存在顾客退单等特殊情况。越往前推，影响库存的因素也就越多，需求的确定性就越低。

比如，从顾客到渠道，顾客要100个，渠道就要备120个，增加了一些不确定性。渠道要120个，生产上就要备125个，为了防止万一出现质量问题客户要换货，或出现丢失毁损，所以要多备几个。到了采购环节，为了避免材料出现质量问题，又要多备几个。

也就是说，即使在客户这一端有了确定的需求，往前一手一手地传递，每一个环节都有不确定性，需求的不确定性越来越高。

2. 市场变化造成需求不确定

关于市场需求情况的变化，举个例子，某个企业计划下个月卖100个产品，下个月有一个从来没有订过货的潜在客户，突然订了 50 个，导致了订单量增加。正是为了应对这种不确定性，企业才产生了库存。

5.1.3 到底要准备多少库存才安全？

企业的库存安全不安全，主要是由两类库存决定的：一种是交易性库存，另一种是预防性库存。

交易性库存，也叫作正常库存，是根据订单来算的。在保证生产和交货的前提下，这类库存越低越好，同时也要注意库存的质量。

预防性库存也叫安全库存，它的数量的确定，除了要考虑正常的销售计划和预测外，更多地需要关注风险及未来市场的变化。不仅要考虑供应商交货的及时性、临时用量的增加、客户订单的异常，还要考虑企业内部的运营效率，以及供应系统和物流系统的完善情况。

如果企业内部运营效率高，安全库存就可以少备一些；如果企业内部管理不善，仓库管理也不好，安全库存就要多备一些。

1. 交易性库存要准备多少？

正常库存的计算方法相对比较简单，一般有两种简单的方法。第一种，按生产领用的消耗量计算，这种适用于连续生产的企业。

公式为：正常库存 = 日生产领用数量 × 一个完整的生产周期

表 5.1 所示为 × 公司一个完整的生产周期。

表5.1 × 公司一个完整的生产周期

周期	天数	说明
买材料的周期	30	从下单到材料入库
生产的周期	6	从材料入库到生产出成品
卖货的周期	20	从成品卖出去到钱收回来
合计	56	完整的周期

从表中可以看出来，正常的库存需要准备 56 天的量，如果每天需要领用 50 个某材料，那么安全库存就是 56×50=2 800 个。

如果企业是连续生产，或者是均衡生产，那么准备一个完整周期的库存就很不划算，因为 56 天的库存会占 56 天的钱。我们可以选择半个周期，即 28 天进货一次，能节约出一半的钱，减轻企业的资金压力。

如果企业损耗率是 3%，就用 1400÷（100%–3%）=1443 个，作为半个月的正常库存消耗量，再加上安全库存（这里的安全库存可能只有几个，主要看消耗速度），就是企业每个月的安全库存量。

第二种方法，根据订单拆解，一般适用于非连续生产的企业。就是根据客户的订单，我们把订单拆成材料清单，需要哪些材料，各种材料分别需要多个，然后根据客户订单的数量，算出正常库存。用这种方法计算正常库存时，也要考虑正常合理的损耗率。

2. 预防性安全库存要准备多少？

至于企业要准备多少预防性的库存才算比较安全，一般有两种计算方法：一种是公式推算法，另一种是统计推理法。

（1）公式推算法。

实际工作中并不是企业想下多少单就下多少单，供应商对企业是有要求的，比如，每次订货不能少于1 500个。

下面我们以订1 500个为例进行讲解。

● 运费。如果货物只能进口，从国外运往国内，每1 200个装一个集装箱，每个集装箱从国外运过来，标准收费为2.1万元。下单1 500个，就要付两个集装箱的费用。

● 仓储费。到岸报关以后需要租仓库，每一个库位只能装500个，不足500个的按500计，每个库需要支付租金1 000元钱。

这个时候我们就不能和前文的一样订1 443个货了，原因如下。

第一，供应商不供货，因为1 443小于1 500，不符合供应商最小订货量的要求。

第二，如果我们一次性定两个周期的，即2 886个，每个集装箱只能装1 200个，就需要装三个集装箱，两个能装满，一个装不满。

第三，还需租6个库位。

最终要付3个集装箱和6个库位的费用，合计69 000（63 000+6 000）元。

那么到底订多少合适？通过列公式计算，或者按照梯度测算，每50个订货数量为一个梯度，最终算下来，订货量在2 400个的时候，运输费和库位费加起来的总成本是最低的，并且也达到了供应商最低订货量的要求。

如果每天消耗50个，定2 400个，就意味着订一次货够用48天，48天后再定第2批货，就把订货量和订货周期确定下来了。比我们之前计算的一个完整的库存周期56天还少了8天，节省的时间就相当于节约了库存占用的资金。当然，我们也可以和我们的同行一起拼单买，更进一步降低企业的资金占用和总体成本。

（2）统计推理法。

基于企业以前年度的供货量和日需求量，也能推测出供货量和日需求量的平均值。

安全库存有的时候能满足生产，有时不能满足生产，会缺货，这取决于安全库存定的量是多少。

如果我们要保证在95%的情况之下都能满足需求，就意味着5%的情况下不能，放弃这5%不能满足的库存，承担这5%订单不能及时交货的风险和由此而带来的损失。如果希望99%的情况下满足，1%的情况下就不满足，就需要多备库存，只放弃1%的满足不了的可能性。

方法是分析以前年度的供货和断货数据，比如，以前年度最多缺货多少；缺货的频率，在什么样的情况下缺得多，什么情况下缺得少，分别缺多少，等等。然后跟企业的管理层商量出一个安全库存的策略。比如，以前年度多数情况下缺货100个，就备100个，能应对多数情况就可以了。

用统计推理法来算，既能满足市场一定的需求，计算出企业的安全库存，又不至于造成太多的库存积压，从而可以减少资金的占用。

5.1.4　如何在保证生产的前提下减少安全库存？

越来越多的企业意识到库存的重要性，从持有的成本上来讲，大家都希望零库存。没有库存、没有库房，也没有库房管理人员，需要的时候打一个电话，供应商就把货送来了，这是最理想的状态。

零库存的好处就是占用的资金比较低，但是它最大的风险就在于交货期。如果你没有自己的库存，你打电话，供应商会准时给你送来吗？他送来的一定是你想要的东西吗？它的质量会不会存在一些问题？还有你的供应商本身的库存管理能力和生产能力够不够？有的时候他不是故意不给你供货，也可能是他自己也做不到快速和及时。

每一个企业多多少少都要有自己的库房和库存，因为企业担不起供应商送货不及时和送过来的材料出现质量问题的风险。这个风险会造成缺货，给企业带来损失，如赔偿或者客户的流失。

如果一个企业在产业链上足够强势，能做到零库存，那也不过是把自己的材料库存放到了供应商那儿，把自己的成品库放到了经销商那儿，即使是这样，他自己也还是会有一些库存。

就比如京东，看起来做到了零库存，今天晚上下单，明天早上就到货了；或者上午下单,下午就到货了,但京东也不是绝对的零库存,他的供应链系统也存有一定量的库存。

1. 缺货的原因

这里所说的缺货,不仅包括材料缺货,也包括成品不能及时交货。

常见的导致缺货的原因有:材料库存准备少了,材料或者成品被盗,材料或者成品质量出现问题,生产出现问题,产品有季节性和周期性,市场预测不准确,临时增加大量订单,渠道布局不足,对供应商的管理不够,材料交货延期,验收慢,验收后不及时生产,因材料管理不善导致毁损,甚至因不可抗力原因造成毁损,等等。

2. 库存的成本

库存具体涉及哪些成本呢?

多买一点东西放在库房,好像没有增加什么成本,但是仓库是要钱的,厂房是要钱的,你得找人去维护这些东西,人工也要钱;还得建立系统去维护它,这也是要消耗资源的;另外,还包括盘点、损耗,以及管理过程中各种各样的问题,都会增加成本。

还有非常重要的一块,就是资金成本。库房里压了这么多货,意味着你要投入更多的营运资金,而资金又会产生很大的隐性机会成本,你本可以拿这些钱做别的能赚钱的业务。

假设你家的房价为一平方米 4 万元,你买了一堆不穿的衣服,占满了衣柜,也占满了你的储藏间和试衣间,这些地方大概有 5 平方米,按 4 万一平方米,这个存衣服的地方就得花 20 万元,那么这些衣服到底值不值 20 万元呢?如果值,那就存着;如果不值,就要把它清理掉,这样家里还多出一个 5 平方米的空间。

家是这样,企业也是如此。我们一定要分析一下这些库存是否值得,是否划算;分析一下未来一段时间,这些库存还会不会用到,然后将需要的留下,将不需要的处理掉,以压小库存。

3. 如何既保证安全生产又压缩库存

很多企业在降低存货的时候,不管是正常的交易性库存还是预防性的安全库存,胡子眉毛一把抓,都往下降。不同类型的库存特点不同,持有的目的也不一样,要降的方法和手段自然也不一样。

很多企业的库存大,并不一定是因为交易性库存大,而是因为安全性库存比较大,应该怎么样去降低呢?

安全库存一般产生于 3 个业务环节——采购、生产、销售，要分别对这 3 个环节的安全库存进行压缩。

（1）采购环节。

要缩短采购周期，即压缩从下订单到材料入库的时间。比如，不要买得过多，尽量跟生产匹配；压缩材料在路上的时间；更换更快的运输工具；入库后尽快验收；采用质量更可靠的供应商；给予供应商更好的价格。这些都会使采购周期缩短，减少库存的各项成本，也会显著降低公司在采购环节的库存。

不过在缩短采购周期的时候，一定要保证材料的质量，不能为了缩短采购的时间而放弃了对质量的要求，这样就得不偿失了。

（2）制造环节。

要保证生产连续、稳定，尽量压缩在产品和中间产品的数量，要保证材料消耗合理；尽量保证先买的先被领用；定期对设备进行维护和保养，加强对员工的培训，减少浪费和次品；加强对库存的安全管理，做好质量和数量的管理，也不要因为管理失误而造成材料的变质、毁损或者丢失。

（3）销售环节。

加强供应链的建设，衔接好生产、销售和运输，尽量压缩销售环节和渠道方的多余库存，及时做好信息传递和数据联动，确保运营团队反应及时，根据市场需求做出快速反应，防止多产、多存导致的库存积压。

5.2 为什么想要的货仓库总是没有？

有的企业仓库的货很多，有的过期了，有的不能满足现在的生产，有的出现毁损和质量问题等，在领货的时候总是找不到想要的，只能再去买，买着买着就又买多了。

5.2.1 为什么想要的货仓库总是没有

想要的货仓库总是没有，究其原因，大概有以下几个。

1. 买得不合适

买的东西就不是合适的东西；买的时候贪便宜多买；为了图方便多买了；根据供应商的情况和建议，买了一堆企业不需要的东西；采购业务员有贪污、舞弊行为，不需要的、不用的也都买了。

2. 仓库保管不善
材料的质量本身是符合要求的，但因为保管的原因，出现过期、蛀虫、霉烂、变质等一些质量问题，另外，还出现丢失和毁损等情况。

3. 操作不当
生产过程中，因操作标准不明确，导致次品过多，浪费过多，进而造成不合格的成品库存和半成品库存增多。另外，因为一些浪费的发生，使得同样一个产品消耗了更多的材料，导致公司的边角料、废料增加。

4. 盲目生产
不是按照订单生产，而是根据库存情况，想生产什么就生产什么，生产出来的东西也卖不掉，就积压到了仓库。

因为不想频繁换辊或者换模具，一次性超计划多生产，造成浪费的同时也会增加生产环节的人工成本。很多企业的生产班组及人员的工资是和产量挂钩的，会导致工人不管是不是订单需要，是不是市场需要，都会倾向于多生产。

5. 企业运营不畅
采购、生产、销售和运营互相不沟通，导致采购的东西不是为了生产，生产的东西不是为了卖，卖的东西不是客户真正需要的，等等。甚至连市场情况的变化，销售人员也没及时将信息反馈给生产和采购，导致公司各个运营环节均有大量的闲置库存。

6. 材料不是按配方来买的
比如，一个产品需要10种材料，采购的时候，有的材料买了很多，够用十多天，有的材料一直缺，不是买不着，就是买的人不负责，没有看配方，买的时候也没有去仓库查看各种材料的大致配比情况。

我们都知道，企业存有库存的目的就是满足生产，为了生产出市场需要的产品，把它卖出去变成钱，再用于循环周转，进行下一轮的采购和生产。如果企业仓库里都是一些没有用的货，想要的货找不出来，势必会占用企业大量的资金，影响企业的周转和效益，甚至导致企业资金链断裂。

5.2.2 优化业务流程，加强分析
针对上面的这些情况，我们要采取一定的管控措施，减少一切不必要的库存，

降低库存占用的成本,让企业的钱不沉淀、不浪费在库存上面。

首先要梳理企业的业务流程,做好生产计划、销售计划,建立产供销供应链系统。买材料要根据计划来,要了解目前接了多少订单,都是什么客户要的什么东西,大概数量多少,有没有特殊的要求和质量要求;根据已经接的订单和仓库成品的数量、种类排生产计划,包括什么时间生产什么东西,生产多少,什么时候交货;然后确定库存有多少,还需要下多少订单,需要买哪几种材料,分别要买多少才够一个正常生产周期的量,等等。

明确以上信息后,再从几个环节入手尽量减少库存。

1. 采购

如果采购部跟供应商关系好,那么到时间现买也来得及,如果关系不好,就只能提前买。

对采购来说,降低库存的最有效方式就是缩短订货周期,也就是从下单到货物运到企业,到验收入库,再到被生产领用,大概需要多少天,有没有可能缩短这个时间?比如,让物流更顺畅一些,对一些单价高体积不大的材料采用快递的方式来节约时间;找到距离更近的供应商,节省运输时间;对于一些急需的物资可以安排小车运输,而不用刻意等待大车装满统一发货;然后,压缩验收的时间和验收后被生产领用的时间,提高库存的整体周转效率。

还有一种情况,从下订单到到货时间比较长,如境外进口,就要考虑找大的物流公司和货物代理公司。虽然从某种程度上来说,报关费和运费会比小公司高,但是能显著节约运输时间、装船等待时间和报关进口查验等时间,也能从一定程度上节约企业在途物资的资金占用。

另外,如果一个周转期是20天,企业资金周转不过来,就可以选择放弃一些市场和订单。比如,只备15天的货,超过15天的市场机会就不要了,不给自己企业过多的经济压力。

2. 仓库

在仓库内要建立比较好的货物进出动线,保证在一定程度上先进先出,即先买的、先入库的东西,优先出库、优先被领用,及时处理呆滞品和残次品。

要根据货物情况对仓库进行合理划区,不同的材料和产品分开保管,定期做好盘点工作。

加强库房的周转,确保仓库里的货不要太多也不要太少,要能满足一个周期周转需要的量,并保证各种材料的配比处于一个相对均衡和合理的水平。

及时对到货的材料进行验收，尽快入库。如果出现质量问题和数量问题，就要及时把相关信息反馈给采购部和生产部。要配合公司做好安全库存的测算工作，在安全库存下，保证正常生产的同时尽量减少库存。

对每个月库存数量最多的材料和产品要进行分析，挑选货值高的、影响大的进行分析，测算一下安全库存计算的合理性。另外，还要考虑是否留足了一个生产周期的量，如果是，还要考虑在保证正常生产的前提下，还可以怎样进行压缩。

3. 生产

要及时根据销售订单、交货时间，安排生产计划，包括生产的产品、型号、数量、大致生产时间、交货期等。同时要对生产过程进行控制，加强员工培训，提高员工的工作效率，在保证产品质量的前提下合理压缩生产周期。

要减少生产过程中的损耗，提高材料的使用率，减少边角料和残次品的产生。生产的产品要及时与销售部和市场部进行沟通，保证生产出的产品能够被市场所接受，符合客户的需求。加强生产领用环节的流程控制，防止材料、在产品和半成品被多领多用，避免出现浪费和腐败现象。加强生产现场管理，优化生产及工艺流程，减少生产环节的浪费和等待时间。

4. 销售

在生产产品之前，要开展详细的市场调研，分析市场需求，尽量多做些调查问卷，对企业之前月份的销售情况做趋势分析、销售对比分析，分析市场区域、产品销售情况，根据趋势分析判断未来一定阶段内市场的需求，然后根据预测的市场需求安排生产。或者尽量先拿到订单，再安排生产。另外，还要提前做好企业宣传，运用营销策略，提高企业的市场知名度和影响力。

尽量预测准销量，测算货物供应不上的概率和缺货损失，再测算安全库存的成本。如果持有安全库存的成本远高于缺货损失，那就宁可缺货也要少准备库存。

产品上市的时间，营销的手段、策略及促销方案，包括对市场的预判，都会影响到销售环节是否出现积压，是否会出现滞销品。

5. 数据分析

分析材料的库存占比，找出占比较高的材料或者成品，分析形成此结果的原因，并加以有效控制；分析材料和成品的库存变化，对不同月份的变化情况进行分析，及时发现异常；计算各种主要材料和成品的库存周转率，并进行比较分析，提高周转速度，对于周转慢的要及时采取系列措施；对于仓库内变质、过期、毁损的材料和成品要做好台账，及时把信息传递给公司管理层。

● 按产品、地区等维度，分析什么产品出了问题，什么地区出了问题，把单位产品的成本算出来，并且按产品和地区等维度，分析是哪个产品不赚钱，哪个地区不赚钱，哪些地区的成品相对来说积压严重，问题较大。然后通过对数据的分析和比对，发现成品库存管理中存在的问题。

● 结合产品物资分解情况，分析各种材料的消耗情况并发现配比规律，对仓库的库存和采购人员提供配比参考；根据企业的往来账目情况及企业资金状况，向管理层建议库存备货策略。定期将一定阶段内的主要材料及成品的库存情况、周转情况、周转天数、材料的质量和采购异常情况汇报给管理层。

企业库存积压严重，并不是某一个因素造成的，是企业采购、生产、销售、仓库管理等各个环节不顺畅，信息系统建设不完善，相关数据信息传递不及时等多种原因导致的。

所以要充分进行分析，梳理产、供、销供应链，优化链条流程，对过程进行控制，压缩周转时间，减少各环节的库存及资金占用，提升周转效率，不断提升企业在行业的地位。当企业的核心竞争力足够高时，就可以把一些库存的问题推给供应商或者客户。

5.3　你知道公司有多少东西不能用吗？

很多企业管理者看到仓库里有很多东西就会觉得很踏实，殊不知，大部分企业是在经营周转尚好、公司产品还有市场、产品还有较高毛利的时候，出现了资金周转困难。究其原因，就是企业对库存和应收款缺乏管理，认为这些东西都在，需要钱的时候去找客户要钱，或者卖些材料和成品，钱就都回来了。

5.3.1　为什么库里这么多的东西不能用？

其实从管理和财务的角度上看，公司财务报表上的资产是按照流动性，也就是说按照从东西能变成钱的速度进行排列的。

● 排在第一位的是钱，包括银行存款。

● 排在第二位的是金融资产，如股票和基金，这些是比较容易根据市场价变成钱的。

- 排在第三位的是应收账款，因为货已经发出去并被客户签收了，只是因为多方面的原因，没有及时收到钱而已，稍微使点劲，或者采取一定的措施，还是能收到钱的。
- 排在第四位的是库存，从排序来看，库存变成钱的速度相对来说是最慢的。首先企业得找到客户，并且客户愿意以自己认可的价钱买这些东西。也就是说，并不是说账上这些东西值多少钱就能卖多少钱，很多情况下，都值不到成本价的1/3。其次，即使客户勉强根据自己认可的价格接受了你的东西，也还有个账期的问题，它只是变成了应收款，到时能不能要回来钱是另外一回事。

由上述情况可知，看着仓库的货很多，到企业真正需要钱进行周转，要卖掉库存变成钱的时候，就会发现仓库的那些货值不了多少钱，甚至会因为没有任何质量问题也不值钱。

更何况有的企业的仓库里，还有很多不能用的材料和货物，如呆滞的、过期的、过时的、破坏毁损的材料和成品，以及各种边角料和生产过程中的残次品，而这些更是一文不值。不仅耗费管理人力、物力和资金，还占据较大的库存空间，导致正常周转的货都没有地方放。

要解决这些问题，企业就要加强对仓库的管理，制定相应的管理制度，对仓库物资的入库、验收、保管、生产领用、盘点、处理等全流程进行管控，防止出现大量的问题库存和无用库存。

5.3.2 仓库全流程管控措施

1. 入库及验收

无论是从外面买的材料、成品、半成品，还是公司自己生产的成品、半成品，都必须经过验收，以保证这些东西的数量和质量符合下一步生产的要求，符合合同约定的质量要求。对于不同类型的东西，要制定不一样的验收规范和标准，数量要准确，质量要达标，验收的过程要做到有据可查，定期还要与采购部和财务部核对验收入库合格物资的数量。如果在验收时，发现部分材料质量不符合要求，或者有效期较短，就要与供应商协商，进行调换，或者采取让价策略，以确保企业在未来处置时不会出现较大亏损。

2. 仓储及保管

仓库保管人员首先要做好各种东西的出入库工作，以确保存储安全，并根据企业的生产和销售情况做好相应的库存控制。其次要与采购部门紧密配合，数据共享，确保在安全及连续生产的前提下有效降低库存。最后要定期对仓库的各种物资进行盘点，使仓库的账和实物相符。

（1）货物存放期间要按照货物所要求的保管条件进行保管，做好防火、防盗、防潮、防虫等工作，以防止货物出现毁坏变质等情况。

（2）不同批次、不同型号、不同厂家、不同用途的货物要分门别类进行存放，仓库现场要有明显的区分标志。

（3）对代管代销、客户暂存及受托加工的货物，也要单独保管，并做好进出台账和库存记录，避免与本企业货物混淆。

（4）仓库保管人员每日要对仓库进行巡查和抽检，及时发现库存变动情况，货物多的、少的都要向相关部门反馈，方便及时领货、补货或者少买。在巡查过程中若发现毁损、丢失，或者包装毁坏、变质等情况，要及时告知企业管理层。

（5）仓库保管人员对进出仓库的人员及各种物资都要进行登记，办理相应的出入库手续，不同仓库之间的物资调拨也要及时办理出入库手续。

3. 领用及出库

无论是生产部门因为生产领用物资、各个仓库内部调拨物资，还是销售部门给客户发货，抑或是客户到仓库来自提物资，均涉及仓库货物的领用及出库。企业要加强物资领用及出库的管理规定，对不同物资的出库流程进行规定，包括符合什么样的条件，符合什么样的手续和程序的，需要哪些人签字的出库单才是有效的出库单据，仓库部门要严格按照相应的条件和标准办理出库手续。

仓库人员要对出库的物资进行清点，确保发出的物资和出库单数量一致、名称一致、型号一致，每日要与销售与财务部门核对出库记录和库存记录。仓库人员还要做好不同物资的批次管理，出库的时候尽量保证先入库的先出库，容易变质毁坏的优先出库，尽量缩短各种物资在仓库的存储时间。

生产部门在领用物资时，对快要过期的呆滞库存，要及时进行分析及评估，看能否二次生产利用。如果能二次使用，就要尽快投入生产，防止更大的过期损失发生。

4. 盘点及清查

为了保障仓库的物资真实、完整，并确保记录的仓库信息与实物一致，企业要定期或者不定期地对库存的各类物资进行盘点及清查。盘点需要多部门一起参与，如财务部、生产部、仓库及采购部等，盘点后要及时编制盘点表，参与盘点人员要在盘点表上签字。

对库存的物资进行盘点清查，一方面要核对实物的数量，确保实物与相关记录相符；另一方面要关注实物的质量，明确是否发生变质、毁损及过期的情况。在盘点过程中如果发现库存物资出现多了或少了，毁损变质或者不能用，需要报废，名称、数量、品种等账实不符的情况，要及时查明原因，上报给管理层，待管理层批准后进行相应的处理。

5. 处置

处置分为两种：一种是正常处置，另一种是非正常处置。

- 正常处置一般为正常的对外销售。
- 非正常处置就是对问题库存进行低价处理，或者进行销毁等处理。

对于问题库存，首先要对这些问题库存进行界定，处理流程要清晰，不同问题库存的处理方法也要提前进行明确。

在处置的时候，要再次分析这些过期、呆滞的库存是否还具有使用价值，如果这些库存不存在明显的质量问题，只是过期、过季、过时，那么还是可以在市场上以相对合理的价格卖掉的，而不是一味地低价处理。当然，这种处理是不能侵害最终消费者利益的，对于食品、医疗等类型的过期产品，也就只能做报废处理。另外，若库存过期了，但可以和周边产品配套销售、组合销售、捆绑销售、买一送一等，那么不仅有利于正常产品的销售，同时也给了这些过期、过时的产品一个合理的处理价格。

6. 库存信息及分析

第一，企业要对库存进行分类分析，比如，库存较高的前10种原材料是什么，前10个成品是什么，滞销品前10名是什么，等等。如果库存太多，需要甩卖，就需要非正常处置。为此，还要对各种处理建议进行利润分析，将分析数据反馈给管理层，反馈的内容包括不同的处理方法对企业的利润有多大影响，对企业的现金流有多大影响等。

第二，对仓库的库存种类进行分析，按照原材料单价的高低排序，将各种物资的每日出入库、每周出入库、每月出入库及累计出入库的情况分别做成内部管理报表，并把每日的库存数量做成一张汇总表。各种过期、毁损、呆滞的物料单独做一张表，该汇总表一般半个月或一个月提供一次，对于产品周期比较短的，可以一周内提供一次，更多关注高单价物料和问题物料的变动情况，出现问题及时处理。

第三，对仓库的物资要进行库龄分析，不仅要清楚仓库里有些什么东西、都有多少，还要清楚某一些东西在仓库里存放了多久。

第四，对库存的结构进行分析，并做一个饼图，明确各类库存分别占比多少，包括各种材料和成品等。然后分别将材料和成品的情况做一个饼图，看看各种材料和成品的分布状况。

第五，根据库存商品的品种、单价及总占用资金情况，将库存进行分类管理。一般划分为3个等级：特别重要的为A类，一般重要的为B类，不重要的为C类。针对不同的等级进行不同的管理和控制。

A类物资所占金额要占企业总库存资金的70%~80%，B类物资占存货资金15%~25%，C类占5%左右，公司的管理重心和精力要放在A类库存上。

C类多为低值易耗品，有的企业的做法比较好。比如，对于给员工配备的工具，如游标卡尺、剪刀、扳手、计算器等，由使用人自行保管，坏了，可以换新的；丢了，自己买了补上。反正在员工离职或者调岗的时候，这些工具要做移交。一些比较大的、不太容易被携带走，也不能分到个人，但大家都会用到的，就划分相关公共区域的负责人来负责看管。

如果企业库存较多，风险也比较大，之前半年或者一个月盘点一次的，那么现在就要盘点得勤快一点，缩短库存的报告期，及时反馈给管理层，方便管理层做出相应的决策。即使不能从某种程度上显著地减少库存，但及时反馈库存的真实信息，也在一定程度上做好了库存的管理。

为了避免企业产生较多的不必要的库存，企业要做好源头分析，及时发现问题。如果是第一次发生，企业内部要对各责任部门提出警告和新的要求，防止再次发生同类问题。如果是第二次发生，就要对相关责任部门进行一定的处罚。如果处罚完后，又发生了第三次，就要对一些责任人进行更换，确保企业的库存问题真正得到解决。

5.4 公司到底有多少东西？

随着公司的发展，公司的东西会越来越多，包括仓库里面的材料、成品，和公司的设备、车辆、电子设备等。为了搞清楚公司到底有多少东西，公司一般会在年底对所有资产进行盘点和清查。

因为材料和成品数据变化频率快，所以对库存的盘点次数会多一些，有的每个月盘点，有的每周盘点，以便随时知道库存的数量和市场的变化。有的企业资金极度紧张,甚至每天都会关注库存的变化情况。

除了库存,设备、厂房、运输车辆、叉车、电子设备等大型设备,很多企业是不太关注的,坏了就去修,要不就更换,只要保证生产不受影响就行。另外,很多企业的设备类资产,都不是从公司的银行账户付出去的,多少钱买的、什么时候买的、买了多少等都不一定有记录,企业只要知道大概有那么多东西,且不会因为设备的原因导致停产就行。

5.4.1 你在公司看到的东西都是公司的吗?

很多企业的管理者对公司到底有多少东西是完全搞不清楚的,不仅实物数不清楚,台账和表也对不上,即使台账和实物对上了,也许还会有很大的水分。

案例一:我们有一次去浙江的一家公司做内控,为了搞清楚公司当时现有财产和资产状况,以及公司对这些东西的管控情况,我们对该公司所有的设备和资产进行了盘点。

公司办公室送过来的台账(资产清单和盘点表)上的资产有297项,含空调、电脑、一些机器设备、部分车辆;而我们实际盘点的资产总数有732项。

我们做了一张差异表,将公司的东西分成4类:(1)实物和台账一致的东西;(2)实物和台账都有,但是不一致的东西;(3)实物有,台账上没有的东西;(4)台账上有,实物没有的东西。不仅做了个汇总表,后面还附了明细表。

老板拿到这张表后,认认真真地看了很久,又翻看了底下的清单,长叹一口气,说:"没想到我们公司居然有这么多东西,还有好多东西不是我买的。还有些东西都已经不见了,要不是看这些台账和这些盘点表,我都已经忘记了。"

另外,该公司还有3条生产线是完全闲置的,老板自己根本没有发现,于是赶紧打电话问车间主任。车间主任回复,说是有个特殊的产品要生产,就买了生产线,可买回来后,订单没接下来,设备就闲置了。老板自己还自嘲,说自己每天只要来公司就会去车间转,居然没有发现这么多东西闲置了,反正看着东西都还在。

盘点完后居然还发现公司有38台叉车,车间还总说没有叉车,要买叉车。公司每天400吨货物的周转量,再加上材料、成品的盘点等,老板板扳手指头算了算,觉得16台叉车就够了,不明白为什么会有这么多台。

案例二:一个山东的客户,是做衣柜和橱柜的,库存里面都是板,材料、成品都混在一起,堆得像山一样,数也数不清楚。另外,库里成品的单价是财务做账转过来的,衣柜和橱柜的价格也混在一起。财务提供的报表里面,4月库里柜子的单价为5 000多元，5月库里成品的单价为400元，硬生生把老板给整蒙了，库里到底有多少东西、到底值多少钱，愣是搞不清楚，还得通过市场价倒轧出库存值多少钱。

企业搞不清楚自己到底有多少东西，主要有以下3个方面的原因。

第一，业务的原因。东西从买回来到入库，再到出库，没有一个合理的流程，台账登记不及时，东西漏记、少记也没人发现，盘点也只是做做样子。

第二，财务的原因。财务核算方法不统一，不同的方法下有不同的结果。另外，有时为了少缴税，或者为了业绩奖，财务会对公司的一些数据进行美化，导致账上的库存和资产并不真实。

第三，管理的原因。比如，公司资产缺乏监管，老板不重视资产的管理，所以丢失、毁损等情况越来越多。还有贪污腐败行为，账外"小金库"的存在，两套账及多套账的存在，导致各项资产数据缺乏逻辑性和关联性，且无迹可寻，不太容易发现丢失，最终导致公司各项财产、资产和库存虚虚实实，老板也搞不清公司的财产状况。

针对上述3个方面的原因，建议采取以下对应措施。

5.4.2 业务方面的管控措施

这部分以设备、厂房等固定资产为主进行讲解。固定资产是企业重要的资产，它变成钱的速度排在库存的后面。一般企业不到万不得已是不会对资产进行变卖的，并且企业买设备并不是为了拿来卖的，主要是为了通过资产的正常消耗和磨损，生产出产品，卖产品来赚钱。

我们把买设备的钱，通过一定时间的生产消耗和磨损，慢慢转移到产品成本上的过程叫设备的折旧。

1. 资产的取得

企业资产的取得主要有3种方式：从外面直接买、自己建造、通过自己的其他资产置换。无论哪种方式取得的资产都需要进行验收，如果不经过验收，有可能资产达不到质量的要求，会生产出劣质或者不合格的产品，对企业造成较大的经济损失和声誉损失。

从外面买回来或者换回来的资产，要根据买资产的合同，对资产的型号、规格、质量、数量及合同约定的技术要求进行检查和验收。对于自己建造的资产，需要建造部门、使用部门等共同验收，验收合格后的资产才能移交给使用部门投入使用。如果验收不合格的，要及时办理退货、换货或者采取维修等弥补措施，以保证资产能达到可使用的状态。在设备和资产使用之前，一般还会有试生产的过程。

2. 资产的登记和台账

企业要对取得的每项资产进行详细登记，编制管理台账，建立固定资产卡片。通过固定资产卡片对资产和设备进行描述和参数填写，卡片上要写清楚资产的编号、类别、名称、使用部门、责任人、数量、买入时的价格、预计使用年限等内容。如果不通过卡片对资产进行管理，或者卡片内容写得过于简单，就会导致企业资产管理混乱，甚至会带来被盗或丢失的风险。

除了用卡片对实物资产进行管理外，企业还需要针对资产创建台账，然后运用台账管理公司各项资产。台账中要包括卡片上的所有内容，防止出现资产账实不符的情况。

3. 资产的维修及保养

使用过程中设备的运转质量会直接影响企业的安全生产和产品的质量，所以要在新设备第一次投入使用或者新员工操作设备前进行岗前培训，确保员工操作符合正常的设备安全操作流程，使设备得到正确的使用，从而提高设备的使用效果和效率。

除此之外，还要定期对设备进行维修和保养，对设备的正常运转进行监控，定期检查，避免因为操作不当，或者设备缺乏维护和保养，使得企业出现较多的残次品，浪费企业资源，甚至引发安全生产事故。

4. 资产盘点及清查

企业要建立资产盘点及清查制度，至少每年全面盘点和清查一次，确保资产账实相符、账表相符。在清查资产的过程中发现的问题，如盘多了、盘少了、丢失、被盗、毁损、闲置、报废等，要及时查明原因，报企业管理层后进行相应的处理。

5. 抵押、出租、出借

企业因资金周转需要等原因，将资产作为抵押向银行等金融机构借款时，要加强对抵押资产的管理，规定资产抵押的流程及审批权限，做好相应的记录。如果符合企业抵押流程且手续齐全，还要委托专业的中介机构对资产进行价值评估，以防低估企业资产。

对外出租和出借的资产，要由相关部门提出申请。履行相关的审批流程后，及时与对方单位签订出租、出借合同，约定双方的权利和义务、价格及期限等内容，同时也需要做好记录，通过台账进行管理。

6. 资产处置

企业对使用期满、正常报废的资产，要及时履行正常的资产处置流程，经相关人员签字同意后，再进行报废清理。

对使用期未满，非正常报废的资产，除了履行正常的审批流程外，还需要相关部门或者专业机构的技术鉴定，确保资产被合理报废，同时，要估计清理费用和预计处置的价格等。要防止企业的正常资产或者还能正常使用的资产被不合理地处置，给企业造成经济损失。

5.4.3 财务方面的管控措施

因为企业在月末计算库存成本，所以确定库存单价时有不同的选择。

比如，先进先出法，是按照货物买入的时间先后顺序，先买的先出库；后进先出法，后买的先出库；月底加权平均，按一个月买入的数量和单价加权平均算库存的单价；还有的买入后，就一次性的全部算消耗，全部当作成本；还有的按生产完工进度和完工程度来确定成本。

正是因为有了这些选择，所以就导致企业在算库存的时候有很多文章可做，甚至有的会根据需要做一些人为的调整。

（1）有的企业为了少交税，就会人为地多转些成本，降低企业的利润，然后库存就会变少，甚至变成负数；

（2）有的企业管理者为了让业绩好看一点，让与业绩相关的绩效奖金更多一点，他们就会让财务人为地少转一些成本，多出一些利润，甚至不惜多交一些税，以此显得业绩数据更真实。

（3）有的企业对买进来的和卖出去的物资不记账，对领用的物资不做领用处理，把这些因为不记账导致的损失全部作为成本，倒挤到企业的利润里面，以隐藏一些不合理的舞弊行为。

企业要对自身的成本结转方法进行明确规定，对材料物资或者低值易耗品的摊销方法也要进行明确的规定。一旦选定一种方式，就不要随意变更，以保证企业各期间的数据保持一贯性，具有可比性。除此之外，也不要为了业绩或者其他方面的原因，人为地修改摊销和结转成本的方法，进而对企业的经营业绩进行修改和调整。

数据的真实和合理对企业管理非常重要，如果企业收到的数据都是处理过的、修饰过的，和实际不一致，甚至不完整，就会让管理者对数据和报表不信任，无法在决策的时候获得数据支持，只能凭感觉、凭经验，很容易做出错误的判断和决策。

数据是企业管理的仪表盘，如果没有数据或者数据错误，就如同开着一辆没有仪表盘或者仪表盘数据混乱的车上路，危险极大。

所以，企业要加强对财务核算的管理，防止因为财务的原因，出现人为导致的数据不真实、报表不合理的情况。

5.4.4 管理方面的管控措施

管理方面的问题，一种是内部管理缺失造成的，另一种是内部人员钻企业漏洞形成的"小金库"造成的。

1. 管理上的内控缺失

- 企业买东西没有计划，买的时候也没有签字审批的流程，导致该买的不该买的东西都买了，闲置过多。
- 买的东西几天后就不见了。
- 企业的东西坏了，没有人去修。
- 一些资产被随意处置，低价处理；有的修修还可以用，却被当作报废品或者次品处理掉了，给企业造成了损失。

企业的资产用着用着就不见了，是因为没有盘点，没有清查，没有专门的人对这些资产和设备负责，都由老板承担重新购买的成本。

买回来的东西不上账，也不提折旧，不能真实地计算出企业产品的真实成本，对产品消耗的设备成本也无法计算。缺乏检查、监督、核查、审计和分析等管理程序，使得企业到底有多少东西，无从核实。

2."账外"小金库"的漏洞

一些企业出于各种目的，将企业的一些东西通过一定的业务处理转移到了账外，有的是老板知道的，有的是老板不知道的。因为没有记录或者财务账上没有记录，导致"小金库"的逻辑性、合理性无法核对，都不知道"小金库"到底有多大。

企业形成"小金库"等账外资产，一般有以下手法。

①东西买回来就直接计入费用或者进了生产成本，摊销掉了，实际上并没有被消耗或者没有被消耗完。

②生产加工过程中的边角料不入账，材料和成品搬运过程中的各种包装物不入账。

③企业月底对资产和库存进行全面盘点，盘多出来的东西和接受捐赠的东西

不入账。

④利用企业购买的材料自制的半成品或者工具不入账。

⑤发货出去的东西多退少补的，或者因为退货和换货再次回到仓库的东西不入账。

⑥生产上以领代耗，只要东西少了，全部视同被生产领用、消耗掉了。

⑦低价变卖企业一些还有使用价值的东西。

⑧有的仓库管理人员，勾结质检员、生产人员、财务人员等，涂改出入库信息，开具虚假的出库单和领料单冒领物资，报损一些正常的材料、物资和设备，盗取企业财物，转移后再卖出，将这些物资的一些成本和费用藏到正常的出库和领料中，增加企业成品的成本。

⑨通过一些虚假的开支，开发票给提供服务的供应商，由其收到发票后，扣除必要的成本后，提取现金，再返还回来。

为杜绝以上问题，我们要加强监管，定期或者不定期地对仓库物资进行盘存，分析差异，对成本及费用进行监控，每月将各项数据进行对比分析，查找异常，防止一些舞弊及失控的情况发生。必要时可以聘请第三方专业机构，对企业的经营情况进行审计，尤其是管理权和经营权分开的这些企业，要重视代管的风险。

5.5 你被侵权了吗？

企业的资产有的看得见，有的看不见，这节我们主要说那些看不见的资产，如商标、特许权、专利、非专利的技术等。

5.5.1 管控的目的

对这些资产，要加强登记，落实责任，采取一系列的措施保护资产的安全，防止泄密，防止被侵权。同时还要提高这些资产的使用效率，充分发挥它们在提升企业创新力和核心竞争力的作用。

（1）对资产加强登记，防止丢失。

企业取得无形资产一般有两种方式：一种是从外面买，如供应链 ERP 软件、财务办公软件等；另一种是自行研发，如开发的小程序、应用软件等。

- 对于外购的资产，要仔细审核合同协议，确保买回来的这些资产具有一定的技术性、实用性和先进性，防止因买的软件、专利等资产权属不清，或者是冒牌产品，而引起法律诉讼，导致企业钱财损失。

- 企业自行开发的无形资产，由研发部和使用部门共同对资产的实用性和技术性进行验收，确保具有一定的使用价值。

（2）企业买的土地，要及时办理土地证，买之前或者过户之前要进行税费测算，尽量把土地过户到最能发挥其价值的企业。另外，不要频繁变更土地的企业名称，防止后期过户时缴纳较多的税费。

（3）无论企业是采取哪种方式取得的无形资产，均要让该资产最大化地产生价值，防止闲置，浪费资源。

（4）对软件、专利类等核心技术要做好保密措施，与知道相关商业秘密的人员签署保密协议，非相关人员不得接触这些核心技术和资产，防止企业商业秘密泄露。

5.5.2　管控的措施

因为看不见、摸不着，而且大部分涉及企业的商业秘密，所以相对于有形的资产，对于无形资产的管控更难，主要包括以下措施。

（1）对于商标、技术等无形资产要做好台账管理，对于商标和专利的出租、出借也要做好台账管理，防止在使用过程中被侵权。与出租、出借单位和个人要签署保密协议，约定好违约责任，防止合作伙伴损害企业的经济利益。若发现市场上有侵权行为，要积极取证进行维权，最大化保证企业的权益。

（2）企业要定期对专利和专业技术进行价值评估，进行技术升级迭代，防止技术落后，或者在使用过程中出现较大的技术隐患，影响技术的正常使用。如果发现某项无形资产不能再给企业带来收入，或者给企业带来的收入越来越少，就要及时淘汰。要不断加大研发投入，推动技术升级与创新，确保企业的核心竞争力。

（3）如果企业的无形资产长期闲置或者没有价值，或者使用效率低下，就要及时淘汰，进行相应的处理。在处理的过程中，要明确处理的条件、标准、范围、流程和审批权限，防止有用的资产被恶意低价处置。必要时要委托有资质的第三方机构进行价值评估，防止企业钱财流失。

5.6　那台电脑去哪里了？

很多企业都没有资产清单，究其原因，一是企业管理者认为资产管理不重要，只要生产是正常的、连续的就行，其他都是小事；二是想管却没有合适的人来管。

企业多年形成的习惯是，不同的资产由不同的人员负责买。比如，电脑类办公设备由办公室买；车间的设备和备品备件由车间主任买；不太重要的设备和小件是由采购部买；有时老板自己东西用不顺手了，也会自己买或者委托亲戚买。买的人多了，互相也不通气，买重了、多买了、闲置了也就变得正常起来，过几天东西不见了，过几天又看见了，谁也不知道发生了什么。

5.6.1　客户案例

有一次我去一家企业做内控咨询，在财务办公室进行盘点的时候，清单上写着电脑5台，数了数，是5台，但是再仔细一看就发现了问题。清单上写着华硕3台、联想2台，一眼扫过去，只有2台苹果电脑、3台戴尔电脑。我们可以合理地怀疑，之前确实有5台电脑，和清单台账上的一样，但是后来因为各种原因陆续换了新的。老板对这个解释很满意，认为没有问题。

但是，换归换，旧电脑去哪里了？看看时间，也就是三四年间的事情，电脑未免换得也太勤快了。那换下来的电脑现在在哪里？是卖了还是被收废品的收走了？还是被员工搬回家里去了？新电脑又是怎么买回来的，谁买的，买的时候又是多少钱？提出了一大串的问题后，老板一下子回忆过来，好像都被收废品的收走了。老板琢磨了一下后，说："你可别说电脑了，我们公司好多东西用着用着就不见了，也不知道怎么不见的，反正感觉总在买。"

老板说，前几天买了50个配件，其实只需要30个，车间担心买的配件质量会有问题，就多买了20个，后来配件全部换完后，新的旧的就都找不见了。老板还惦记着这个事情，让车间主任去了解下情况，结果也是不了了之。后来发现给供应商付配件钱的时候，还是付了50个的钱，联系了供应商，人家说："我们就是给你们发了50个啊！"

通过盘点我们就发现，这家企业的资产管理混乱。资产比较多，一年也没怎么变，但是企业的材料和成品那是天天都在变，进出非常频繁。如果库存也和资产一样管理得这么混乱，那么想想就觉得可怕。

我们总算明白了老板请咨询公司做内控的目的了，但凡舞弊行为和企业里面的"跑冒滴漏"现象不是那么严重，老板多半会选择睁只眼闭只眼，差不多就行。

但是这个企业各种"跑冒滴漏"现象层出不穷，明明是业绩非常好的企业，管理却越来越吃力，越来越赚不到钱，成本越来越高，账上也越来越没有钱。老板自己比对了好多次账目和清单，横竖没发现问题出在哪里，也不知道东西是怎么不见的。

企业资产方面的内控,是困扰民企老板的心病,不仅是资产,包括账上的钱都有可能看不住。要"治疗"这个心病,就要加强对各项资产的内部控制的管理。而且在当前这种赚钱越来越难、市场要求越来越高、管理越来越精细化的情况下,加强内控管理也是迫在眉睫需要解决的一项重要事情。

5.6.2 做好"进口"环节的内部控制

所有的东西,无论是买的、借的还是自建的,从进入企业的第一天起,企业就要做好台账管理,做好登记。登记表中要显示:什么时候进来的;进来的数量;进来的东西是什么类的,是材料还是设备;进来的东西叫什么,规格和型号是什么;供应商是谁,是否有发票;谁经办的等必要的入库信息。

表 5.2 所示为×公司入库物资台账,其中"类型"是指材料、备件、成品、半成品、设备等。

表 5.2 ×公司入库物资台账

日期	名称	规格型号	数量	供应商	类型	经办人	备注

通过台账管理,确保进入企业的所有物资,无论是库存还是设备,要全部上账,保证账上或者表上的信息和数据完整,并且和仓库里面的东西一致。

买的东西和付的钱(包括已付和未付)也要一一对应,这样才能保证"进口"的东西没有遗漏。

5.6.3 做好"出口"环节的内部控制

对于企业出去的每一个东西,都要做好台账和登记,确保每一项"出口"物资均是通过企业的合理流程出去的,经过了企业规定的审批程序,有相应的责任人签字确认过,相关的管理人员充分知情。

登记的信息包括每一样东西怎么出去的，出去了多少，什么时候出去的，出去的是什么东西，由谁运输的，出库给了谁家等一系列出库信息，以及东西出去后是否收回了钱，大概什么时候收钱，能收回多少钱，对外这些东西有没有开发票，开发票的有多少，没开发票的有多少，出库的经办人是谁等信息。

表 5.3 和表 5.4 分别为×公司出库物资台账和货物出库回款跟踪表。

表 5.3 ×公司出库物资台账

日期	名称	规格型号	数量	客户	类型	经办人	备注

表 5.4 ×公司货物出库回款跟踪表

发货日期	名称	规格型号	数量	客户	金额	开票日期	开票金额	收款日期	收款金额	余款	备注

做得比较细的企业，会分类别做台账，成品由仓库管理，其他东西的出库由办公室管理。出库需要相关部门签字或者盖章给门卫，才能正常"出口"。

有的企业会把这些流程分给好几个部门操作，比如，把销售的后续发票、收款等工作交给专门的人员进行跟单。

5.6.4 做好"盘点"环节的内部控制

1. 好用的盘点方法

在盘点的时候，要注意盘点的方法。比如，把仓库划分成无数个小区域，每个区域的东西都能保证在半小时内完成全部的清点，无论是车辆、配件、五金件，还是其他东西，不同的物件归类存放。只有这样，才能保证盘点的准确性。

每个区域做上标识和编号，每个月抽查几个小区域进行盘点。对企业的设备、车辆等大型物资，至少每年盘点一次；平时由仓库管理员或者资产管理人员盘点，定期或不定期安排人员进行复盘。复盘可以是抽盘，也可以是全盘。抽盘的时候，选择盘点表中的部分物资进行抽样盘点，发现表和实物不符的，可以增加盘点的抽样比例。如果盘点中出现的问题太多，则可以选择全部重新盘点。

盘点时可以选择正向盘点，即从台账中抽取信息，然后从仓库中找到这些实物，核对规格、名称、数量等信息；也可以反向盘点，即从仓库中抽查一些实物，然后在盘点表中核对是否有相关信息，信息（如名称，型号，规格数量等）是否一致。

表5.5为×公司资产盘点表。

表5.5　×公司资产盘点表

盘点日期：　　　　　　　　　　　　　　　盘点人：

名称	规格型号	数量	存放地点	备注

2. 盘点时的注意事项

（1）企业的各种物资存放在两处或者两处以上的，或者存放在分子公司、经销商和代理商处的，要尽量安排同时盘点，再汇总数据。

（2）盘点日期和台账信息出具日期（或者财务账面报表日）不一样的，要把从信息出具日到盘点日中间的出入库信息分别调整和还原，在盘点日数据的基础上，加上盘点日到报表日中间的出库数，减去这段时间的入库数，调整成报表日实际该有的数据，再将得到的数据与报表日数据进行核对。

（3）盘点人员要认真负责，盘点数量是实物数量，同时要做好被盘点物资的质量状况登记，比如，如实登记入库时间，确保过期信息能在盘点过程中被检测到；毁损、破坏、报废等信息也要及时在盘点表中做好相应的记录。不允许对物资进行重复盘点和漏盘，比如，同一批物资盘点两次，或者故意遗漏一些物资不盘点，过磅时少记录或者重复记录等。由于盘点人员的失误或者失职造成盘点数据不真实的，要追究盘点人员的过失责任。

有的企业仓库管理比较薄弱,对应的监管手段也没有,因此便给了仓库保管人员较大的寻租空间。他们会在日常的工作中"调包",将仓库中的合格品换成劣质品或者次等品,将贵重的物品、单价高的物品用廉价或者单价低的物品进行替换,以旧的、坏的物品更换好的、新的物品,并且在相应的业务流转单据上进行虚假的数据记录,达到舞弊等目的。所以盘点时要仔细核对型号、名称、规格、数量等关键信息,确保企业财物的安全。

3. 盘点后处理

对于盘点过程中发现的盘盈、盘亏、毁损、过期、闲置、报废、被盗等库存和实物不相符的问题,要及时分析问题,查找原因,并按相应的规定进行处理。同时财务要做好对应的账务处理。

如果仓库管理人员没有按照出库货物的数量和名称要求出库,没有按企业的流程出库,或者出现舞弊等行为,导致库存丢失,给企业财物造成损失,就要追究相关仓库管理人员的责任,并采取一定的措施或者制度防止同类错误再次出现。

由于企业的材料种类繁多,企业的成品规格、型号复杂,收发次数频繁,在计算或者计量上难免会出现差错,并且物资在仓库的保管过程中也会因为搬运、移动等原因发生自然的损耗或者毁损。真实的情况是,没有一家企业可以做到账表和实物在严格意义上完全相符。

企业要在符合自己企业实际的情况下,规定一个合理的范围,确保不符的数量在可以接受的水平。有的企业会要求较高的水平,有的企业鉴于成本的考量,以及材料物资种类繁多、盘点过程中存在各种不现实的情况,会选择一个水平比较低的合理范围。

5.6.5 做好"钱"的内部控制

钱是企业特殊的资产,看不住的话很容易出现问题。

在钱的管理上,企业一定要有付款流程,钱从企业出去,一定要有相关人员的签字、审核、审批等。未经签字确认的付款,出纳不能对外支付。另外,支付时要保证付款的全部操作流程不能由一个人独自完成。

现在普遍是电子银行、网上银行付款,要保证付款的U盾至少有两个,一个制单,另一个复核,只有两个人同时操作,钱才能对外支付。实在做不到持有两个U盾的,或者即便有两个U盾也不放心的,就要做好银行账户短信通知,实时将企业网银或者相关网银账户的变动情况,以短信的形式通知企业财务负责人、总经理或者老板等相关知情人员。

另外一个重要的注意事项是,"管钱的不管账,管账的不管钱"。意思就是说,付款的出纳不能记账,记账的会计不能去付款,执行付款的人和记账、记录的人不能是同一个人。比如,月底和银行对账,从银行取对账单核对,一般不让出纳经手。有的单位让司机取银行对账单,会计对账、做银行余额调节表的编制工作。

5.6.6 做好"应收应付"的内部控制

每半年和客户或者供应商核对一次出入库信息和往来账余额,最好是书面对账,双方进行签字和确认。发现不符的要及时查找不符的原因。对于不符的,要有企业相关权限的人参与查找原因,并签字确认,及时发现问题,及时解决,并进行相应的账务处理。

对往来账比较关心的,或者企业资金紧张的,要一个月或者一周跟踪一次往来账项的余额,确保企业有限的资金得到合理的调度。

5.6.7 做好"贷款及借款"的内部控制

企业要对从各处(如金融机构、个人等处)借来的各种款项进行台账登记,要登记借款的日期、约定的还款日期、借款时约定的利息、利息的还款情况。对于企业股东的投资情况及分红情况也要做好台账管理,确保企业重要的数据信息都能得到有效的监控。

5.7 小结

企业要做好与"东西"有关的内部控制,最重要的是企业老板或者企业管理者要足够重视。

如果企业老板内心不太重视;或者默认一些内控漏洞存在,认为一切都在自己的合理损失范围内;或者认为还没严重到要大张旗鼓地把关于"东西"的内部控制作为一项重要的工作来做;或者是认为自己已经通过其他方面的控制,相应地进行了一定程度的约束;或者在请第三方咨询机构协助做内控时,对于过程的艰辛和难度认识不够,经不住部分员工、骨干和亲戚的游说,放弃了坚持,在阻力面前停止了控制……那么,要做好与"东西"相关的内部控制,基本上是不大可能的。

由此可见，内部控制的第一责任人是企业老板、企业的股东或者第一管理者（一把手），他们的决心和重视才是做好内部控制的关键因素。

5.7.1 做好与"东西"相关内部控制的目的

做好与"东西"有关的内部控制，一方面是为了保证企业的东西安全完整、不存在舞弊和较严重的"跑冒滴漏"现象，更主要的是为了提高各项资产的使用效能，不让资产闲置、过剩、超标配置等，其中也包括人力资源。通过对"东西"的内部控制的管理，达到最大化调动人员的执行力和积极性，是企业做好"东西"内部控制的终极目标。

5.7.2 做好与"东西"相关内部控制的步骤

在做与"东西"有关的内部控制时，不能心急，要循序渐进，一步一步地来。先从简单的入手，一步步收紧各方面的权限，约束各方面的管理。就如同先想办法把"紧箍咒"套到"孙悟空"的头上，然后通过一系列的措施让"紧箍咒"越来越紧，发挥"紧箍咒"对人员的约束作用。做好企业绩效分配，让员工做好该做的，才能得到该得的；做不到该做的，自然得不到该得的，甚至会面临相应的惩罚。

1. 管好企业的钱

对于企业的众多"东西"，有形的、无形的、库存、设备、"人员"等，做内控也是有一定流程和顺序的，要先从比较简单的入手。比如，先把企业的钱管好，保证企业的钱实时可控、每日可见，包括每日收了谁的，收了多少，收的什么钱；每天花了什么钱，付给谁的，分别付了多少；每日汇总，每周汇总，每月汇总；分客户和供应商汇总，分费用汇总，等等，如表5.6所示。

表5.6 资金台账

日期	说明	对方名称	金额	收入/支出	备注

2. 管好企业的库存

出库和入库信息要做好流水账登记，所有进出企业的"东西"必须有记录，包括怎么进的，从哪里进的，什么时候进的，进了多少；怎么出的，出给了谁，什么时候出，出了多少；还有些特殊情况的记载，必须在出入库中都有相应的痕迹和记录，包括退换货的、代加工的、临时代管的，等等。

管理好企业的库存，还有一项重要的工作：盘点。要定期或者不定期地对库存进行盘点，对于库存不是特别多的，也可以随时抽查盘点，和台账数进行核对；对于库存增加明显的，重要的库存，或者单价较高的，要增加盘点的次数，不能还按之前的做法一个月盘点一次；同时加强出入库过程中的数量检查，防止漏进、多出等一些不合理的现象发生。

3. 要管好企业的资产和设备

定期（一般为一年盘点一次）将本年新增加的资产做好台账，本年新减少的也做好台账，增加减少的原因、数量、价格和经办人也要在台账中写清楚。同时，对于设备的维修情况要关注，要了解为什么同样的设备，有部分设备经常维修，维修费也比较高，其他设备则修理的频率不是那么高；设备和资产的责任包干到个人，要了解维修是因为人员操作不当还是为了修而修。

资产和设备的变动情况表可以一个月做一次，也可以一季度做一次，还可以半年做一次，但是最少一年必须盘点更新一次，根据企业的实际管理情况及资产变动的频繁程度来确定。要及时发现企业违规出借、出租和利用企业资产的一些行为，以及一些违规报废处置资产的行为。

4. 要管好企业其他"东西"

比如，看不见的商标和专利，企业欠别人的钱和别人欠企业的钱，企业的借款和贷款，都需要定期进行书面核对，进行签字或者盖章。这样在发现问题的时候，也能及时明确责任归属。

5.7.3 做好与"东西"相关内部控制的制度和流程建设

企业要对各项"东西"的内部控制制定相应的管理制度，如存货管理制度、固定资产管理制度、无形资产管理制度等，从制度上对资产的各项使用行为和管理行为进行约束。

对在盘点过程中发现的关于各项资产的问题或者账实不符的问题，要及时进行分析，查找形成的原因后及时上报，及时处理，防止更多、更大的问题发生。

对于企业在各项资产管理过程中的一些失职行为,要采取相应的处罚措施,防止问题二次发生。对于存在的舞弊和对企业造成较大损失的行为,要追究相关人员的责任,如罚款、开除、辞退或者移交司法机关等;对于企业中在资产管理过程中表现良好的,对企业管理有贡献的,发挥一定积极作用的工作人员要给予相应的奖励,形成良好的企业资产管理文化。

企业与"东西"有关的内部控制相关的制度,要贯穿各类资产,也要贯穿各类资产从进到出的各个业务环节,如验收、入库、保管、出库及处置等。

5.7.4　用制度引导、改善员工的行为

为了使内部控制的措施真正得到落实,企业不仅要修改、健全和完善企业制度建设,同时也要通过制度引导员工的行为,让员工的利益和企业的利益目标一致,最大化地实现企业和员工的共赢。

企业里的库存越来越多,很大可能是因为制度不合理:编制制度的时候,只站在企业的角度考虑问题,没有站在员工的角度考虑问题。员工在做事的时候,有自己的选择和判断,他会本能地选择对自己有利的方式来完成自己的工作,而不是完全按照企业要求的那样,或者说是企业制度规定的那样。毕竟很多员工的想法是,不求有功,但求无过,也不要太麻烦,差不多就行了。

比如,企业制度规定让仓管去仓库里看看某种材料还有没有、是否该买,即便制度写得很清楚,有明确的规定,仓管大多数的时候是不管仓库里到底有没有、是不是该买的,他甚至看都不看,就会说仓库里没有,所以会导致企业的库存越买越多。到底是哪里出错了?是员工执行力不够吗?其实是制度设计得不够人性化,没有考虑员工的想法。

让仓管去库房看看某种材料是否有,该不该买的这个事情,对于仓管来说,他有三种选择:

第一种选择,不看,说有;

第二种选择,去看,据实汇报,有就有,没有就没有;

第三种选择,不看,说没有。

你如果是这个仓库管理员,你会选择第＿＿＿种。

先不说制度是否合理,我们先换位思考一下,如果我们是那个仓管,我们会做出哪个选择?很显然,是第三种。虽然第二种选择对企业最好,但大部分仓管会选择第三种。为什么呢?

- 如果他选择第一种，那万一仓库真没有，就会造成缺货，造成停产，他会被骂，甚至有可能会被开除。
- 如果他选择第二种，首先要去仓库查看，很麻烦，得在众多库存中查找一种材料。尤其是那种仓库比较多，又比较大，摆放也没有规律，每个仓库都有一点材料的，无异于海底捞针。如果不去仓库，看账吧，账上也是乱七八糟且账实不符，没有什么参考价值。所以，仓管不会选择这种吃力不讨好并且也不能得出准确数字的做法。
- 如果他选择第三种，反正即便真的是有人去核实了，也不一定数得清楚。若真数得准，仓管就说自己数错了，既不辛苦，也没啥损失，反正不会因缺料导致停产就行，多买就多买呗，反正与自己也没啥关系。

分析完仓管的心理我们就发现，这个企业制度的编制是有问题或者说是有缺陷的，不能真正引导员工的行为，达到企业的目的。

那么应该如何引导呢？

（1）如果这个时候我们修改一下制度，比如，我们在制度后面加上，如果多买，或者看都不看就说仓库没有，一旦有人去核实，发现仓库有货，仓管就会受到一定的处罚。虽然企业不是每次都会去核实，但是至少能让仓管知道，这么对付会有风险，可能会被罚款，次数多了，甚至有可能被辞退，他就会稍微操点心，会去仓库看一下。

（2）如果仓库管理实在太乱，摆放乱七八糟，即使去仓库看了，结果也不一定准确，那么不仅会增加仓管的工作量，同时也会增加仓管数不准的风险，最终仓管还是会选择第三种。

（3）如果企业加强对仓库的现场管理，对仓库的物资分门别类地进行摆放，加强材料和成品的统一和唯一管理，而且，通过多次盘点和检查，提高仓库的账实相符率，那么仓管就不用刻意去仓库查看，直接看账本就可以知道库存的实际情况。

（4）如果把仓库的实物和账表的相符程度作为对仓管的一项考核指标，相符度高的奖励，不相符的要惩罚，仓管自己就会加强仓库的现场管理和账实相符的核对工作。

通过这个案例我们就发现，制度的制定是门艺术也是门技术，更是门学问。企业在设计制度和让制度执行落地的时候，不仅要站在企业的管理角度考虑，也要站在员工操作层面去考虑相关的问题，这样才能制定出符合企业实际情况的可落地的制度和内部控制方法。

第 6 章

和『卖』有关的内部控制

卖,就是销售。我刚开始接触销售工作的时候,老领导说了一句话,每当我在销售工作中碰到问题的时候,一琢磨这句话就能找到答案。什么话呢?即"销售只做三件事,就是把东西卖出去,卖个好价钱,把钱收回来"。

很多企业出现了各种各样的问题,大多数和销售有关。一部分体现在销售能力不足上,一部分体现在定价不合理上,一部分体现在欠账太多,收不回来上,还有部分是销售的过程中出现一些舞弊行为,比如,人为地操纵价格或者截留货款等,各种问题轻重程度不一样。

6.1 什么叫"卖"得好？

企业的内部控制根据控制的难易程度来分，分为入门级、合格级、高手级。像卖东西这一类内控，算得上是高手级的，涉及业务领域，涉及事，更涉及人。

对于业务领域，大家更多关注的是采购，认为采购出现的问题会比较多。但是，市场竞争越来越激烈，企业的生存、发展和壮大都与销售有着密不可分的关系，近些年关于销售的内控也才越来越被大家所重视。如果不能把生产出来的产品及时地卖出去，卖出去的钱不能及时收回来，将会使企业出现难以为继的生存危机。

6.1.1 与"卖"有关内部控制的目标

企业在销售业务中，对于内部控制的目标主要有 5 个：
- 保证销售收入的合理增长；
- 保证销售过程中各种东西及资料的安全、完整；
- 保证产品的定价合理；
- 保证货款能及时安全地收回；
- 保证销售过程中的记录准确。

为了达到内部控制的这些目标，我们要建立起销售环节的内部控制。

6.1.2 销售的主要过程

我们要先了解销售业务的总体流程，对销售的主要过程和框架做到心中有数，这样在分析问题的时候才不至于产生一些遗漏。

对于销售的主要过程，大部分人认为很简单，大体只有四步：第 1 步，签合同或订单；第 2 步，发货；第 3 步，收钱；第 4 步，财务的记录（包括开票和记账）。其实在记录完之后，销售环节还有很多事情要做，举例如下。

第 5 步，售后服务，产品的免费安装，售后质量问题的"三包"（包修、包换、包退），免费的技术支持等。

第 6 步，提成及返利，包括给销售发奖金，发提成，以及给经销商和代理商返利等。

第 7 步，进行合同及档案管理，有的企业是放在财务的凭证后面，有的是由办公室行政人员保管，有的是由销售人员自己整理及保管。

另外，签合同或订单之前，销售环节也有很多工作要做。为了便于理解，签合同之前的工作，我们按 0、-1、-2 来标号。

比如，第 0 步，客户信用管理。就是在卖东西之前，要判断一下，要不要给这个客户赊账。如果不赊账，就现款现货，一手交钱一手交货。约定好了就要写到合同里面。

再往前推，第 -1 步，销售策略的制定，比如，什么情况下可以给客户报价，对什么样的客户能给予多少折扣，或者是业务的权限最大能给到多少折扣，折扣超过多少的要向上级请示，客户买东西的时候要赠品怎么办，或者是客户既要赠品又要折扣，要怎么处理？

再往前推，在制定销售策略之前还有非常重要的事情，也就是第 -2 步，制定销售目标与计划，一般体现为预算。

从第 -2 步到第 7 步，共 10 步，这才是销售相对完整的过程，如图 6.1 所示。

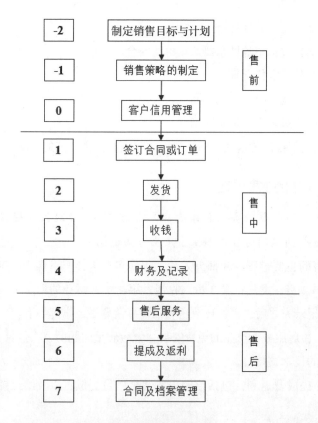

图 6.1　销售业务流程

在这个过程中，如果内控不参与，销售人员自己是不会主动把这些和销售相关的事情做好的。比如，客户信用管理中，一个新客户要买很多，且要赊账，销售人员也知道可能会有风险，但是他会不会选择不卖给这个新客户呢？

这个时候，销售人员一般是看企业怎么给他算奖金的。如果这个企业是以销售业绩发提成、发奖金的，那么在上述情况下，销售人员一定会发货，即便他知道会有风险。

再比如，一些客户和销售人员的关系很好，所以即使有些货物在企业的规定里是不符合退换条件的，销售人员也会想办法给客户进行退换。

6.1.3 销售业务中会有哪些风险？

只有在了解了销售的过程之后，我们才知道在这个过程中有哪些事情是需要销售人员以外的人关注的。其实在销售的这个过程中，并不是每件事都需要内控的参与，如客户的开发、客户的管理、客户的维护、客户的分类、终端及门店的管理、经销商的分级、销售团队的建设等，这些只需要进行事后分析即可。

至于哪些步骤需要内控参与其中，就要考虑在销售人员所做的这些事情中，哪些事情会有风险，有些什么风险。

根据刚刚梳理出来的流程图，我们一条一条地看一下。

（1）销售没有计划，或者计划不准。这种情况下，企业能正常运作，但是它也会面临麻烦，就是企业在运营过程中没法知道投入。因为明年要卖什么不知道，要卖多少东西也不知道，没法知道要花多少钱、要办多少事。保险起见，一般企业会多备，比如，多备钱、多备货、多备人，这样既浪费资源，又会使库存积压，还有可能导致没法准时交货。

（2）没有销售策略，会导致销售过程不可控，不知道会存在什么样的危险或是付出什么样的代价，甚至不知道这个代价有多大。

比如，企业定了目标，明年的销售收入在今年的基础上增加40%。至于怎么增长的，要怎么去完成，谁都不知道，不知道哪些东西会多卖，会不会增加新的产品，要怎么去卖才能完成。为什么是增长40%，而不是增长30%，也不是增长50%？也许是因为领导看着别人家是增长40%，自己也定个40%。做到后来才发现，为了完成销售收入这40%的增长，产品价格居然下浮了30%。为了完成目标，不断申请减价，最终导致企业出现巨额的亏损。

（3）缺乏信用管理，不管什么客户，都先发货后收钱，这会增加企业后期的收款风险。

（4）缺乏定价管理，随意减价，随意折扣，各种优惠等缺乏管理，或者定价的权限集中在一个人身上，这就会出现舞弊行为，或者其他损害企业利益的行为。

（5）付款方式约定不清晰，会影响企业的资金周转。比如，合同上没有写付款方式，或者合同上写了也不按照合同执行，客户没有钱就不催了，后续也没有去跟踪，到底付了多少，还有多少没付，要多长时间内付清，要先付多少、后付多少等都不清楚，导致后期收款风险增加。

（6）服务约定不清晰。为了满足客户的要求，无节制地提供本来不需要提供的服务，会给企业带来了额外的开支及费用。

（7）经销商、渠道商管理混乱，相互比价抢市场。有的可能是销售人员默许的，有的是销售人员的亲戚。给经销商、渠道商的佣金和返利不实、不一致或者出错，给企业带来损失。

（8）促销活动管理混乱，赠品发放混乱，有的根本就没有发。活动现场的物资缺乏管理，丢的丢，少的少，活动现场的工作人员比客户还要多，造成浪费和损失严重。甚至根本没有真实地办过促销活动，为了骗取报销，虚假地进行"促销"。

（9）发货混乱，货发错了、发多了、发少了，引起各种纠纷，无形中增加了企业的各种成本。

（10）收款混乱。业务员替企业收钱，有的转到企业，有的没转到企业，企业都不知道销售人员到底收了多少钱，应该上交多少钱，甚至是他收了很多钱后就辞职了，手里还捏着企业的一堆不法证据，企业都没法告他。企业资金回流受损，货款被卷走，导致企业出现较大的生存危机。

（11）签订好的合同，三天两头要求变更，一会儿变数量，一会儿变价格。

（12）业务的账和财务的账老对不上，谁也说服不了谁，谁也不知道谁的对，根本就不知道客户到底欠不欠钱，欠了多少钱。

（13）业务员的绩效混乱。业务员完成收入目标了，企业原则上是要给予其奖金和提成的，但是实际上钱也没收回来，为了卖货还多花了很多费用，没赚钱、没收到钱还要开支提成，给吧，企业觉得冤；不给的话，一个两个都会辞职，卖东西的人都没有了，更闹心。

列举了这么多，实际工作中比这还要复杂，烦心的事情比这还要多。这些事情，不需要有人管吗？如果要管，哪个部门来管，哪些人来管？在一些民营中小企业，是没有合适的人去管这些的，基本上是老板自己在管。但老板日理万机，根本就管不过来，所以大概率的情况是没人管。

上述都是在"卖东西"的时候需要内部控制的参与，并进行把关的一些地方。我们会在接下来的几节分别予以详细的说明。

6.2 为什么卖啥都卖不动？

在国内的大部分企业里，销售的地位比较高，决定了企业的发展甚至是生存。所以把东西卖出去，卖得越多越好是企业的首要目标。但是为什么就是做不到，或者做得不够好，打不开销路呢？

本节不是为了教大家怎么去卖东西，而是从内部控制和管理的角度来管理和分析销售，帮助销售人员和销售管理者，在众多的销售行为和销售数据中，找到一些规律性的问题，看看要怎么解决。控制销售过程中的风险，同时促进企业销量的提升，不仅要卖得快，也要卖得好。

为了卖好东西，我们要做好两方面内部控制的工作。首先，做好销售分析；然后，做好销售计划。通过分析发现问题，找到问题，针对性地解决问题，改进销售行为、改变销售方法和策略；通过销售计划来规避过程中的各种风险。

6.2.1 做好销售分析

销售看起来就是一个数字：卖了××东西，实际上这个数字是由无数细节组成的，是企业所有的销售人员，通过自己各种各样不同的方式，卖了各种各样不同的产品，给各种不同的客户，最终累积而来的。所以我们要对这些产品、客户、销售方式、销售动作、销售策略进行分析，让卖得好的卖得更好；让卖得不好的有目标和方向，争取也卖得好。

销售分析有两种，一种是纯财务的销售分析，另一种是销售业务分析。

1. 纯财务的销售分析

常见的纯财务的分析方法有以下 5 种。

（1）比例分析，就是不同时间销售收入的比较，这个月比上个月，或者这个月比上年同期。

（2）趋势分析，就是分析连续 6 个月或者连续 12 个月的销售走势，看是在增长还是在下滑。

（3）结构分析，就是分析公司不同产品中，哪个卖得多，哪个卖得少，分别占销售收入的比重。比如，公司总共有100种产品，20种产品的销售额占了全公司总销售收入的95%，余下的80种产品的销售额只占了5%。

（4）毛利分析，就是分析公司的不同产品，哪个赚钱，哪个不赚钱，毛利分别为多少。

（5）回款分析，就是卖东西收到的钱占应该收回来的所有钱的比值，如上个月回款70%，这个月回款73%。

纯财务的销售分析有用，但还是有点粗糙，对解决企业在销售中存在的问题还有一定的不足，需要多次细化，找到存在的问题。只有找到了问题，才能有解决的方案。于是，我们将纯财务的销售分析升级为销售业务分析，也叫销售经营分析。

2. 销售业务分析

常见的销售业务分析的方法有以下几种。

（1）销售收入分析。

我们会从5个角度对销售收入进行细化分析，要细到无法再分的程度。在做细分时有两个重要的分类方式：一种叫自然分类，就是根据它本身的名称或者属性进行的分类；另一种叫管理分类，是根据企业的管理需要人为地进行分类。

比如，华为公司的产品分三大类——手机、电脑、其他通信产品，手机按不同产品型号进行分类等，都属于自然分类。再如，将客户分为新客户和老客户；将市场分为存量市场和增量市场；将产品分为高端产品、中端产品和低端产品，或分为高毛利产品和低毛利产品等，这些属于管理分类。

①产品细分。

比如，公司的销售收入为3 000万元，这3 000万元是由多少种产品的销售收入组成的呢？先分大类，拿汽车4S店来说吧，轿车、越野车等分别卖了多少，占比多少（见表6.1）；再细分一下，比如，轿车里面，A型车和B型车分别卖了多少，占比多少；再细分一下，比如，B型车里，舒适型轿车和经济型轿车分别卖了多少，占比多少；再细分一下，比如，经济型轿车里面，不同型号的车分别卖了多少（见表6.2）；或者某类型的品牌的车分别卖了多少；等等。这些表中的数据也可以做成图形，如饼图。

表6.1 ×公司产品销售分布表

产品类别	数量	单价	金额	占比
产品 A				
产品 B				
产品 C				
产品 D				
产品 E				
……				
合计				

表6.2 ×公司 A 产品销售分布表

产品类别	数量	单价	金额	占比
型号 1				
型号 2				
型号 3				
……				
合计				

然后进行管理分类，（如新产品卖得怎么样？老产品卖得怎么样？）或者把毛利超过40%的叫高毛利产品，毛利在20%~40%的叫中毛利产品，低于20%的叫低毛利产品，这三类产品分别卖得怎么样？（因为不同毛利的产品的销售策略是不一样的，所以要分开）当然还有其他的分类方法，结合自己企业的实际管理需要进行划分即可。

表 6.3 为×公司新老产品及不同毛利产品销售分布表。

表6.3 ×公司新老产品及不同毛利产品销售分布表

产品类别	数量	单价	金额	占比
新产品				
老产品				
合计				
高毛利产品				

续表

产品类别	数量	单价	金额	占比
中毛利产品				
低毛利产品				
合计				

分析的时候，看一下自己公司按自然分类分了吗、按管理分类分了吗、分析到了哪一层。通过分析你就能发现，不同的产品，或者不同类型的产品的收入变化情况，或者发现销售收入没有完成，销售业绩不好，主要是因为哪些产品卖得不好，或者是哪一类产品可能出现了问题。

②地区细分。

大一点的公司，大的分类有亚洲区、美洲区、欧洲区等；亚洲区里细一点分国家，如中国、日本、印度等；国家里细一点分华东区、华南区、华中区等；再细一点就是省；再细一点，分市、县、镇，或者分老城区、新城区等，或者分一线城市、二线城市、三四线城市等。看看企业的销售收入从各个不同层级、不同地区的角度来看，都是怎么表现的。哪些区域好，哪些区域不好；区域好的是不是有必要再增加销售量，区域不好的要采取什么措施去促进销售，或者将区域好的经验传授过来。

表6.4为×公司A产品地区分布表。

表6.4 ×公司A产品地区分布表

城市类别	数量	单价	金额	占比
一线城市				
二线城市				
三线城市				
四线及以下城市				
……				
合计				

③渠道细分。

一般分为自营、代理，或者分为线上、线下，或者分新渠道、老渠道，或者分大渠道、小渠道，或者分总代理、一级代理、二级代理等。分析时可能会发现有的地方新开发的渠道效果很好，有的地方开发了新渠道，反而影响了老渠道的业绩。

④客户细分。

分客户1、客户2、客户3、客户4等，或者分新客户、老客户，或者分大客户、小客户，或者分国企客户、外企客户、民企客户等，看看哪个类型的客户从公司买的东西多了或者少了。

⑤业务员细分。

比如分业务员1、业务员2、业务员3等，或者分新业务员、老业务员，或者分金牌业务员、普通业务员等，看看不同类型的业务员的销售情况。比如，新业务员业务不熟练，不能很好地帮客户解决问题，是不是业绩就没有老业务员的好？

表6.5为×公司按业务员进行细分的业绩表。

表6.5 ×公司业务员业绩表

业务员	数量	单价	金额	占比
张三				
李四				
王五				
……				
合计				

图6.2所示为×公司在进行销售收入分析时列的来源清单，根据每个清单再单独绘制对应的表格。

分析：销售收入的主要来源是什么？
- 来自哪个客户，占比多少？
- 来自哪个产品，占比多少？
- 来自哪个区域，占比多少？
- 来自哪个渠道，占比多少？
- 来自哪个销售团队，占比多少？
- 来自哪个业务员，占比多少？
……

图6.2 ×公司销售收入来源分析清单

需要注意的是，分类也是可以交叉的，比如，某个地区的某种产品卖得比较好，某个地区的某类型客户下单比较多，某个地区的某个业务员卖得比较好。

通过交叉分析，我们可以发现我们的市场或潜在市场，寻找我们的客户画像。比如，小米手机的客户画像：年轻人居多，追求自我，个性张扬，要求性价比高、功能好等。当然我们可以从客户平均收入，客户的来源渠道，客户所在的城市，客户对价格的敏感程度等更多的维度，来寻找更精准的客户定位。

（2）销售过程分析。

拿下任何一个单子，过程都不太一样。比如，业务员在选择客户的时候不一样，获取客户的方式不一样，和客户沟通洽谈的方式不一样，重点卖的产品不一样，给客户的条件不一样，交付及提货的方式不一样，发货的方式不一样，收款方式不一样，给客户的售后服务不一样，维护客户的方式和频率不一样，甚至业务员在拜访客户时的心情和态度也不一样。

正是因为有了这些不一样，导致销售的结果不一样。比如，张三去见客户两次就能签单，李四要去五次才能签单。从开发客户到成交，大体都要经过上述若干具体的步骤。

若通过分析发现这个月比上个月销量增加了，就说明我们的这些步骤、这些行为做得很好，反之亦然。

比如，通过前面的分析发现，某个地区的销售收入大幅下滑，然后发现是因为某几个重要的客户减少了购买量。再分析之后发现客户都是某个业务员的，那么可以推测一下，有可能这个业务员在这一系列的操作步骤中少做了些工作，或者态度不好、方式不好惹客户生气了，或者是因为其他原因，甚至是一些私人的原因导致这样的结果。

如果是新的业务员，就要具体分析他的销售行为、销售步骤和销售过程，看看哪些地方做得不够好，或者遗漏了哪些重要的行为和细节，或者哪些服务工作没有做好等。对此，可以密集地进行针对性的培训，改善这些情况。

（3）销售策略分析。

通常情况下，对企业销售情况产生影响的销售策略有两类。

● 应对外部因素的策略，如行业的、政治的、经济的政策等。比如，存在新颁布的政策，对某个地区或者某个行业产生较大的影响，而这个因素企业自身无法改变和控制。比如，新冠肺炎疫情对交通运输业、旅游业产生了较大的影响。

● 内部策略。

比如，企业最近在某个地区投放了大量的广告，或者减少了某个地区的广告投放量或投放时间；企业对某类型客户采取了一些促销政策，如减价、买一赠一等，刺激这些客户加大了购买量；企业调整了赊销政策，收缩了账期或者延长了账期；企业开发了新市场和新渠道，或者关闭了一些市场和渠道；企业改变了业务员的提成和奖励办法；企业加大了对业务员的技能培训；企业改变了售后服务的方式和售后服务的类型,增加了客户的满意度这一评价指标;等等。

(4)分析的原则和顺序。

无论是产品、市场的变化,还是行为、销售策略的变化,都会对销售产生影响,所以要进行排他性的分析,找到变化造成的影响,找到问题和变动因素,根据变动因素对销售影响程度的大小,选择更适合企业的一些能增加销售的策略。

在分析的时候,要结合上述3方面的分析,根据各种不同的层级往下细分,交叉细分,发现变化和问题后,看看是不是因为价格的变动引起的;如果不是,就再看看是不是过程中少做了一些服务性工作;或者是不是某个地区举办了促销活动等。

分析完了后,就能找到问题,让减少收入的事情少发生,增加收入的事情多发生;卖得好的产品多生产多卖,卖得不好的产品少生产少卖;卖得不好的地区和业务员多借鉴卖得好的地区和业绩好的业务员的经验;对买得多的客户增加优惠政策的倾斜度,让他更多地买,对不好的客户和渠道慢慢地取消合作;等等。

3. 分析的核心是比较

一般情况下,一个孤零零的数据没有任何意义,只有在对比的情况下,才能知道大小、多少、好坏。所以我们将上面分析的数据进行对比。

那么要和什么数进行比较呢?

首先,和预算比较。如果没有预算,就可以比上个月的数,或者连续比三个月看趋势。是情况变好了还是变坏了?还可以比企业历史最高水平,也可以比上年一年的平均水平,或者与企业内部做得最好的标杆进行比较。

在比较业绩的时候,我们可以拿每个业务员的业绩在总业绩中的占比进行比较,也可以与人均销售额进行比较,看哪些业务员拖了后腿,再分析需要怎么改善。或者看哪些业务员这段时间的业绩增长最快,哪些业务员的业绩降得最快,然后看看发生了什么事情,找到问题所在后要不断地优化,不断地改进。

在分析中可以发现是企业的人不行,还是企业的产品不行,抑或是企业的运营水平不行。

如果是人不行,那么还可以继续分析,是人的态度不行,还是能力不行。无论答案是什么,都有针对性的改善策略,比如,加强培训和教育,或者改变考核的办法。

如果是产品不行,就要细分到是哪个类型的产品不行,是新的不行还是老的不行,是质量不行还是服务不行,是材料不行还是定价不行等。

总之，要用分析来说话，用大量的数据结果来说话，给企业的管理者或者销售主管提供一些参考信息和改善建议。

6.2.2 加强计划性

上一节我们说了销售计划的重要性，销售计划通常是整个公司生产经营计划的起点，公司的采购计划、生产计划和资金计划都要参考销售计划来做。

一个好的销售计划，是企业根据自身的发展目标，在对市场进行充分的调研，对上一年完成情况进行分析后，结合新一年客户的订单情况，与企业内相关部门进行充分沟通后形成的。

我们此处所说的计划性，不是让大家做一个销售计划就算是达到内部控制的目标了，而是要在做这个销售计划的过程中，就把相应的职责权限，按照内部控制的相互钩稽、相互控制的逻辑体系进行分配。

比如，首先，这个计划由谁来做，怎么做，做成什么样子；其次，这个计划做好了，由谁来审批这个计划是否做到了合理、符合公司发展的规划；再次，这个计划做好后，要怎么用？每个部门拿到这份销售计划后，它们怎么安排自己下一步的配合工作；最后，这个计划做好了，最终是否达成了，是否得到有效执行了，相关的参与人员都要进行总结分析，然后论功行赏。

1. 谁来做？

一般情况下，由销售部先做一个初步的计划，今年的市场情况怎么样，是怎么判断的，判断的依据是什么；公司去年的市场占有率是多少；今年预计整个行业的变化情况怎么样；公司计划增加多少占有率。

（1）现有的已经签订的订单有多少还没交货？可能涉及哪些产品？大概数量多少？订单单价多少？大概多长时间能交完货？公司制作已签未交货订单情况表，如表 6.6 所示。

表6.6 ×公司已签未交货订单情况表

产品	数量	单价	金额	备注
A产品				
B产品				
C产品				
……				
合计				

（2）在谈的订单有多少？签单的可能性有多大？表6.7所示为×公司在谈订单情况表。

● 如果基本谈妥，签单的可能性有75%；
● 一些正在谈的客户，有商机有意向的客户，他大概的需求是多少，涉及哪些产品，预计他们签单的可能性为50%；
● 打算这个月开发几个新客户，每个客户大概的业务量是多少，涉及哪些类型的产品，预计这些新开发的客户的签单率为10%。

表6.7 ×公司在谈订单情况表

签单可能性	A产品			折算金额	B产品			折算金额
	数量	预计单价	金额		数量	预计单价	金额	
75%								
50%								
10%								
合计								

对于公司的每个业务都做这样一个表，最后进行汇总。根据公司对市场的判断和对销售的要求进行谈判和调整，传递压力，领取销售任务。订单数如果做不到按年算，那么可以先按季度做或者先按月做。

表6.8所示为汇总后的×公司20×3年的销售计划。

表6.8 ×公司20×3年销售计划

产品	已签订单金额	在谈订单金额	其他订单金额	合计金额
A产品				
B产品				
C产品				
……				
合计				

一个订单不是凭空产生的，背后是有规律的。先考虑企业有多少业务员，大概有多少客户，假设有100家，有没有与客户见面接触过，对方是否过来查过厂。大公司要求高，买东西之前，要来厂里看产能和技术，有的要打样品，看行不行，查看过这些且满意才会下单。每个销售过程就像个漏斗一样，比如100个客户联系，

70个客户见面，40个客户来厂，20个客户打过样品，最终15家下单。基于目前的情况，预测这个月大概会有多少销售量，每个订单分别会有多大，一点点测算出来。

2. 谁来批？

销售计划做好了，企业的管理层会同销售部和财务部，对计划的可行性、合理性和逻辑性进行分析、测算和多轮次的谈判，最终确定下来，作为业绩考核的第一个指标。如果在实际执行的过程中，市场情况发生较大的变化或者发生了其他一些特殊情况，导致计划可能发生变化，就要按照当时编制计划的审批流程进行调整和更改。

3. 交给谁？

销售计划做好了，要给以下部门，方便他们安排自己对应的准备工作。

- 给生产部，生产部要做排产计划。
- 给采购部，采购部要做材料采购计划。
- 给财务部，财务部据此，结合客户的账期，做公司的资金收入计划，再根据采购部和供应商的账期情况，做采购付款计划。
- 给人力资源部门，人力资源部门根据公司的发展规划和计划去招聘合适的员工，同时根据完成情况和计划情况，做绩效考核表。
- 给企业的管理者或者老板，使他们对整个销售情况和进度有所掌控并进行协调。

4. 绩效相关

任何计划如果做不到跟踪，做不到兑现，做不到奖惩，就等于白做，没有任何的指导意义和参考意义。所以，销售计划做好后，还要和销售人员做好业绩约定：做到什么程度，能获得什么样的个人收入；如果销售人员同意这个绩效计划，但完不成，或者完成的效果不太好，就应该有一定程度的惩罚。

除了对销售收入约定奖惩外，还可以考虑对以下内容进行约定。

- 是否需要对业务量也进行约定？
- 是否要对回款情况进行约定？
- 回款方面，收回本年度的欠款和收回往年度的欠款是不是采取一样的考核办法？

另外，对于完成销售过程中产生的费用，是包干还是都算到提成里，是按收入的比例报销还是实报实销，都需要结合自己企业的实际情况及整体目标和计划进行约定和安排。

对于上面两种常见的主要管控方法，做好销售分析和加强计划性，要对企业的销售人员提要求，让他们按照这些来做，并且落实到纸面上，形成公司的制度和流程。比如叫销售计划管理制度或者叫销售分析管理制度。还要约定多长时间分析一次，约定分析分别要传递给哪些人等。

还有很多与促进销售、规避销售中的风险点有关的销售环节需要管控。

比如，给渠道商或者代理商提供的装修支持，要达到什么样的条件，要做多大规模，合作多长时间，对企业有多大的贡献，装修要做成什么样子，等等。如果需要支持，需要符合什么样的程序；如果装修完了，是否需要提供装修的照片；装修支持是给钱还是拿东西抵，这些都要有个说法。

另外，在真正落实支持的时候，有没有人去核实该渠道商和代理商是否符合条件，是不是有回访，谁去核实和回访，回访和检查时，需要收集哪些资料，等等。

佣金返利、促销活动、发货验收、退换货及售后、包装物的管理，这些方面的管控思路、策略和模式都是一样的。先分析，足够细地进行分析，画每个具体环节的流程图，发现过程中的问题，然后形成制度，在此就不一一细说了。

6.3 卖多少钱合适？

一般情况下，企业能不能赚钱取决于两个重要的因素：一个是卖多少量，另一个是卖多少钱？如果卖得便宜，就一定要多卖，也叫"薄利多销"；如果卖得少，那么一定要想办法提高品质或者服务，以此提升单价。

内部控制在定价这里的终极目标是卖个好价钱。那么什么是好价钱呢？我们常说的好价钱，就是在同等条件和同等质量下，卖得越贵越好，另外，价格要在一定程度上保持稳定。

既然定价是决定企业赚钱的关键因素，那么接下来我们就讨论一下与定价有关的内部控制。

6.3.1 定价环节一般有哪些问题？

定价环节的问题主要有下面这4种。

（1）卖高了，没人买，把客户都吓跑了；卖低了，不赚钱。那么我们到底要卖多少钱？谁来决定到底卖多少钱？

（2）如果产品出现质量问题，或者由于交货不及时等一些问题，导致客户要求减价或者打折，业务员有没有这样的权力，有多大的权力，能减多少钱？要是客户还是不满意，嫌减得不够多，又该怎么办，该找谁来协调？

（3）价格定好之后，也不是一成不变的，要根据市场的情况进行变动，至于降价多少，涨价多少，由谁来拍板？又是根据什么进行调整的？是根据淘宝、京东上的价格，还是根据某个平台的某个数据，抑或是自己企业核算了一个数？还有，多久调整一次定价？

（4）在市场不好的情况下，到底是降价、促销，还是多给客户一些售后服务，抑或是给客户让步一点付款条件，放长账期比较好？

这些事情都要先有个说法，立个规矩，有了规矩就好办事。等到事情发生的时候，就照章办事，可以规避掉很多问题的发生。这些规矩主要包括两类：一类是有关定价的，另一类是有关价格改动的。

6.3.2　有关定价的内部控制

与定价有关的内部控制主要有以下 5 点。

1. 要有一个决策机制

也就是说，价格不是某一个人确定的，也不是某一个部门确定的，而是由一个群体来确定的，这个群体被称为定价小组。定价小组一般要有销售、生产、采购、财务甚至管理层参与。

2. 要进行测算

财务要进行测算，每一个单位价格的改变都需要测算一下，这个价格的变化会对销售造成什么样的影响，给公司的利润带来多大的变化，是赚了还是亏了，然后把测算结果及时反馈给定价小组或者管理者。有的企业不经过定价小组，财务直接告诉管理者或者老板，由老板反馈信息给定价小组，每家企业的流程可以不一样。

3. 定价标准

定价之前要对市场进行充分的调研和分析，参考市场上其他同类产品的市场价格，结合自己企业实际的生产成本、经营目标和销售策略，经过讨论和测算后定出一个基本价格，可以是产品价格表，也可以是定价的计算方法。就拿服务行业来说，因为每个客户的情况不一样，所以服务的工作量也不一样，所以服务行业的报价基本上是按工作量进行报价，然后乘以不同服务人员的每小时服务单价。

4. 定价的流程

一般由销售部先根据市场调研情况，提出一个关于产品价格表的申请。这个申请提交给企业的定价小组进行分析、测算和讨论后，形成各产品基准的定价，然后交由企业管理层审批通过，作为企业的定价标准。

5. 调整及更新

该标准定价可以约定一个月或一个季度或一年，根据市场的变化和生产的规模进行调整。比如，是涨价还是降价；如果涨价，涨多少；如果降价，降多少；由哪些层级批准。标准定价同样是由销售部参考市场情况和企业目标后提交定价小组讨论通过，最后交给管理层审批通过，作为新的一段时间内的基准定价。调整和更新的依据和标准，每个企业可以根据自己的实际情况进行确定。

我有一个客户，是做有色金属的，他会参考有色金属网，或者长江有色网，或者行业内某一个标杆企业的定价，每个月根据这些参考价修改一次市场定价。他们企业规定以每个月最后一个交易日的收盘价作为参考值。

当然，我们也可以参考每个月的收盘均价或每周数据，然后每月或每周调整自己企业的市场定价。还可以不设计算和修正参数，直接参考那些对外的公开数据。

像这种自己没有定价，纯粹参考市场指导价的企业，管理的重点就在日常生产和运营中，要在加速周转、提升产能、降低成本等方面下功夫。

6.3.3 有关价格改变的内部控制

这里所说的价格改变，不是定价层面的改变，而是因为各种原因导致的价格降低、折扣折让等一系列临时的波动。

1. 折扣、折让和优惠的定义

我们要对企业的各种折扣和折让做一个标准的解释说明。折扣、折让总共有几类，分别是怎么约定的，统一名词要先定出来。

比如，买一送一、满100减20、打七折、回扣、返点、返利、抹零头、折让、延长账期、赠送超额服务、售后的约定、增加售后服务及产品、提前付款时少付些钱等。常见的折扣和折让有以下几种。

（1）销售折扣。

这个有时也属于定价部分的内容，就是打折。比如，产品有标准的定价，客户一般会来还价，如打九折、八八折、七折等，在卖东西之前就要和客户商量并确定好，然后依据谈好的价格签订合同，合同价格就是打折后的价格。比如，产品原价100元，客户要求打六折，经过请示公司拥有相关权限的领导后，同意打六折，相当于合同签订的价格是60元。

（2）销售折让。

就是指合同已经签好了，在履行合同的过程中，由于卖方的原因，导致货物并没有完全按照合同的约定进行交付。比如，没有按照合同约定的时间交货，部分产品没有达到合同约定的质量要求，错发、漏发了，等等。有的客户会选择退换货，但是大部分客户会选择和公司谈一下，争取获得一个合理的价格补偿，对于这批货少付一定的钱，这单就算是履行完毕了。这种就叫销售折让，也算是对售后问题及纠纷的一种处理，让价是这类问题主要的解决办法。

（3）现金折扣。

和客户约定的付款期是15天，发货后，客户理应15天内付款，但是由于卖方公司资金比较紧张，就找客户协商，希望对方早点付款，如果早点付款，价格上可以再让两个点，即让2%。有的企业账期比较长，如3个月，会约定三档折扣比率。比如，1个月内付款的，让3个百分点；2个月内付款的，让2个百分点；3个月内付款的，让1个百分点或者不让，这些都叫作现金折扣。

（4）销售回扣。

一般是给介绍人的。中间人介绍了一个客户给公司，公司与这个客户签订了合同，然后给中间人一些好处费，这个好处费就叫回扣，也叫佣金。

（5）销售返利。

通常是给渠道商、代理商或者经销商的，根据一段时间内经销商、代理商的业绩，给予一定比例或者一定金额的返点，也叫好处费。比如，4S店，一个月卖车销售额为100万元，车厂就额外支付给4S店这100万元的15%作为奖励款，也就是15万元的返利。业绩完成得好的，好处多一些；业绩完成得一般的，好处费相对较少一些。比如，完成100万元的，奖励15%；完成50万元的，奖励8%，以此鼓励代理商和经销商多卖。

2. 权限及关键点

我们先盘点一下在价格变动环节中涉及哪些权力，有多大的权力，权力的流程，要获得这些权力必备的条件等。了解了这些，在后面授权和管控的时候就不会那么茫然了。

（1）打折的权力。

需要满足什么样的条件才能给客户打折？能打多大的折扣？需要满足什么样的一个流程？谁来提申请，谁来审核，谁来批准？申请打折是否有固定的格式？如果条件和理由具备，客户应该提供哪些资料？财务有没有测算过，打折到多少就不能打了？比如，不能低于四折，否则公司就会亏。签合同的时候，注意含税不含税的事情了吗？如果没有注意到，那么不仅会带来税务上的风险，也会带来潜在的亏损风险。

（2）处理销售差错的权力。

是退货、换货，还是让价、补偿，抑或是给对方增值服务？谁有权力处理这些事？对于错了的人，要不要追究他的责任？如果要追责，他要承担些什么样的责任？谁来追究他的责任？

（3）不同层级的业务员的权力。

在公司基本定价的基础上，业务员有多大的权力对价格进行调整？比如，业务员有5%上下浮动的空间，业务经理有10%的上下浮动空间，销售总监有20%的上下浮动空间，超过20%的由公司管理层或者老板来确定。在价格浮动这一层面，用得比较多的是降价的权力，涨价的权力约定较少，当然是卖得越贵越好。

（4）监督的权力。

如果超过自己的权限把东西卖出去了，有没有人监督和发现这个现象，发现后要怎么处理？或者有没有这样的一个监督机制或者考核机制？退货或者换货的，退回来的东西是否需要有部门进行核实，是不是因为公司的原因导致的质量问题或者其他问题？哪个部门参与退换物资的核实和验收呢？

给客户的回扣和返利，客户要了多少回扣？应该给代理商多少的返利？返利政策是怎么规定的？不同业绩的代理商返利政策是否有差异，是多卖多给，还是乱给，想给多少就给多少？企业实际给了多少回扣和返利？有人核对回扣和返利的计算是否符合企业政策吗？

（5）特殊处理的权力。

回扣和返利多数情况下不会签合同，所以拿不到对应的发票，甚至还需要通过一些特殊的处理，解决发票和税务的问题。这些事情让财务参与了吗？财务提供解决方案了吗？因为企业也无法分辨回扣的真实性和合理性，所以有的企业会采用包干的方式，有的企业会让两个人去谈业务，有的企业会让别的部门和客户建立多重联系等方式来规避这些问题。

6.3.4 与价格有关的管控方法

对于上面说的这些事情,要有说法、有规定、有要求,没有做到的话就有可能会损失公司的利益。所以要提前想到各种可能性,然后想办法对这些事情进行关键点的管控,并不断地优化这些办法。一旦这些办法能多次使用,并且能起到比较好的管控作用,就要把办法和措施写下来,形成公司的制度和流程。

1. 定计划

对公司的各种产品做好价格表,或者提前做好定价标准,规定什么条件下可以调整、什么条件下可以降价等。

比如,企业近期要做促销活动,就需要先做计划:在哪些区域做促销、为什么是这些区域、促销的形式有哪些、大概要花多少钱、花些什么钱、需要多少人工开支、需要多少场地开支、需要多少设备开支、要买什么样的礼品和赠品,等等,这些要提前做好计划。

2. 定流程

计划一般是业务部和销售部定的,定好后交给销售部门负责人审核,然后财务部审核后交给公司副总审核,之后由总经理或者老板审批。这是一个简单的流程。

还拿促销活动来说,既然要办这个事情,就要让该知道的人都知道,因为这不是公司经常发生的业务,并且每次做活动的内容和情况不一样,地点不一样,一事一批,让公司相关人员知道公司近期某个地方要做促销活动了,各部门都在自己的职责范围内关注这个活动的进展和效果,并且积极参与促销活动的一些具体事情。

比如,采购部会根据促销的活动安排,去采买一些礼品、赠品,做好采购和领用记录;督促促销现场做好发放记录,做好发放签字;活动结束后,没有用完的礼品和奖品,要放回仓库,以备下次活动所用。财务部会根据促销活动的安排,看看账上是否有足够的资金,用于支付促销活动的各项费用,如果不够,还要采取一系列的措施去借钱,或者安排销售人员收回些货款,或者暂时压缩别的开支,优先促销活动的开支等。

3. 过程监控

比如,在上述促销活动中,要防止销售在中间乱来,或者钱花了没有达到想要的效果,甚至是在活动的时候活动物资丢失、毁损及浪费。

通过各种表单监控计划，以及物资的采买、领用、发放、回收及记录情况，比较计划和实际开支的咬合度；通过促销活动现场监测、录像视频或者客户回访，监督促销活动的真实性；通过促销后3个月的业绩变化情况，判断活动效果。

4.定标准

也就是定额度，不同的审批人员拥有不同的额度权限。

有的公司会把业务流程分为常规的流程和特殊的流程两种。

● 常规的流程，如正常销售环节，每个业务层级在正常的权限范围内定价，流程比较简单，到内部控制管理人员或者财务负责人就结束了。

● 特殊的流程，如降价、涨价、退货和换货等，不经常发生的业务，或者没有按流程操作的业务，就必须上升到更高级别的管理者或者企业老板来批准。

另外，定价是大家审批好，只告诉总经理知道就行，还是总经理要参与审批，抑或是总经理只需要参与部分重点产品的定价审批；是涨价的不需要经过总经理，降价的要经过总经理，还是无论涨价、降价，超过一定幅度都要让总经理知道，抑或是全部定价都让总经理参与；是一个星期或者一个月向总经理报告一次，还是一个活动结束了，把执行的情况报告一下总经理就行，这些都需要提前做好约定。

6.3.5 定价选择

在市场不好的情况下，是降价、促销，还是给客户延长账期？

根据我们给客户做咨询的经验来看，首选促销，包括给客户送点小礼品、送点增值服务等。因为促销是正常的销售手段，对企业的负面影响小。

其次选择延长账期，虽然有一定的风险，但企业在综合评估风险后，延长账期的话，还是能保证在一定程度上收到货款的。整体来说，对企业的销售不会造成太大影响。与账期相关的具体内容会在后文中重点讲述。

最后选择降价。此处的降价，就是修改企业报价表上的价格，一旦降下去就很难再升起来。并且一个产品降，就意味着其他的产品也会面临着较大的降价可能性。

一旦选择降价，对于企业的新产品也会不好定价，还会影响市场对企业的认知。维护不了价格，自然也维护不了品牌和地位，并且降价会导致企业一降再降，让企业最终损失掉利润，即便再选择促销也难以取得较好的效果。此处，临时的、短时间的促销不算降价。

对于定价的内部控制思路，还是同前文所说的一样，先把和价格有关的流程图画出来，找到定价环节的关键点。比如，在业务发生之前，要制定与定价有关的策略；在签订合同之前，要有控制等。其次定标准，包括策略标准和流程标准。最后根据这些关键点和标准，制定内部控制的制度，做成有内部控制参与的新流程。

6.4 为什么客户一直欠钱不还？

因为我本人有炒股的爱好，经常会研究上市公司的财务年报，一次偶然的机会，我发现一个非常奇怪的现象：很多上市公司有着较多的应收账款。后来从事了咨询行业，也看到了很多非上市公司的报表，原来，大多数企业都有这种现象。

并不是说有了这种现象，就说明这是一个正常的现象，其实非常不正常。因为在中国，民营企业的平均寿命是 2.9 年，为什么这么短？仔细分析下来发现，民营企业倒闭的最大原因就是缺钱，而这个缺钱表现在大量的应收款、库存、浪费和开支等，而应收的欠款在其中有着举足轻重的"负面"作用。

应收账款一定是有好处的，要不大家就不会放账。可是，它的风险同样不容小觑。

6.4.1 应收账款有什么风险？

虽然应收账款有很多好处，比如，提高销售量、减少库存、带来利润的增长，但是它也会给企业带来很多风险，主要有以下几种风险。

1. 坏账损失

既然放账有好处，那就尽可能放账，还能带来更多的收益，可以吗？不行。因为钱收不回来，专业上叫坏账。其实坏账的损失是能算出来的，根据企业往年的经营情况，卖了多少东西，到最后有多少钱是真正收不回来的，是有一个相对固定的比例的。一般国内企业坏账率在 5% 左右，当然，每个企业都不一样。根据算出来的坏账率，乘以当年完成的或者计划要完成的销售收入，是可以算出会有多少钱收不回来的。

经营中大家会发现，如果客户欠我们钱，随着时间的推移，这个钱要回来的难度越来越大。比如，超过约定回款的时间一个月的，能要回 90%；超了两个月的话，要回来的可能性就只有 80% 了。所以，要定期对企业的应收账款做账龄分析，如一周一次或一个月一次，然后将逾期的应收款及时传递给销售部门，方便他们安排催收工作。

2. 增加管理成本

应收账款的大量存在，会给企业的经营带来巨大的风险，这些风险不仅仅是钱收不回来，还会带来大量的管理成本，因为我们出去收账是要花钱、出差、请客户吃饭，为了请吃饭甚至还要搭上身体健康等。即便这样，也许还不一定要得回来。

3. 机会成本大

什么是机会成本？就是你本来可以用这个放账的钱来办别的事情。

比如，放账了1 000万元，把这1 000万元放银行存定期，还能有3%的收益；如果买理财产品，能有5%的收益。但是放账后不仅没有任何收益，本钱还没收回来。

机会成本一般用企业期望得到的投资回报率来计算，比如，投资一个项目，如果期望赚15%，那么这个机会成本就是1 000×15%=150万元。

有的人说，我不投资，怎么算机会成本？如果不投资，你是否有融资，是否在外面找人借钱？找人借钱的话就要给别人利息，放账的钱如果是你找别人借来的，那么借钱的成本就是放账的机会成本。机会成本虽然看不见，却真实存在。

6.4.2 客户为什么到期不给钱？

明明约定先发货后收款，可是为什么到了约定的日子，客户没有付款呢？只有找到了原因，才能找到对应解决方案。而在找原因的过程中，我们首先要找自己的原因，再找别人的原因。

1. 内部的原因

应收账款会逾期，大部分情况下是由内部原因引起的。思考一下，你的企业是否存在下面这些情况。

- 年底为了完成业绩，强行发货给客户；或者和客户商量好了发货，等到业绩完成后，第二年再退货。因为客户想着这批货会退，所以就不会付款，年底财务上就显示着欠款。
- 企业的产品质量不好，没有达到客户的要求，存在一定的纠纷。客户为了让企业及时处理这个问题，就压着欠款不付。

- 售后服务不到位。之前售后服务人员多，能力强，送货、装配及培训很到位，后面换人了，或者售后服务少做了几个步骤、少服务了几个项目，导致客户体验感不好，故意拖着货款不付。
- 企业管理不到位，对销售人员要求不够，或者跟踪不到位，或者销售人员忙着别的事情等，导致到期忘了催款，客户也不急着付。
- 销售人员和客户单位内外勾结，挪用货款；或者销售人员成立皮包公司，将公司的业务从这个皮包公司过了一下手，截留货款。

这些内部的原因，都需要企业进行充分的调查和了解后，着手进行解决，包括加强业绩考核、提升售后服务、加强销售人员工作分析，以及对应收账款的回收工作加强管理，这部分内容会在后文中详细说明，此处不再赘述。

2. 外部的原因

外部原因举例如下。

- 客户真的碰到困难了，比如，经营管理不善，或者遇到了一些不可抗力的原因，导致资金非常紧张，没法支付到期的货款。
- 客户故意大量提货，无理由延长账期；将要付的货款转作其他用途。而卖方企业又缺乏跟踪及管理，未及时发现潜在的这种恶意欠款。
- 企业缺乏对客户的了解，缺乏相关的信用管理，对给客户先发货后收款有可能存在的风险没有意识，或者意识不足；为了业绩，而盲目放账。

对长期合作的客户也要经常走动、及时关注，一旦发现客户有资金紧张的苗头，就要立即通知业务人员停止发货或者及时收回之前货款。

- 对已经形成欠款的客户未及时催收和追讨，导致后期难以追回。

6.4.3 应收账款的管理目标

既然应收账款有这么多风险和坏处，那么，是不是在企业的经营中，不给客户放账就可以规避这些问题了？是的，但是现在市场竞争压力这么大，如果不放账，客户就有可能不要你企业的货，企业也许会很难存活下去。因为部分企业还不至于那么强势，有足够的市场地位，可以要求客户现款现货。

应收账款的管理目标就是，因放账而增加的收益，要大于因放账而产生的成本。

如果收益大于成本，就可以放账，或者扩大放账额度，或者延长账期；如果成本大于收益，就要减少放账，或者缩小放账额度，或者缩短账期。

那么要如何管理应收账款呢？

实务中对应收账款进行内部控制管理，一般分为 3 个阶段：事前管理、事中管理和事后管理。

● 事前管理，是指在应收账款出现之前，采取一些方法和策略，不让企业的应收账款出现较大的风险，甚至是不出风险；或者是不给客户赊账，不产生应收账款。

● 事中管理，是指在应收账款发生后，企业要进行日常管理，对欠款进行跟踪、分析、监控及催收，甚至在客户欠款出现逾期，或者有可能出现逾期迹象时，及时采取一些措施，收回欠款、停止发货以减少损失。

● 事后管理，是指在应收账款出现逾期时，企业为了收回欠款，对逾期欠款的催收、催讨采取一些措施。

6.4.4 应收账款事前管理

主要包括企业信用管理的目标、关键点及方法和授权。

1. 信用管理的目标

首先，要明确目标。企业为了增长会进行一定程度的赊销，赊销虽然有助于业务的增长，但是会影响现金流。所以要兼顾平衡，既要促进销售，也要减少因为赊销带来的现金流减少的影响。比如，收入增长 30%，赊销总额占收入不得超过 40%；再如，应收款的回款比例不得低于 80% 等。

其次，企业在接触客户和与客户进行商务谈判的时候，要设置一个选择客户的关键环节，把信誉好的客户筛选出来，给他放账，这样既能提升企业的业绩，也能降低欠账的风险。另外，随着时间的推移，原先信誉较好的客户可能会出现风险，导致企业的欠款收回有困难，所以要对客户的信用情况进行持续跟踪。

大部分企业能做到，在赊销之前对客户进行考察和分析，但是对客户信用的后续跟踪做得不够。其实后期信用跟踪更重要，因为客户已经欠企业钱了。

2. 信用管理的关键点及方法

（1）收集客户信息——明确能不能先发货后收钱。

主要收集的客户信息有 3 类：客户公司的信息、客户实际控制人或者老板的信息、客户的行业信息。

收集信息的目的，一个目的是看看客户是否有较好的信誉。如果信誉较好，就可以增加赊销额以增加业绩；如果客户信誉不好，就不能赊销，以防止风险，收现款才能发货。另一个目的是，在与客户交易的过程中，及时关注客户的信用风险。当客户的信誉发生变化时，要及时采取措施，防范放账的风险。

①客户公司的信息。简单来说就是两点，客户的品德和付款能力，也就是人品和能力二者缺一不可，人品好、能力好的，基本上就可以赊销。

表6.9为客户资信情况表，包括客户的一些基本情况，客户的经营情况与公司的合作情况，客户的市场评价，还包括他的外部评价和内部员工评价、同行的评价等。

表6.9　×公司 A 客户资信情况表

调查项目		建档日期	半年跟踪情况	半年跟踪情况
基本情况	成立日期			
	办公地址			
	股东构成			
	股东背景			
	注册资本			
	员工人数			
	管理层人数			
	管理层简单说明			
	客户的类型			
	组织结构			
经营情况	企业规模			
	经营状况说明			
	偿债能力			
	融资能力			
	合作年限			
	以往交易情况			
市场评价	市场反馈			
	行业地位			
	客户的客户情况			
	同行的评价			
	客户内部员工的评价			
其他需要说明的				

②客户实际控制人的信息。包括实际控制人是不是有诚信，脾气秉性如何，是否对员工说话算话；健康状况、年龄、国籍；他对其他供应商的付款和欠款情况如何；他是否有多个企业，名下的企业是否有倒闭或者不生产的状态；他是否有不好的爱好，等等，如表6.10所示。这些可以直接向客户的员工打听，可以向客户的客户和其他供应商打听，也可以上网查询。

表6.10 ×公司 A 客户实际控制人情况表

姓名	
国籍/籍贯	
出生日期	
性格特征	
爱好习惯	
诚信状况	
名下企业个数	
名下企业状况	
1 补充信息及日期	
2 补充信息及日期	
3 补充信息及日期	
……	

③行业的信息与主要为行业政策，比如，是否受到经济政策、市场政策、政治政策等影响。如果有好的影响，可以多放账；如果有不好的影响，就要少放账。

在筛选客户时，一方面要筛选好的企业，另一方面要筛选好的老板，因为有的企业可能各方面经营条件都不错，但是老板人品不太好；有的企业可能经营条件不太好，但是老板人品好，说话算数。对于后者，也是可以放账的。一般是以看企业为主，看老板为辅的策略进行选择。

④补充信息。在与客户发生业务的过程中，要关注客户的潜在风险迹象。这些迹象主要有：客户突然申请大幅增加额度，如之前是500万元，现在要求2 000万元；客户的行业，是否受到产业政策的不利影响；客户出现了债务重组，股东或者实际控制人变了，人的性格不同，企业情况也发生了变化，还款能力和还款意愿有可能也会发生变化；客户的业务人员频繁跳槽；客户有重大诉讼，且诉讼与付款有关；无法联系上客户；客户近期一直拖欠员工工资；客户公司的产品大面积地降价处理等。

如果以上迹象出现 3 个以上，就要综合评价客户的风险状况，及时调整针对客户的放账策略，收紧信贷策略（减少额度，压缩账期）或者停止发货。

（2）信用策略——放账的条件和标准。

企业的信用策略，除了前文所说的，要不要赊销和确定赊销的总体规模之外，还包括对哪些企业赊销、这些企业需要达到什么样的标准和条件，在开始赊销之前就要有个标准，这样才能在总体原则上保证因为放账而导致的风险得到了控制。

具体的标准和条件有以下这些。

①方向。是扩大赊销还是收缩赊销。这取决于企业的销售策略、赚钱能力和资金状况，而这 3 个关键要素在企业中不能同时获得。

- 如果企业追求销售收入，那么只有两个选择，要么薄利多销，少赚钱；要么扩大赊销，回款风险大，会增加企业的资金压力。

- 如果企业缺钱、资金紧张，也有两个选择。要么少赚点，早回款，或者为了鼓励客户早回款，给予一定的好处和优惠，让回款变得快一点；要么收缩赊销，少放账，多收钱。因为放账少会导致收入受到影响，进而也会让企业少赚钱。

所以，企业可以定一个标准：企业的各银行账上可以动用的钱低于一定数额时，如 50 万元，一段时间内不能放账、不能赊销。业务部要顶住压力，先收钱后发货；或者压缩客户的账期，如之前 40 天，现在压到 15 天内。

也可以定一个标准，企业的各银行账上可以动用的钱高于一定数额时，如 300 万元，一段时间内恢复之前的账期和赊销政策。比如，客户在账期内提前 20 天付款，可以给客户 1% 的优惠等。

在收钱和赚钱有矛盾时如何选择呢？比如，客户来买东西，售价为 100 元，客户说，要么按 100 元买，挂账；要么便宜 10 元，立马给钱，企业该如何选择？在这种情况下，企业一般会直接选择便宜 5 元或者 10 元及时收钱。算算成本如果还赚钱，那么现金优先，因为钱影响的是企业的"生死"，而价格优惠影响的是赚多赚少，宁愿少赚点，也要保证企业活得久一点。

②类别。对不同的客户类别和产品类别区别对待，使用不同的赊销策略，比如，对央企、上市公司和外企赊销，对民企不赊销；对新产品赊销，对老产品不赊销；对信誉较好的企业赊销，对信誉不好的企业不赊销。

③定价。比如，对赊销时间长或者额度大的客户，定价高；对赊销时间短额度小的客户或者赊销的客户，定价低。

以上各种策略，没有统一的原则和标准，要根据企业自身的实际情况进行不同的选择。另外，对于企业的信用策略，尽量不要频繁变动，比如，每年调整一次，也可以每半年调整一次。

（3）确定账期——能给客户放账多少天。

给客户放账多少天，不同的企业有不同的确定方法。有的是企业老板自己确定，每个订单和合同都不一样；有的企业按行业习惯，如果大家都是30天，自己企业也30天；还有的企业，客户自身规模比较大，如联通、华为，企业在客户面前没有谈判的资格，客户规定多少天，就只能按客户的要求。

此处所说的确定账期的方法，是我们能对定账期这个事情加以控制的一些方法。参照行业习惯和行业产业链话语权虽也是一种方法，但大部分企业不能对其进行控制，此处就不再过多说明。

①资金需要。如果企业资金紧张，就定得短一点，比如，之前是40天，现在改成32天；如果资金不是太紧张，就可以稍微放一放，比如，之前是30天，现在可以改成40天。

②周转需要。为了维持企业的增长规模，需要一定的钱来支撑企业的周转和发展，如果周转得慢，周转得效率低，企业的钱就会越来越少，这样就要缩短放账的时间，加快货款的回收。

③投资回报的需要。

投资回报期就是企业的平均收账期，企业把钱投到买材料上，希望这些钱多长时间能通过卖东西赚回来。如果希望在30天内回来，就可以定30天的账期。当然，企业也会有材料的应付款周期，客户欠你的钱，你也欠供应商的钱，能抵一些时间，抵完之后，看需要多少天。如果变成25天了，就可以给客户定25天的账期，给企业留5天的富余时间。

需要注意的是，关于账期的起算时间，有的企业用发货的时间，有的企业用的是开票的时间，无论如何计算，都要提前和客户约定好，防止出现额外的麻烦。

（4）确定额度——最多能给客户赊多少？

很多企业在放账时，只有账期，没有总额度，也没有对某一个客户进行总额控制。如果没有上限，有些客户就会利用公司的账期，大量进货，把货卖了后，将货款用在其他地方，一直拖欠着不付款。对公司来说，业绩是好看，但是风险巨大。所以，在赊销时，除了要给客户账期外，还要给客户一个总的额度，如300万元，在300万元以内可以享受账期，超过300万元的，要现款现货，这样就可以把风险控制在一个可以接受的范围之内。

确定信用额度,一般有以下几种方法。

第一,对比同行,同行怎么确定,自己企业也怎么确定。

第二,从低额度开始逐渐增加。比如,刚开始合作时不给额度,收全款;第二次合作时要求客户付50%,或者额度最高为10万元;从第三次合作开始,客户可以更多地赊销,如额度增加到100万元,但在放账给额度的过程中,要及时关注客户的还款能力。

第三,参照客户的净资产,或者给客户发货的一定比例。比如,客户的净资产为1 000万元,就按照10%~20%给额度,也就是100万~200万元的总额度;又如,客户累计从我们这里买了1 000万元货,按照15%的比例给额度,就是150万元。至于具体的比例,取决于各企业的资金状况、盈利状况和风险承受能力。

第四,根据风险评估表来计算。首先根据客户的基本信息打分后,评估客户的风险等级。然后根据风险等级的不同,给不同的系数,这个系数对应着不同的折算比例。最后在通过上面各种方式计算出总额度后,在这个额度上打个折,系数越高,风险越大,折扣越低。

一般分为1~6级,如果系数为1,打8折;如果系数为6,就不能赊销,如表6.11所示。

表6.11 风险等级折扣表

风险系数等级	总额度折扣
1级	0.8
2级	0.7
3级	0.6
4级	0.4
5级	0.2
6级	0

假设客户累计买了我们的产品1000万元,我们按15%给了额度,算出了150万元。如果客户的风险系数是3,就打个6折,那么给客户的额度就是150×0.6=90(万元)。

第五,按毛利确定,实务中用得比较多,我们会参考客户之前和企业之间的交易,看看从这个客户身上赚了多少钱,放账的总额度不能超过企业从客户身上赚的。另外,这个额度也只是参考最近一年的交易额,而不是说和客户合作了

8年，就把这8年的交易额都算进去。

另外，对于新客户一般不放账。如果要放，就必须让客户提供一定的担保或者抵押，按照担保和抵押的情况给予不同的额度。

（5）额度的使用方式——怎么用额度？

在使用额度时，要加强市场调查，结合企业的实际情况，选择合适的使用方式。比如，是否可以接受汇票，哪些汇票可以接受，哪些不能接受；又如，可以接受银行承兑汇票，不能接受商业承兑汇票。

如果接受了汇票，是否要对销售额打折，如打九五折。因为如果着急用钱，拿汇票去银行贴现的话，会有一定的利息损失。打折会影响到销售人员的业绩，以此来鼓励业务人员更多地关注银行回款，减少票据回款。

在使用汇票的时候，还要看客户是否一次地给总额度，比如，给100万元额度，那么只要不超100万元的额度，客户随便提货。或者是，虽然给了100万元的总额，但客户每次提货的时候，还是要付一定比例的钱，如付20%，客户提货50万元的话，虽没有超过总额度，但他也要支付50万×20%=10万元的钱。余下的货款占了100万元总额度里面的40万元，提完货后该客户还剩的额度就是60万元。

3. 信用管理的授权——谁批准

以上5个环节，各需要企业哪个层级的管理者来批准？是否根据额度的不同，设置不同的审核权限？比如，正常额度内的，由内控相关人员批准；如果客户需要增加额度，或者在发货时超额度了，就要报给更高一层级的管理人员来批准。增加额度的条件是什么，流程是什么，谁提交增额申请，谁来批准，批准的标准是什么，等等，这些都需要在做之前有个计划。

为了避免出现客户长期欠款不还的情况，在欠款发生之前就要做很多的工作，比如，对客户进行管理，并把相关管理办法写出来让别的部门参与进去，这样才能把内控的一些想法通过流程和制度布点进去，达到一定的管控目的。

6.5 上次欠的钱没给，这次还能不能发货？

经过我们对客户的评估，给了客户账期，也给了客户额度，最终形成了应收款。至于应收款会不会变成欠款，这个钱能不能收不回来，还取决于企业对应收款日常的过程管理，也就是我们说的事中管理。

客户案例

我们有个湖北的客户,做不锈钢生产加工的。客户主动来找了好几次才签单,主要是因为账上资金太紧张,我们在收集财务资料时就看出来了,所以非常谨慎。

这个公司没有银行贷款,全是自有资金,大部分员工是亲戚,看着公司发展势头比较猛,就都入了公司的股份,相当于全员持股。之前在市场上做门店,门店接单,直接加工生产。

老板能吃苦,带着这些股东没日没夜地干,不到三年就开了第二个门店。第二个门店也挺赚钱,大家商量着开个公司,于是就租了一个20 000平方米的厂房,一年租金350万元,投资各种设备共计2 600万元。谁知,4年过去了,公司连年亏损,全体股东苦不堪言,怨声载道。

大股东,也就是总经理,自己还抵押了房子,又投了1 000万元进去了,日子过得比较紧巴,可窟窿眼见越来越大了。

合并各方数据后,我们发现该公司库存有410万元,应收账款有1 600万元。先不说库存的事情,应收账款逾期平均在半年以上,这个还是我们根据现有的单据测算出来的,之前的数据记录也不完整。

问了下原因,公司总经理主要负责销售,虽说是销售,其实也只负责客户开发和谈单,之后就交给公司的人跟单了。跟单的人只负责跟单到交货,后面就不管了。总经理的老婆是出纳,还有个财务负责记账,两个财务认为自己把账记清楚就好了,也没觉得这个应收款和自己有关,所以就没有把客户的欠款情况反馈给跟单和总经理。总经理、跟单和财务都认为其他人会催款,也都没发现钱没回来,反正就是钱越来越紧张,越来越少。

另外,该企业还有310万元的货已经发给了客户,但由于出现了纠纷,还没有开发票,导致半年多还没挂上账。问到原因,说他们是按订单开发票的。我们看了合同,发现合同中并没有约定按订单开发票的事情,实际上这批货物已经陆陆续续交货了,客户也陆陆续续地签收了,并且也用上了。而企业每次发货后都没有及时开发票,等到最后一批发货完毕,发票开过去后,客户找理由,说是有质量问题,拒收发票,企业也因此没挂上账。

这家企业还有一个问题,就是随着销售量的增加,企业的欠账客户的数量也越来越多,之前有35个,现在有189个,欠款的金额也从4年前的80万元增加到当时的1 600万元。可怕的是,回款率是逐渐下降的,从3年前的86%下降到了当时的68%。

这家企业仅仅从货款回收这里，就存在很多与管理和内部控制相关的问题。为了避免欠款发生，我们在有可能发生欠款前就要做一系列的工作，以防止风险。显然他们前期并没有做前文中介绍的那些事情。

同样，在发生了欠款后，该企业也没有进行日常监督和跟踪，导致应收款的问题越来越严重。

本节我们就来讲述应收账款的事中管理。

事中管理主要包括5个重要方面的内部控制：合同管理、发货管理、发票管理、客户服务管理、跟踪管理。

6.5.1 合同管理

很多企业在发生业务的时候是没有合同的，或者合同签订得非常简单，或者合同没有经过相关部门的评审，使得合同内容出现较大的疏漏，比如，合同的价格和收款方式不合理；关键条款约定不清晰，导致企业的利益受到损害，也没有人会发现。为杜绝这些问题，企业在签订合同的时候，要加入一些控制措施，从签订合同开始就要避免企业产生欠款纠纷。

1. 没有签订合同

没有签订合同一般有两个原因，一个是企业没有这方面的风险意识，另一个是企业不会写合同。

（1）没有风险意识。

不签合同的话，一旦出现纠纷，法律也帮不了你。因为合同是重要的证据，所以要养成签合同的习惯。在签合同前，企业要指定专门的人员，和客户进行洽谈或者谈判，对合同的重要条款，如价格、数量、交期、付款方式、质量标准、运输方式、双方的权利和义务，与对方进行约定，形成初步合作意向，再由公司相关部门进行审核。审批同意后，才可与对方签订正式的合同。

（2）不会写合同。

如果不会写合同，可以先对企业的常规业务，找一些标准模板，看看合同里应该涉及哪方面的内容，包括哪些重要的条款，如果违约了会怎么样。然后据此拟个合同，再找律师帮忙审核一下，看是否有潜在的法律风险。在实际执行的过程中，发现问题及时修正合同模板，慢慢地，合同风险就会越来越低。

另外，要注意合同编号要连续，要由专人进行保管。

2. 合同未经审核

合同签订后，自己企业未审核，客户已经按照合同的情况对工作进行了很多的安排。这种情况下如果发货，企业可能会受损失；如果不发货，将会给企业带来另外的损失，甚至是看不见的损失。

未经审核，可能是因为着急，可能是因为压根儿不知道合同要找相关人员审核。为了防止舞弊、欺诈、不合理现象，或者遗漏重要信息，签订合同之前一定要经过相关部门的审核，这个审核需要经过3种类型的人员。

（1）部门负责人。

部门负责人要对合同的产品、价格和数量进行审核，看看价格是否合理，了解交期和质量，以便更好地配合其他部门的工作。

（2）律师。

前文已经说过了，并不是每一份合同都需要经过律师的严密审核，律师会对首次签订的新合同和客户提供的合同模板进行详细的审核，出具法律意见。对于企业常用的框架合同和模式合同只要没有变动，或者没有特殊的条款约定，律师一般也只是简单过一下。

（3）财务。

很多企业在这里就想不通了，尤其是销售部门，为什么销售签的合同，自己说了不算，还得经过财务。其实财务是替企业把关的。律师审核合同，是确保合同在法律上没有风险；财务审核合同，是为了确保合同中的相关条款是与企业的内部规定相符。

如果合同不经过财务审核，将是一个重要的管控漏洞。

比如，有的合同价格明显偏低；企业规定的账期是30天，销售签订的合同中写的账期是60天；企业规定要预收30%，销售签订的合同中写的是预收只有10%，甚至没有预收，对于这样的合同，财务这里就无法通过。另外，还包括合同单价是含税的还是不含税的，给渠道商的返点和返利是否与企业规定一致等情况。

3. 合同变更

如果签订合同后，关键条款发生变动，如价格、付款方式或者账期等变动，那么最好不要直接变更，要视同签订一个新的合同，重新走审核和审批的流程。新合同要不作为之前合同的补充协议，要不就作废掉之前的合同，以新合同为准。

6.5.2 发货管理

发货涉及企业的销售部、仓库、财务部还有物流部。由于部门众多，如果内部信息传递不及时、传递错误，或者企业仓库管理混乱，就会导致不能按照合同发货，多发或者少发，发错客户，未及时发货，发货时没有收到提货人或者对方签收的单据；或者发货没有经过一定的流程，导致超信用额度发货后欠款难以追回等一系列问题。

为避免上述问题，企业要按照内部控制的一定要求，理顺企业的发货流程，并采取措施确保发货经过了这些流程。

1. 发货时要流经不同的部门

如果企业内部有业务信息系统，如 ERP 软件，可以在系统里设置和实物一样的发货流程，这样在系统里就可以进行控制。如果没有这类系统，就需要相关部门签字确认。

销售部门按照合同开单，传递给仓库和财务部，仓库要按发货出库单上的产品名称、规格型号、数量等准备相应的物资，然后在规定的时间发给指定的客户，并做好记录，如表 6.12 所示。

表6.12 ×公司出库台账

日期	货物名称	规格型号	数量	客户名称	运输车辆	出库单号	备注

2. 每个部门在发货流程中的作用

签字就相当于履行责任。如果因为本部门没有做到相应的审核或者审批工作而出了问题，相关部门的负责人要承担相应的责任。如果是客户自提，还要仔细辨别提货单的真伪；对于客户频繁更换提货人的，要及时进行确认。

3. 发货要经过财务部门

如果涉及赊销或者欠账，这个环节尤其重要。很多企业就是因为发货前没有经财务审核，导致出现了大额的应收账款，甚至出现了欺诈、虚假发货等情况，导致货款收不回来，惹上了官司。

财务要看一下客户是不是首次交易的新客户，客户是不是符合企业的赊账条件，客户的这批货是否超信用额度，客户的欠款是否超期了。这些信息仓库是不知道的，而销售部有时为了冲业绩，会钻空子。如果出现上述情况，财务可以不签字、不发货，并及时将信息反馈给销售部或者经理层。

有时候企业会迫于市场压力，不得已发货，而发货并不意味着货款一定会收不回来，只是说风险增加了。企业要对这些新增的风险保持关注，或者让客户提供一个付款计划等作为弥补。

超额度发货有一种特殊情况，就是有一些行业分淡季和旺季，在旺季的时候，会大面积发货，导致超额度。这时就要看一下这个客户之前的销售情况，如果以往的这个时候确实会超额，但是货款并没拖欠，就可以适当走企业内部流程申请增额。如果以往的情况都不是很好，也不符合客户以往的规律，就需要引起企业的关注，能不增额就不增了。

4. 加强退换货管理

发错了、不合格、多发了，客户要退要换，要关注些什么呢？客户需要满足什么条件才可以退、可以换，是否需要企业的质检部门检查一下，看看是不是企业的原因；即便是企业的原因，是否影响二次销售；如果要退要换，需要填写哪些单据，需要哪些流程；财务需要参与这个流程吗；如果需要怎么参与；退换货的情况是否要告知管理者？如果告知，要告知哪些情况；退回来的这些要怎么处理，这些都要关注。

5. 要保留与发货有关的签收单据

发货后，一定要取得有客户签收的回单。另外，为了避免挂账的风险，尽量在发货的同时一并开具发票，让客户收货的同时签收发票。

6.5.3 发票管理

为了防止客户拖欠货款，很多企业的老板和财务会选择用发票来进行控制，在对方付款之前，不给对方提供发票，这样在税务方面就会占有一点主动权。因为大多数企业是需要发票抵增值税和企业所得税的。如果客户要求先开票后付款，那么企业在开票的时候要做好未收款的备注。

在进行发票控制的时候，有个风险要注意，就是企业即便不给客户开发票，在税务系统中申报的时候还是要报税的。可以通过无票收入先报税，等到正式给客户开票时，再抵销掉无票的收入。

在进行发票控制的时候，要对未及时开的发票做好台账登记，避免遗忘。

6.5.4 客户服务管理

企业要加强客户的服务管理，最好有专门的人员或者专门的部门为客户提供服务，不断地提升产品和服务的质量，提升客户的满意度和忠诚度。企业要对客户服务的内容、标准和方式进行明确约定，对服务人员进行培训，做好客户的回访工作，对客户的满意度进行调查。同时将客户的满意度与客户服务人员的绩效挂钩，建立客户投诉制度，对客户的投诉做好记录，并定期分析，然后将分析结果反馈给企业管理者。

6.5.5 日常跟踪管理

跟踪管理分两部分，一部分是对合同执行情况的跟踪，另一部分是对客户的资信动态进行跟踪。

1. 对合同执行情况的跟踪

在发货之后和收款之前的这段时间，要对货款持续跟进，提出预警，告知业务人员哪几笔货款快到期了，要去催收；哪几笔有可能会有问题，要进行下一步的处理。

在发货的时候，尽量不要超信用额度给客户发货。如果需要申请增加额度，就要提前向企业内部申请，经相关审核审批人员同意后才可增加。

每个月要和客户对账，至少每半年要有一次书面的对账，对账的回函上要有客户的签字或者盖章。对账不符的话，要及时查找对不上的原因，并及时处理。

2. 对客户资信动态的跟踪

要实时了解客户的经营状况，如果客户一段时间内的购货量发生变化，如突然增加或者突然减少，都应该引起关注。

如果客户要求延长账期和增加额度，就要进行相关的评审。

核对客户以往的付款记录，如果存在付款违约、不及时付款、多次催款后才付款的情况，就要降低客户的信用等级，必要时要去客户公司现场了解情况。要关注本章第三节所说的客户资金紧张的一些危险信号，确保及时发现，及时应对。

事中管理，主要就是上述5个重要的管控节点。企业要确保在每个节点上都不出问题，即便发生问题，也要有相应的制度和解决方案，能在一定程度上规避掉欠款的一些风险。

6.6 增加费用能把钱收回来吗？

可以明确地说，增加费用不一定能把钱收回来。因为把钱收回来这个事太复杂，需要3个方面的配合：事前的安排、事中的监控、事后的管理和催收。前面两节分别从事前的安排和事中的管控对应收账款进行了管理，但是，即便这样也不能确保收回欠款，但是能在一定程度上把欠款带给企业的损失降到最低。

本节讲的事后的管理和催收，主要体现在两个重要方面：一个是分析，另一个是催收。

6.6.1 应收账款的分析

每个企业的情况都不一样，分析应收账款之前，我们一定要想明白下面这3个问题。

- 企业的应收账款到底有多大的风险？
- 企业的应收账款是否分布在最有价值的客户身上？
- 企业的应收账款对现金流有多大影响，能在多长时间内变成钱？

想明白这些问题后，才能有针对性地分析，然后把分析的结果通过一定的方式提示给老板或者管理层。决策层根据这些分析，判断下一步要采取的策略，或者分析之前收账方面的策略是否合适，是否需要修改，然后总结关于应收账款的管理经验，规避以后业务中有可能出现的一些风险。

1. 问题一：应收账款到底有多大风险？

分析应收账款的方法很多，比如：

- 比率分析，如周转率，应收款占销售收入的比例等。
- 结构分析，比如，哪个客户的应收款多，哪个客户的应收款少，分别超了多少天，哪个地区的欠款多。
- 趋势分析，上个月应收款有多少；上年同期的应收款是多少，现在的是多少，看看这个趋势线是往上走还是在往下走。

但是哪些是分析应收账款风险的,到底什么样的叫风险大,什么样的叫风险小?

经过上面这些分析,企业可能发现应收账款在一定程度上是有风险的。结合上面分析的情况,分析欠款金额大的客户,企业会发现,占比80%的欠款集中在20%的客户身上,把这些客户的名称列出来,看看这些客户的历史回款情况,是否经常有超期的情况,超了多少钱,超期多久。因为超期次数越多,超期越久,回收的可能性越低。还有些特殊客户,如存在诉讼的客户、有债务重组的客户、有还款风险的客户、计提坏账的客户,这些都说明应收账款存在风险的。

如表6.13所示,应收账款账龄分析表要有客户的名称,并对不同逾期时间进行统计,看看这些逾期的客户有没有共同的规律,比如,是同一个地区、同一类客户,或是同一个业务员经手的,等等。

表6.13 应收账款账龄分析表

编号	客户名称	应收未收	账期内	逾期						
				0~30天	30~90天	90~180天	180天~1年	1~2年	2~3年	3年及以上
1										
2										
3										
4										
5										
6										
7										
8										
9										
10										
……										
合计										

2. 问题二：应收账款是否分布在最有价值的客户身上？

什么样的客户叫有价值的客户？判断标准一般有两个：第一，买得多；第二，买得贵。

（1）买得多。

客户买得多，欠的钱多也正常，这类客户就有可能是我们的优质客户；相反，如果买得不多，欠款很多，就有可能是问题客户了。

我们可以做一个表，先把应收账款按金额大小排个序，除了写上对应的欠款外，还要加两列，一列写上客户对应的发货总额，另一列写上欠款占发货总额的比例，如表6.14所示。

表6.14 应收账款客户销售收入前10名

编号	客户名称	应收未收	本期发货	应收/发货（%）
1				
2				
3				
4				
5				
6				
7				
8				
9				
10				
合计				

（2）买得贵。

对于买得贵的客户，企业从他们身上赚得也多，欠钱多很正常。赚得越多，欠得越少，客户就越有价值；同样价格、同样毛利下，欠得少的客户也是优质客户。相反，如果买得便宜的客户欠款很多，那么他就有可能是问题客户了。

我们也可以做一个表，先把客户按毛利的大小排个序。除了写上客户名称和对应的毛利外，再加两列，一列写上他的欠款额，另一列写上毛利占欠款额的比例，如表6.15所示。

表 6.15　应收账款客户销售毛利前 10 名

编号	客户名称	客户毛利	应收未收	毛利/应收（%）
1				
2				
3				
4				
5				
6				
7				
8				
9				
10				
合计				

从上面两个表中我们很容易就能看出，哪些可能是优质客户，哪些可能是问题客户。这样我们后期就要重点盯着那些买得少、欠得多的问题客户进行收钱。

3. 问题三：应收账款能在多长时间内变成钱？

应收账款能在多长时间内变成钱，我们一般用应收账款的平均收账期来表示。这个平均收账期不用分具体的客户，而是针对企业的整体情况而言的。

另外，应收账款的平均账期要结合应付账款的周期和库存的周期一起来看，综合判断企业的资金风险。

还可以用每个月底的应收账款余额除以销售收入，看看这个比值的趋势，是在升高还是在下降。如果比值越来越大，时间也越来越长，说明风险逐渐增大，企业的钱越来越紧张；如果比值越来越低，时间也越来越短，说明风险逐渐降低，资金情况越来越好转。

即便是欠款的客户回款了，也要根据客户的回款方式，判断资金的风险或者判断后续的回款风险。

回款方式有现金、电汇、支票、信用证、汇票等，不同的方式对应不同的回款周期。比如，现金和电汇基本上立马就能收到钱了；信用证，国内的需要一个月，国际的需要三个月或者半年；汇票，有三四个月的，有半年的，有一年的，甚至有的约定了时间，也不一定收得到的钱，如客户自己开出来的商业汇票。

4. 分析结果反馈

分析完应收账款之后,要把分析的结果通过一定的方式传达给相关的管理者和决策者,让其了解应收账款的真实情况,包括分布、周转、风险、质量和成本等方面的信息。一般是以报告的形式传递,报告通常有两种类型。

(1)日常报告。

日常报告用于日常经营管理分析,主要包括一些业绩指标,如应收账款的平均余额、平均收账期、整体的周转率、账龄分析,以及各种管理分类的分布情况。有时用表格,有时用数字,有时用图形。日常报告可以让企业知道,企业卖了多少产品,卖了多少钱,钱大概会在什么时候回来,产生了多少应收账款,相比上个月是增加了还是减少了,分别是哪类型的客户,是哪些业务员,等等。

把应收账款的前10名客户,或者前20名客户列出来,如果客户太分散,就要按类别分,如分区域、分业务员、分直营和代理等。这样做就是为了让管理层看到应收账款的全貌。同时要列出已发货未开票的这些清单,方便日常跟踪和监控。

(2)风险报告。

风险报告用于发现问题、提示风险,以便企业及时采取策略和措施防范风险,或者制止风险蔓延。

比如,贷款逾期一定时间的客户有哪些,哪个业务员的回款相对来说比较差,应收账款的回款计划,下个月预计收回多少应收款,有了回款计划就能进行监督,业务员是否按计划收回货款了,这些都要及时报告。除此之外,优质客户和问题客户的名单及表格清单,应收账款的趋势是整体向好还是越来越不好,也要报告。

还有企业应收账款的与同行应收账款的对比情况,一般用应收账款余额与销售收入的占比来表示。

应收账款的集中程度如何,比如看看欠款80%的客户的数量占客户总数量的比例,如果比例较小,低于20%,一般认为客户比较集中,管理的重点就是这些客户。如果客户比较分散,就要先进行分类,在分类中发现问题,然后有针对性地进行管理和后期的催收工作。

一般情况下,应收账款的分析报告要么是财务部门写的,要么是内控部门写的,写完后定期交给管理层。

5. 策略

企业管理者在收到应收账款的管理报告后,要针对欠款方面存在的风险和问题，结合企业的实际情况，对之前的应收款的管理策略进行调整，比如，放大赊销或缩小赊销，增加或减少哪个区域的赊销；是加大某类型客户的赊销还是减少；以及销售政策向那些回款做得好的、优质客户比较多的业务员进行倾斜；等等。

另外，要对超过信用期不同时间的应收款，分别采取不同的催收策略，对这些客户在下一步的合作中选择不同的赊销策略。

6.6.2 催收

很多企业账上的钱最终收不回来，有的是不主动催收形成的。企业一直拖一直拖，拖过了最佳诉讼期，甚至在这期间都没有和客户取得任何联系，也不积极主动地对账。有的是因为没保存好发货的一些资料和凭据，打了官司，也没法收回该收回的欠款。

催收是项非常重要的工作，不仅要有催收的方法，也要有催收的技巧，还得掌握重要的催收时机。

1. 催款的流程

一般分为常规流程和特殊流程。常规流程，是指针对日常的未超期的或者超期时间比较短的，如15天以内的，采取的催收流程；特殊流程，是指超期时间比较长的，如超过15天，就要进入重点的催收流程。

常规流程里要注意那些没有开发票的，没有挂上账的应收账款，防止遗漏。特殊流程里要重点关注客户的拖欠原因。每个客户的原因不一样，针对不同的原因采用不同的催收方法。

2. 催收的方法

一般有对账发函、电话催收、传真催收、上门拜访催收、发律师函催收、诉讼等方法。

（1）对于日常未超期的，或者超期时间比较短的，一般选择对账催收或者电话催收，提醒客户到期付款，有时客户确实是遗忘了。

（2）对于逾期15~30天的，除了电话催收，还要发传真催收，或者发邮件催收，保留催收的证据，甚至需要更高级别的领导出面，上门催收。有时还需要采取一定的措施，如停止发货等，直至客户把之前的欠款付清才可以继续发货。后续合作时还要降低该客户的信用等级，减少客户的信用额度，缩短客户的账期，或者收取一定的预付款。

（3）对于逾期30天以上的，交由法务发律师函催收。此时，除了追账外，还要收齐所有的相关交易单据，如合同或者订单、收货确认书、发票、物流的相关单据、企业内部的出库单及出门证等。平时在交易中就要保管好相关的单据，一方面作为催收的证据，另一方面即便是到了诉讼环节，企业也有充足的证据。

（4）对于逾期60天的，就要准备诉讼了。

3. 催收的频率

我们要用什么样的频率和客户取得联系，比如，是每个月对账一次，还是货款要到期时，提前三天通知客户。

做得好的企业，会在发货时先联系对方，告知对方已发货，并告知相关的发货信息，让对方注意查收。发货后，企业会及时了解客户验货的情况，签收单上是否有说明及备注，及时收回签收单。

在正常催款的过程中，如果发生纠纷，要及时处理，否则拖到后面，会增加要账费用，也容易出现坏账。一方面积极催款，另一方面要和客户保持良好的合作关系。

4. 催收的人员

一般来说，前期主要由销售来催收。逾期后需要财务介入，配合销售，提供相应的资料和证据，给客户施加一定压力。如果财务参与后也没要回来，就要总经理出面催收。后面再超期久了，法务就要参与进来，给客户发催款函。再后面就需要外部的力量，或者提起诉讼，或者将应收账款卖给专门的收购公司，及时收回欠款。

如果客户拖欠货款现象非常严重，企业就需要成立专门的小组做催收的事情。小组成员包括销售、财务、法务和有决策权的高管，因为有可能会出现纠纷。在解决纠纷、妥协、让步方面需要一些有权限的人员进行特别的决策。

5. 坏账的确认及催收

如何确认一个账收不回来了？一是客户一直赖着不给，二是有明显的证据证明客户确实已无力付款，比如，申请破产了、老板出逃或者死亡，办公室人去楼空等。如果发生了坏账，如何处理，是否需要一些人来承担责任？出现坏账后，是否需要经过一定的审批才能处理，由谁来批准？这些都需要明确，防止销售人员把一些有可能追回来的款项作为坏账处理。

催收的时候一定要动态监控，看看是不是有催收的动作和方式，哪些人在做，做得怎么样，企业不能只在季度末或者年末催款，要每月催，以防止销售人员钻空子，中间月份不催款不收钱。企业要将销售人员的回款情况和绩效进行绑定，根据回款情况，发放绩效奖金。

应收账款在一定程度上反映了企业的经营管理能力和在市场中的竞争能力，并不是哪一个部门或者哪几个部门一起就能做好的。它需要企业从上到下，各级领导及员工的重视和配合。确定管理的思路、制定管理的策略、明确赊账的条件和标准、日常的监督和控制、催收货款，整个过程都需要企业全员配合。

6.7 货款为什么是业务员转过来的？

本节用了这个题目，其实是想说一下，在"卖东西"的时候会有哪些舞弊的情况，面对这些情况企业要怎么做。

6.7.1 销售舞弊的案例

案例一

黄晓大学毕业后应聘进了一家铜杆加工厂当销售。小伙子机灵能干，深得领导喜欢，慢慢就成了业务骨干，有了很多的经销商客户，又和单位的销售会计结了婚。有一次，他偷偷给经销商每吨货加价了200元，经销商也乐呵地接受了，而这一次的业务，让黄晓嗅出了商机。

黄晓用老丈人的名义在当地注册了一个皮包公司，让老婆当法人，接着就用新公司从单位买东西，然后加价200元卖给经销商。因为价格都一样，也是现货，经销商没意见，公司也没发现异常。

这样过了一段时间，黄晓胆子越来越大，把自己服务的经销商在与单位发生业务的时候，全部从自己公司过一下。再后来，因为业务量大，黄晓反过来给单位压价，每吨又压了200元，这样里外里每吨赚400元。如果被客户发现了，他就分一点差价给客户。

后来，黄晓开始从单位赊账。因为自己是业务员，公司这块缺乏管理，漏洞也比较多，他便利用赊销，不仅压价，还大量给自己发货，用卖货的钱做了条小生产线，生产铜丝。

三年后，单位换了个财务经理，很快就发现了企业的经销商数量越来越少，赊账越来越大，单价越来越低，业务提成又比较高，费用居高不下。

仔细一查发现，这个业务量比较大的客户，成立刚三年，就已经是公司第四大客户了。通过逐笔业务核对，财务经理发现黄晓个人在这其中已经赚了790多万元。当时鉴于企业的特殊性质，就没有报警，让他把赚的钱退回企业后就把他开除了。

案例二

非洲有一种鱼叫罗非鱼，比较好养，在非洲销量很好。一个客户在非洲开了很多鱼店，这些鱼都是国内的鱼塘养殖出口过去的。在夏季旺季的时候，企业安排各门店做促销，买一斤送一斤。照理说做促销，力度这么大，销量应该会非常好，但实际情况并不是我们想象的那样。

同时，促销的那几天，每天下班后门店都会盘点，可连续好几天库存都对不上，差得还比较多。

巡店后企业发现，门店里根本没有做促销活动的任何标识，客户都不知道店里有活动，而从销售表上看，每天的价格和数量明细是做了活动的。是的，你猜得没错，门店的销售人员截留了一半以上的鱼。后来，企业赶紧督促门店写了促销牌，挂在醒目的地方，告知往来客户，并对这些店面和销售员进行了处罚。加强巡店后，销量才有了明显的好转。

6.7.2 销售舞弊的现象

上面两个案例在实际中很常见，在"卖东西"的时候，如果企业内部控制做得不够，销售环节的管控缺失，或者缺少管控，就会让销售人员有很多的漏洞可钻。

1. 截留利润

如同案例一里面的情况，通过皮包公司赚取差价；还有的直接与客户串通，通过压价、延长账期、提高信用额度等方式大量发货，中间获得的收益，销售人员和客户一起分。这样销售人员不仅牟取企业的利益，还能骗取业务提成，同时也能报销业务费用等。

2. 截留物品

如同案例二里面的情况，他们会把促销品、展览的样品、客户的退货等据为己有。

3. 截留货款和返利

本来客户把钱打给销售人员，让销售人员转交公司，销售人员没有交或者没有按规定的时间交；或者企业给代理商的返利和奖励，销售人员没有返给代理商，而是自己私吞了。

4. 虚报销售费用

比如，本来出差 200 元一天，却报账 400 元；本来出差了 3 天，报了 5 天，等等。

企业销售人员之所以存在舞弊行为，除了因为企业内控做得不到位外，另一个原因就是销售人员非现场办公，难管理。

企业的销售人员和其他工作人员不一样，由于需要开拓市场、拉业务，也需要服务好客户，因此经常出差，基本上不在办公现场。另外，考虑到市场竞争压力大，企业为了鼓励业务员积极开拓市场、多拉订单，会给销售人员比较大的优惠政策和工作上的各种便利。正是因为存在这些特殊性，所以销售人员在企业里算是比较难管理的一部分人员。

有些企业管理能力不够，管不着，管不够，也管不住；有些企业放弃了对销售人员的管理和控制，只要完成预定的业绩就行；甚至有些企业为了防止一些风险，干脆将销售业务外包出去。

6.7.3 销售舞弊的控制措施

要怎么做才能避免上述舞弊现象的发生呢？

1. 不相容岗位分离

不相容岗位分离，是最重要的管控方法之一，适用于预防所有业务环节的舞弊风险，销售也不例外。

哪些岗位需要分离呢？

（1）客户的信用管理和合同签订。

不能同一个人既管业务，又管客户的信用额度，因为他很有可能为了冲刺业绩，放宽对客户信用的审批标准，导致收款的风险和舞弊行为的增加。这里，审批人员也要多了解市场，保持一定的专业性和胜任能力。

（2）合同订单的签订和审批。

不能同一个人既签合同，又批准自己签的合同。一般由业务员负责具体的业务谈判及合同签订，由业务主管来审批。

（3）合同签订和跟单。

不能同一个人签了合同，又来负责具体的发货，因为他有可能会多发，有可能不按合同发，有可能发了不该发的，等等。

（4）收款和对账。

不能同一个人既管收款，又来核对客户的往来。对与资金往来有关的单据，要保证有效性并及时入账，对账中发现的不符情况，要及时与客户进行核对和确认。

具体的还有很多，主要的判断标准和原则是，如果一件事情由一个人来做的话，会不会产生风险，如果产生风险，就要想办法分离，或者增加其他控制环节。

不相容岗位分离，跟企业的组织架构和岗位职责密不可分，要互相牵制，比如，录入的不能审核，管钱的不能管账，验收的不能管退货等。企业可以将销售的主要职责确定为开拓市场和签订销售合同，跟单及售后工作由客户服务人员来做，客户的信用评估由独立的内控部门或者财务部来做，发货由物流部安排，销售负责催款，财务负责款项回收的记录工作等。

2. 完善客户管理系统

很多企业的客户资源掌握在业务人员手中，一旦业务员离职，就有可能把客户带走。并且如果企业内部控制管理不到位，业务员也许会违反企业政策，违反原则，为客户向公司争取超额利益。而企业的业绩和利润还得靠着业务员，有时"得罪"不起，只能一味地容忍和让步。

为解决上述问题，企业要尽快完善客户管理系统，把所有客户的档案都录入系统里面；业务员谈单签下合同后，把客户交给客户服务部来对接；对账的时候，由企业财务和对方财务直接沟通，增加企业与客户沟通的渠道，这样客户就可以沉淀在公司，不会被业务人员轻易带走。企业管理层和内控人员对大客户进行拜访，了解客户对企业服务的满意程度，在一定程度上对舞弊行为也有威慑作用。

3. 加强财务管理

财务在销售过程中的作用是被很多企业忽略的，一方面是因为企业管理者的忽略；另一方面是因为财务自己的忽略，认为销售方面的事情和自己无关。销售管不管得好，财务也有很大的关系，在中间起很大的作用。

（1）合同管理。

一旦合同出了问题，就会给企业带来较大的风险。比如，销售人员与客户签订了不利于企业的合同；合同内容约定得不清晰，与客户发生纠纷；伪造合同或者签订了虚假的合同；合同未及时传递，导致重复发货；被作废的合同还在正常执行等。

企业要加强对合同的管理，在签订合同前，财务法务要参与评审，并且对合同的执行过程进行跟踪。对于作废合同，要加盖作废章，由特殊通道返回专人保管。在合同中约定明确的收款方式和收款账号，防止出现收款风险。

（2）收款管理。

企业要明确规定，禁止销售人员收款，并且告知客户不能给个人打款。如果确实需要个人收款，那么要获得企业的授权，并规定在多长时间内要上交给企业；如若不能在规定的时间上交，就要及时告知财务，以防止货款被截留。

企业要尽可能要求客户付款至指定的账户，防止收款账户被篡改或者被替换，以确保货款安全到账。同时要对形成的应收款进行分析，积极催收。

（3）账务记录。

企业要加强对销售各环节的账务记录，确保会计记录、业务记录、仓库记录的当月发货数量完全一致。并且要负责收集和保管与销售相关凭证和资料。尤其是要关注退换货的账务记录，取得退回来的相应的发票、退回单据、入库单据等原始资料，并且确保与销售有关的应收款也正确地冲回。这样除了可以防止销售利用退换货从事舞弊行为，也可以规避客户恶意退货的风险。

（4）销售费用管理。

销售也是一个花钱的部门，因为销售人员要经常出差，开拓市场，拜访客户，会有一些公关的费用。如果不加强费用管理，就会带来较多的舞弊问题。

对于各种费用，销售要事先审批或者借款审批，列明支付的理由、支付的金额等，禁止先斩后奏，先花钱再报销。另外，要建立销售费用的分析机制，分析不同地区、不同业务人员的销售费用、金额大小，与销售业绩的匹配程度。如果不匹配，比如，花费了大量的费用却没有带来什么业绩，企业就要重点关注。

有的企业会将销售费用进行"包干"，与奖金绩效合并在一起计算，或者根据业绩投入一定比例的费用来进行整体管控。

（5）相关制度的建设。

除了上述要求外，企业在内部管理中会有很多制度，可以对预防销售环节中的舞弊风险起到正向的作用。比如，质量管理中对客户服务方面的规定，信用管理中的批准和调整赊销额度的规定，财务管理中对收款、对账及票据管理的规定，人事部门对销售人员业绩考核及绩效的规定，等等。企业在管理过程中，要不断地根据企业发生的问题对制度进行修订和完善。

对于企业里发生的舞弊问题，需要站在更高的角度和层次来考虑，如社会道德层面、公司治理层面。只有不断提升员工的职业素养和道德标准，才能从根本上解决舞弊风险，否则，无论企业制定多么严密的内部控制措施，在一些没有道德底线的人员面前，也没有多大作用，充其量是增强了反舞弊工作的难度。

6.8 小结

销售管理是一个体系化的工作,为什么这么说呢?因为它与企业的发展战略、营销政策、整体运营环境、业务流程、组织结构的配置、人力资源,以及企业在产业链中的地位和话语权都有很大关系,甚至还与企业的管理工具和管理办法、人员的能力等息息相关。所以,它不是哪一个部门的事情,也不是哪一些人的事,而是企业全体共同的事。

6.8.1 销售内部控制相关人员的职责和权限

虽然销售管理很复杂,也涉及众多部门的配合,但是仔细分析下来,有3类人在执行中起关键的作用,分别是企业决策者或企业老板,销售和财务(有的企业是内控部门,实际执行的时候,大部分企业是财务在履行相关的职责)。下面我们分别说一下这3类人在参与销售环节内部控制活动中的职责分配。

1. 企业决策者或者企业老板

企业老板根据业绩的增长需求和企业对风险的承受能力,做好综合平衡;参与销售决策和策略的制定,牵头制定内部控制相关的流程和制度,并做好审批工作。需要注意的是,企业老板的主要权力是处理例外和特殊情况。流程范围内的、一切正常的、具体的事务性工作,老板一般不用参与太多。

老板还要协调销售和财务之间的矛盾,在出现部门冲突的时候,站在有利于企业发展的、综合的、更高的角度,做出判断和引导。

2. 销售人员

销售人员要严格按照企业规定的政策和策略开展销售工作,尽量不要突破政策;要配合财务部及时收集和跟踪客户的信息,并根据财务部的要求,定期完成相关信息的采集任务;有些信息拿不到的,要采取一定的策略和方法,间接地收集,要收集市场和行业的相关信息,打探竞争对手的赊销情况、信用额度和账期情况;如果和客户往来账对不上,要协助财务人员查找原因,并及时处理。

至于收款责任,销售和财务均有一定的责任:销售承担主要责任,财务承担次要责任。对于正常账期内或者超过了账期,但还没有达到比较高级别的风险状态的应收款,收款的直接责任是销售人员,但是财务有分析和提示的责任。

在销售人员大幅流动,或者企业发生产业结构调整时,财务要做好对数据的分析和跟踪,待到后面有业务员接手客户时,把收款的责任移交给新的销售人员。

不管是新来的销售人员还是轮换来的老销售人员，接手客户的同时也要接手这个客户的历史。对于实在没有人接手的客户，就由销售部门负责人进行分配。

3. 财务人员

这里说的财务，是履行内部控制职能的那部分人。在有些企业，具体的控制和管理是由内部控制部门和财务分别承担的，大部分企业在内部控制上是没有专门的分工的，所以很多责任和相关的工作是压在财务身上的。主要包括参与制定信用政策、监控发货、跟踪收款、分析收款情况及采取催款措施。具体表现为以下7个方面。

（1）参与合同签订的过程。

在签订合同之前，财务要联合审核，对合同的信用条款进行审核。

（2）参与价格制定。

定价之前，财务要对价格进行测算，查看定价是否合理：定高了，没有市场竞争力；定低了，企业不赚钱。测算后提交决策层权衡确定。

（3）监控合同的执行情况。

根据合同履行进度，跟踪款项的回收。对于那些没有及时开具发票的应收款，要建立台账跟踪，并及时和销售进行核对，及时催收。

（4）掌握客户的联系信息。

如果财务不参与，客户信息就有可能被销售垄断，企业便不容易发现其中的舞弊行为。要与客户进行独立的对账。

（5）督促销售人员去收集客户信息。

如果销售人员不知道收集什么信息，财务就要给他列表。当客户表现出高风险时，财务要进行发货拦截。

（6）把账记清楚、对清楚并定期分析。

对于客户的欠款情况，财务要做出跟踪表，督促销售人员列出回款计划，并判断客户的风险情况；对于逾期较多或者异常的客户，财务要提交管理层关注，并及时采取措施。

（7）催收货款。

催款是销售和财务共同的责任，对外是销售，对内是财务。因为财务本身就是一个监督系统，其中一项重要的工作，就是保证企业资产的安全、完整。

财务首先要催销售人员，然后催客户，打电话催或者发催款函，并不定期去客户处拜访。因为销售有时还要卖东西，不能得罪人，所以得罪人的事情要让财务来做。对于逾期比较严重的欠款,财务要和律师共同参与催收。

4. 分工与合作

销售和财务之间最好的状态就是,既有分工又有合作。销售是催收应收款的第一线,收款是销售不可推卸的责任。财务负责及时分析,提供数据支撑和制度支持,通过流程优化提高销售的效率,提高回款的速度。

此处就涉及了销售环节的考核和绩效。业务员需要背一定的考核指标,如销售业绩、利润、回款等。很多企业在给销售定任务的时候,只对业绩进行考核,对利润和回款是没有考核的,导致很多时候业绩很好,利润看起来也不错,但是没有回款或者回款很少。这种情况下企业还给销售提成和奖励,显然是不合理的。长此下去,就会给企业带来巨大的经营风险。

对于财务是否要背一定的考核指标,从我们接触的大量客户的情况来看,是没有的。大家都认为财务是记录数据的,不产生数据,为什么要考核财务?要考核也应该是财务考核别的部门。其实这是一个错误的观念,因为财务要对企业的资产和效率进行管理,要充分利用更少的钱做更多的事情,用最少的资金成本做出最大化的收益。只有在财务也有考核指标的时候,他才会知道怎么配合业务把工作做好,而不是对业务袖手旁观。

6.8.2 销售环节特殊的内部控制方法

除了前文提到的销售环节常规的内部控制方法外,还有一些特殊的内部控制方法。比如,企业购买信用保险、销售外包或者集中销售,一些特殊的销售方法的控制,比如寄存代卖等的管理。

1. 信用保险

信用保险是专业的保险公司推出的产品,主要是为需要给应收账款投保的企业防范到期收不回应收款提供保障。一旦风险事件发生,保险公司根据之前的约定承担赔偿责任。因为要承担赔偿的责任,所以保险公司对企业的信用管理和索赔依据提出了严苛的规定,不仅参与授信额度的审批,还会对整个发货过程进行管控。而企业为了获得保险赔偿,也会加强对相应单据的收集。买信用保险,相当于给企业引入了严格的第三方参与企业信用管理。

2. 销售外包或者集中销售

企业选择销售外包,不仅可以预防销售过程中的舞弊风险,同时可以大大压减销售队伍，将企业的主要力量集中在渠道拓展和渠道管理上面，而把复杂的、具体的销售工作，如开拓市场、谈判、跟单、售后服务等，交给专业的销售公司。

一些大型的、有多个生产基地的生产型集团企业，会选择集中销售的方式，这样各生产企业便可以集中精力做好产品开发、设计，保证产品质量。集中销售不仅可以提升集团整体的销售水平，还可以大大节约分散销售的成本。生产和销售的分工也会避免一些舞弊行为的产生。

3. 特殊销售的管控

一些中间商企业为了满足生产链条上核心企业的生产要求，除了给予材料款的资金支持外，还会在核心客户的库房里存放一些常备库存。而这些库存在被生产领用之前，还是中间商企业自己的库存。

因为这批库存虽然放在客户的仓库，但是不属于客户，所以经常会发生短缺和丢失。有的是因为客户仓库管理水平差，有的是因为仓库管理人员有舞弊行为，有的是因为企业销售人员自己有一定的舞弊行为。所以，企业要加强对这些寄存物料及库存的管理，定期或不定期地派人进行盘点。对于货物的出库，要由企业统一调度，与客户仓库签订代管协议，明确双方的责任和义务，在这些备件出库时，代管仓库要及时反馈给企业的销售人员。

6.8.3 需要注意的地方

1. 有的问题没有解

在判断应收款是否有风险的时候，我们要注意一些问题。比如，我们要先看这个货款是否有收不回的可能性；另外，分析下客户在不同时间、不同情况或者不同产品上的占用情况。在分析的过程中，如果发现企业没有任何的改善措施，就不能对这个应收款进行任何的管理，因为你没有办法催收。尤其在对方是大客户，或者客户数量非常少的情况下，这种现象比较常见。如果是这样，就没有必要去分析应收款，只能被动地等，或者积极地催。

2. 挑重点先做

如果企业与销售有关的问题和风险非常多，而且时间问题不能全部解决，那么一定要与企业决策层和老板深入沟通，关注企业最关心的事情，对最关键、矛盾最突出的问题要先解决。一般情况下，主要问题解决了，其他问题是迎刃而解的。

3. 先完成，再完善

在管理上，有些事情越想越复杂，要先做起来，发现问题后改正调整，再做，碰到新的问题后再进行修正和调整，这种属于摸着石头过河的情况。在做之前，一定要有一个整体的框架思维和系统思维，保证方向不能偏，所有的事情即便出现了问题，也在框架之内。在摸着石头过河的过程中，积极总结经验，慢慢就能形成适合企业的比较完善的做法，然后把这些做法写下来，形成制度。

销售过程中的内部控制，涉及会计、发票和税务，涉及历史问题、经营管理问题，也涉及企业的产业战略、人力资源和绩效，还涉及企业管理者的经营理念和能力等方方面面的事情，所以要尝试多种方法，在体系范围内找到适合企业的管理办法，在提升销售业绩的同时，降低销售过程中的风险。

第7章

和"数字"有关的内部控制

在做咨询的过程中,我一直在思考一个问题:到底是大企业(国企和外企)的集团领导累还是民营企业的老板累?也许都累,但累的方向不一样:大集团的企业领导累在心;而民营企业的老板,不仅累在心更累在身。

照理说,大集团人多、事多、企业多,更难管,但是却没见集团领导天天到下级企业现场指导和检查,也没见他们亲力亲为地做具体的管理工作。那么这些大集团的领导们是怎么管的呢?他们学会了一套先进的管理体系,而这种体系的核心就是四个字:"授权"+"数字"。再压缩一下,其实就是两个字——数字。

本章我们就来揭晓"数字"管理的奥秘。

7.1 "数字"是什么？

"数字"就是数据化的信息，就是把企业管理中的各种行为、各种文字、各种东西、各种数据（表内的、表外的、行业的、客户的）、各项信息超浓缩、脱离物理存在地变成抽象的信息，并通过一定的载体（如表格、文字、图像、视频等）呈现在管理者的面前。这么说，好像还是很抽象、很模糊。

简单地说，就是我们在咨询过程中，经常和客户说的"见表如见事，见表如见人，见表如见问题，见表如见东西"。就是说这个表要和你的东西、你的人完全一致，它已经完全虚拟化了。看见这个表，你就能知道企业发生了什么事情，发生了哪些业务，有些什么东西，有些什么样的人，业务进展到了哪个环节，用了哪些钱，还差不差钱，哪些人做了哪些事情，做得好还是不好，出现了什么样的问题，等等。

大家是不是觉得很神奇，觉得有点不可思议，不急，让我们慢慢来揭晓吧。

7.2 会计报表到底是做给谁看的？

一个企业的老板问我："会计报表到底是做给谁看的，是给税务看的吗？我怎么看都觉得我们公司的会计就是税务局的'卧底'，天天除了找我要发票，就是让我交税，我还真不知道她对我有什么别的用。"

其实他问出了很多老板的心里话，他这么问是批评会计的工作不能帮助公司发展，批评会计部门就是花钱的部门，不能给公司创造价值，在公司不被重视、不涨工资也是应该的。

7.2.1 会计为什么不能给企业创造应有的价值？

会计的工作不能给企业创造价值，真的是这样吗？不是的。只能说上述公司的会计的工作做得不到位，与业务脱节，不能满足企业管理和企业发展的需要。其实会计人员转变下思路，把老板和业务当顾客，根据他们的要求提供相应的数据，设计出他们需要的管理报表，采集他们需要的管理数据，是完全可以服务好这些"顾客"的，甚至还能提供更多的超值服务、起到更多的引导作用，毕竟财务有公司 80% 以上的数据信息。

老板之所以认为财务不能给公司提供价值，主要有两个原因。

1. 财务人员能力不足

也许财务提供了价值，但是讲不明白、说不清楚，或者提供的那个数也不准。有的会计不懂业务，抓不住业务的重点和痛点，做不出老板想要的东西。

2. 老板不懂财务

老板听不懂财务满嘴的专业词语，认为既然数据算不准也就不用了，看那些东西浪费时间，还帮不上忙。然后自己也不知道，好的财务到底是什么样的、能做成什么样、哪里能帮到自己，所以对财务也没有什么要求。

有的财务偷懒，明明知道老板需要的东西，也知道自己能提供，却不想花心思和精力去整理和研究这些劳心劳力的活儿。

7.2.2 高级管理者关心什么？

其实老板关心的东西，很多是财务部应该关心的，举例如下。

1. 钱

账上还有多少钱？谁欠我钱？欠多少？欠了多久？我欠谁钱？欠多少？欠了多久？

2. 东西

库里有些什么东西，是原材料还是产成品？每天车间入（新工单）单数、出（完工）单数、在车间工单数多少？

3. 销售

今天签了多少订单？还有多少订单没有发货？有多少订单发了货却没有开票？有多少订单延误？有多少订单有质量问题？都是什么原因造成的？新签的订单赚钱不？哪些订单不赚钱，为什么？公司的各项开支费用及工资有多少？这个月要交多少税？

4. 人

公司有多少人？这些人是否满足公司未来发展的需要？如果不满足，那么哪些能力有欠缺，需要安排哪些培训？各部门协作是否顺畅？员工的收入和付出是否配比？

7.2.3 中层管理者关心什么？

我们知道，所有管理者都关心个人的收入，但是这里我们只谈与工作职责有关的。中层管理者关心的内容如图7.1所示。

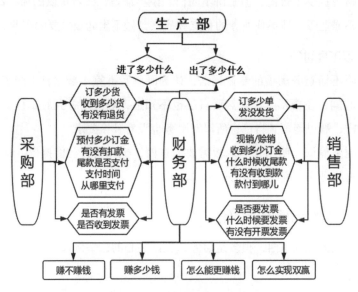

图 7.1　中层管理者关心的内容

1. 采购负责人想知道

当天买了什么，从谁那儿买的，谁买的，买了多少，质量怎么样，价格多少，发票到了没，有没有付订金，付了多少，什么时候付尾款，有没有收到货？库里有些什么东西，是否需要囤货？哪个客户还欠我发票？

他还想知道：仓库还有些什么东西？哪些东西比较少，哪些东西比较多？今天会有哪些采购需求？今天签了些什么订单？大概需要哪些主要材料？

2. 仓库负责人想知道

仓库有些什么东西，包括它们的大概数量、大概存放位置、大概质量、大概存放时间等。关于这些信息，不仅仓库要知道，生产要知道，采购也需要知道。

他还想知道：今天会入库多少东西，大概是什么，大概几点到？好提前做好接车和腾库准备。今天生产会领用哪些材料？大概分别要领用多少，这些材料仓库是不是已经准备好了？

3. 销售负责人想知道

当天定了几单，什么产品，卖给了谁，卖了多少，质量要求如何，价格多少，什么时候发货，收款方式是怎样的？今天发了几车货，发给了谁，发的什么东西，发了多少，还有多少没有发？收了多少钱，是否欠款，欠款预计什么时候收？

他还想知道：车间的排产情况，各工序在产订单的情况，设计部的待处理图纸数量，公司的销售策略及回款策略，以及库里都有些什么东西，客户订单是否按计划在生产，有没有异常，是否需要和客户进行对接反馈。

4. 财务想知道

账上有多少钱，都在哪个银行账户上？今天付了多少钱，都是些什么钱？今天收了多少钱，都是些什么钱？今天给哪些供应商付款了，各付了多少？今天收了哪些客户的钱，各收了多少？

他还想知道：近期还要付多少钱，付什么钱，都要付给谁，以方便他提前做好融资和还款计划。

当然，上面各部门负责人和各相关业务人员想知道的，也是老板想知道的，自然也是财务该知道和要整理出来的。

有的要通过日报表、周报表、月报表来呈现，有的要通过年报表来呈现，财务要定期将这些表递交给相关部门及老板。

除了了解想知道的，财务还要关注以下两个方面。

（1）财务要关注公司风险。

财务还要更多地关注公司的风险。比如说，公司的钱是不是越来越紧张了，现在的钱还能支撑多久，如果没有钱要怎么办；客户的回款是否按公司的要求在收回；每次和销售提了回款的要求，他是不是及时地收了回来，是不是按计划地在收，有多少没有按计划在收；公司的东西有没有丢失的风险，有多少东西是坏的，等等。

（2）财务要关注企业的未来。

财务要更多地关注老板关心的，或者从公司运营、管理和发展的角度来看，老板他需要知道什么。即便他们提不出来，财务也有义务去做、去提醒、去引导。因为在公司，老板如同开车的，财务如同坐车的，财务要学会换位思考，如果这个车由财务开，财务就要想办法把这个车在规定的时间，平平安安地开到指定的地方。

在这个过程中，财务想知道的各方面的信息，正以各种方式、各种形式、各种散点的零件散布在财务办公室的角角落落，财务要能很轻易地采集到，并且要能加工成需要的信息，做成如同汽车的仪表盘样的东西。

7.2.4　客户案例

本小节我们用几个案例来说明一下"数字"的重要性。

案例一

因为上个月的业绩实际只完成了计划的75%，月度经营分析会上，老板召集大家来了解情况。

销售部说，因为排产的原因，导致交期延误，所以没有完成预定的业绩。

生产部说，出现延误交期的问题，是因为材料采购这边不及时、不配套，还得停工待料。

采购部说，财务不付款，供应商不发货，部分材料买不回来。

财务部说，公司账上没有钱，欠账太多。

销售部又说，要不是产品质量有问题，客户怎么会欠着咱们的钱不给呢？

生产部又说，我们出库时，质检部都按图纸检验过的，没有问题。都是因为你们在接订单时没有和客户确认清楚，等到做好了，客户说不是他们想要的。

各部门互相踢皮球，好像每个部门都没错，又好像每个部门都错了。老板想发火都不知道该找谁发火，最后就不了了之，由公司兜底，老板承担。

这个场景在企业中经常会出现，到底是哪里出了问题呢？归根结底就是"数字"出了问题。

（1）先说生产的事情。延期交货的是哪些货？生产的是哪些东西，是不是按订单计划生产的？如果是，那就是销售报的订单有问题；如果不是，那就是生产排产的问题。

比如，缺货80万元，生产部有50万元的货是不缺的，是按计划生产的，只能说销售报给生产的订单不准，交期延误的原因不在生产部，而在销售自己。

（2）再说采购的事情。采购的计划是哪些，是不是和生产匹配；明明知道钱紧张，还不匹配着买材料，不停工待料才怪呢？比如，产品需要32个零件，采购部紧着那4个常见的买，余下的28零件都缺，该买的不买，不该买的本身就多，还囤一大堆。

（3）再说销售的事情。欠账太多，说是因为产品质量有问题。把欠账多、欠款时间长的客户整理出来，居然发现上个月初说产品有质量问题的几个客户都还在账期内，而且质量问题也不是生产部造成的，而是业务部在接订单时没有和客户进行确认，导致产品出错了。

把这些数据摆出来后，才会发现真实的问题是什么，哪些人在推卸责任，哪些人在尽心尽责地做事。但是现实中，很多管理者更多的是凭感觉、凭经验去管理，而不是依靠"数字"。这样一来，就很容易做出错误的判断，做出错误的决策，进而导致一系列的员工问题，比如，人浮于事、不担责任、效率低下、员工拍马屁等。

案例二

销售部新接了个订单，客户要求打8折。公司规定：根据客户的订单量和客户等级给8.5～9.5的折扣。因为这个订单量比较大，企业到底要不要同意给8折呢？

很多企业不做判断就直接同意。虽然市场很重要，业务员拉个订单也不容易，而且客户的量也比较大，但是这个决策就真的是合理的吗？企业做了这个决策，有没有想过后面还会发生更多这样的情况，客户每次都会要特批，业务员每次都会在完不成任务的时候来这么个大单，然后大家就都学会了，找各种各样的理由来要公司的政策。一旦特殊条件多了，折扣下来了，再上去就难了。

那么应该怎么考虑呢？

在做决策之前要考虑三个重要的因素：第一，客户的信用情况和付款条件；第二，订单的盈利情况；第三，现有的产能情况。因为本订单不盈利，所以要重点考虑另外两个因素。

（1）客户的信用条件和付款条件。首先分析客户是不是个大客户，他给公司带来的收入和利润怎么样。如果比较好，可以考虑打8折。然后分析这个业务员给公司创造的价值怎么样，业绩和利润贡献怎么样，是不是每次的特价都是他来申请的，是不是每次业绩完成不了，他就会有大单，并且找公司要政策。最后分析这个客户是否有长期合作的价值，如果有，也不能先给折扣，要等到这个客户对应的这些订单全部履行完毕，核对好后再补折扣差。

（2）看公司的产能。如果排产很满，就和客户协商涨价，按急单、特殊单插队处理。如果客户接受不了涨价，那就只能外包或者放弃这个订单。如果产能过剩，生产订单不足，就同意这个折扣，虽然亏钱，但是相较于冲抵材料和人工费之后，还有剩余，也是可以接受的。

拿数据说话，把历史数据和生产数据拉出来，分析一下是不是不接这个单，就完不成这个月的业绩。然后要考虑一下，谁都知道便宜好卖，会不会这个就是后期的业务突破口，大家都据此来要求降价，权衡之后，做出决策。当然，还有很多其他相关信息和数据，可以辅助我们做出更合理的决策。

案例三

技术中心接了个新项目，领导开会说，业务部谈好了，要在4个月内完成。技术部经理说4个月时间比较紧张，要求改成6个月，领导是否要同意改？

很多企业不大会同意改，毕竟时间就是金钱，干完了这个订单，好接新的订单，大不了，技术部的员工多加点班。

实际情况是这样的吗？

技术部经理回去后把公司成立10年来的所有项目整理一番，画了一张图。"数字"结果显示，这么多年来，90多个项目，没有一个是在4个月内完成的。都是这么复杂的工艺和流程，也都是员工们加班加点地干出来的，平均时间都是6个月。真实的数据就是这样，非得定4个月，就不靠谱。业务部拍脑袋决定的时间，历史数据已经足够"打脸"了，除非把我技术部经理换了，换一个人，换一个新打法，要不我是完成不了的。

当然，案例还有很多。比如，保本点要怎么算，产品到底要怎么定价，员工绩效到底要怎么定，公司什么产品最赚钱，企业是外包还是自己买设备投产，为什么公司产品的成本比同行高，投资这个新项目到底要花多少钱；再如，要给高管和核心员工股份，要怎么设计，怎么定价，税费如何测算，等等，全部和"数字"有关。而这些决策如果靠感觉去做，很容易就失灵了，但是靠数据，尤其是大量的历史数据，一般不大会有偏差。

现代的管理，更多的是间接管理。管理者不可能成天冲在一线，拘泥于细节和各种纠纷，而是要通过各个口传递来的数据和信息，将这些数据进行解读，进行分析，再通过数据之间的比对，找到问题，并找到相关的责任人和负责人。最后大家一起了解情况，分析问题，查找原因，寻找解决方案。

无论是结果形成的数据还是过程形成的数据，无论是财务数据还是业务数据，都是管理决策的重要数据。后面章节我们将逐步揭晓"数字"管理的精髓及"数字"风险的管控。

7.3 谁能告诉我公司发生了什么？

你有没有发现，各个公司的报表都长一个样，就是数字不一样。每个公司的报表就是公司的脸面，公司所有人的所有行为，都会通过不同数字反映在这些报表上面。通过这些报表，我们就能知道谁家赚钱，谁家有钱，谁家缺钱，谁家的活儿好，谁家风险大，谁家管理乱，谁家可以上市，谁家坚持不了几个月。

很多专业人士说，财务报表就是一本故事书。它通过数字的变化，来讲述公司一段时间内经营活动的故事，包括经营发生了什么变化；发生变化背后的原因是什么；这个业务有没有风险，如果有风险，要如何去管控？

7.3.1 报表有什么用？

这里所说的报表，是公司的财务根据标准的语言、统一的语法编制出来的，否则我们是没法读出自己想要的信息的。正因为这样，所以各个公司的数字才可以拿来对比，拿来分析，拿来评价管理者经营的好坏、管理能力的高低，以及经营风险的大小。

财务报表是公司各种业务行为发生后，留下的业务痕迹形成的数字。这些数字通过专业的逻辑和语言进行加工处理后，超浓缩汇总而成。对这些数字的解读，就是对业务行为的解读；对这些数字进行分析，就是分析数字背后的业务行为，进而分析业务背后人的行为。企业最终有没有价值，就是看有没有赚到钱。赚了也要知道为什么赚的，亏了也要知道是怎么亏的，这样才能在以后的经营管理中采取正确的措施，做得更好。而不是以一种稀里糊涂的状态，亏了也不分析，赚了更没人分析。

要想做到这些，首先要学会看财务报表，了解企业的经营活动；其次要会解读这些财务信息，用这些已知的数据来支持企业的经营决策；最后要用好这些财务管理的工具，做好企业的经营管理。从报表出发，跳出报表，进入虚拟的业务，和实际业务结合，做出一系列的经营决策和业务改变，然后进行充分预演，再返回到报表中，最后回到实际业务中。这些，很多情况下是业务和财务共同商量，共同影响的结果。

公司的财务报表主要有三张，分别是资产负债表、利润表和现金流量表。有些公司只有第二张，即利润表；有些公司有第一张表，即资产负债表，少数公司会做第三张表，即现金流量表。但是在提示风险、说明问题的时候，第三张表和第一张表更能说明问题，有的情况下，尤其是在公司资金紧张的情况下，第三张表更重要。

下面我们就一起学习下这几张表的奥秘。

7.3.2 资产负债表

表7.1为资产负债表标准表样。大概看一眼，有个初步概念和印象就行，不用看具体的项目和数字。常规资产负债表中密密麻麻全是数字，看着很复杂，项目也比较多。一般企业并不是所有项目都有数字，大部分企业只有部分项目有数据。

表 7.1　×公司资产负债表标准表样

项目	行次	期初数	期末数	项目	行次	期初数	期末数
流动资产	1			固定资产净额	39		
货币资金	2			在建工程	40		
交易性金融资产	3			减：在建工程减值准备	41		
应收票据	4			在建工程净额	42		
应收账款	5			无形资产：	49		
减：坏账准备	6			无形资产原价	50		
应收账款净额	7			减：累计摊销	51		
其他应收款	8			无形资产净值	52		
减：坏账准备	9			减：无形资产减值准备	53		
其他应收款净额	10			无形资产净额	54		
预付账款	11			开发支出	55		
存货	14			其他非流动资产	59		
	17			资产总计	61		
流动资产合计	18			流动负债	62		
非流动资产	19			短期借款	63		
长期股权投资	25			交易性金融负债	64		
减：长期股权投资减值准备	26			应付票据	65		
长期股权投资净额	27			应付账款	66		
固定资产	34			预收款项	67		
固定资产原价	35			应付职工薪酬	68		
减：累计折旧	36			应交税费	69		
固定资产净值	37			应付利息	70		
减：固定资产减值准备	38			应付股利	71		

续表

项目	行次	期初数	期末数	项目	行次	期初数	期末数
其他应付款	72			非流动负债合计	85		
一年内到期的非流动负债	73				86		
其他流动负债	74			负债合计	87		
流动负债合计	75			所有者权益	102		
	76			其中：实收资本	109		
非流动负债：	77			资本公积	110		
长期借款	78			减：库存股	111		
应付债券	79			盈余公积	112		
长期应付款	80			其中：法定盈余公积	113		
专项应付款	81			任意盈余公积	114		
预计负债	82			未分配利润	116		
递延所得税负债	83				120		
其他非流动负债	84			负债和所有者权益总计	122		

1. "1+2" 的左右结构

其实资产负债表表达的含义并不复杂。拆开来看，它就是个"1+2"的左右结构，如图7.2所示。左边是资产，表示公司现在有多少东西，这些东西都是些什么。买这些东西用的钱都是从哪里来的，是自己的还是找人借的，对应的就是右边两个来源，即负债和所有者权益：负债就是你借的；所有者权益就是你自己的。

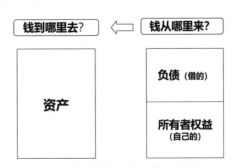

图 7.2 资产负债表"1+2"左右结构

整个资产负债表，就说了两件事：你的钱从哪里来，你的钱到了哪里。

资产负债表反映公司的资产结构和资产状况。但是因为公司每天都有各种经营活动，如买材料、发工资、生产产品、发货、收钱、各种开支等，所以这些数据一直处于一个变动的状态中。如果想弄清楚，一般就要固定一个时间节点，看看在某个时间节点，企业的"家产"是个什么样子，房子、车子、票子、赊账以及其他东西各是什么状态；在这个节点上，企业还欠别人多少钱；作为股东，"我"投了多少钱，赚了多少钱，等等。

再简单一点说，我们可以把这张表理解为一张"照片"，在某一个瞬间，我们"咔嚓"拍下来，记录下了各种东西的各种状态，多的少的、好的坏的、能用不能用等。而这个照片和这个时间节点，一般是每个月的最后一天，我们通过财务给企业照一张"照片"，通过这个"照片"了解公司的资产的分布状态和资产的来源情况。

这张表有一个恒等式，就是：

$$资产 = 负债 + 所有者权益$$

2. "2+3"的上下结构

把资产负债表左右两部分继续拆，我们可以发现，左边可以分为上、下两部分，右边可以分为上、中、下三部分，如图7.3所示。

流动资产：	流动负债：
非流动资产：	非流动负债：
	所有者权益：

图7.3 资产负债表"2+3"结构

（1）左边的项目。

左边的资产分成上面的流动资产和下面的非流动资产。什么叫流动，什么叫非流动呢？从财务的角度，把公司的各项资产按它当下的状态，通过公司正常的生产经营变成钱的时间分，容易变成钱的就是流动资产，不太容易变成钱的就是非流动资产。而这个容易和不容易的界限是一年。也就是说，一年内的叫流动，超过一年的叫非流动。

（2）右边的项目。

表的右边的上面也分两部分：流动负债和非流动负债，同样以一年为界；下面是所有者权益。

从"1+2"（资产=负债+所有者权益）拆成"2+3"，所谓的"2"，就是流动资产、非流动资产；所谓的"3"，就是流动负债、非流动负债和所有者权益。

资产和负债，各自以流动性从高到低进行排序，流动资产的流动性高。流动资产里面再以流动性从高到低进行排序，比如，货币资金、短期投资、存货、应收账款等。

3. 资产负债表中常见的科目

图7.4为资产负债表的常见科目

资产：

流动资产：
① 货币资金
② 短期投资
③ 应收存货
④ 存货
⑤ 预付账款
⑥ 其他应收款

非流动资产：
① 长期股权投资
② 固定资产
③ 在建工程
④ 无形资产
⑤ 其他非流动资产

负债：

流动负债：
① 短期借款
② 应付帐款
③ 其他应付款
④ 应付职工薪酬
⑤ 应交税金

非流动负债：
① 长期借款
② 长期应付款

所有者权益：
① 实收资本
② 未分配利润

图7.4 资产负债表常见科目

（1）流动资产，流动资产里有3个非常重要且常见的科目，大部分企业都会有，分别是货币资金、应收账款、存货。①从流动性来看，货币资金本身就是钱；②应收账款（客户欠"我"的），货已经发给客户，客户也签收了，找客户催收一下，钱就回来了（此处不讨论钱收不回来的情况）；③存货，要等着企业找到客户，客户签收了，才会有钱回来，流程多了一步。还有其他的一些科目，如短期投资（买股票基金的）、预付账款（还没收到货，先付的）、其他应收款（和生产经营无关的一些收款）等。

（2）非流动资产，常见的有长期股权投资（子公司）、固定资产（建筑物、房产及设备等）、无形资产（软件、专利等）、在建工程（未来要变成固定资产的，还没完工的）等。

（3）流动负债，包括短期借款（一年以内的借款）、应付账款（欠供应商的）、应付职工薪酬（欠员工的，能欠一年以上吗？不能）、应交税金（欠税务局的，能欠一年以上吗？也不能）、其他应付款（和生产经营无关的一些付款）等。

（4）长期负债，通常是指长期借款（一年以上的借款）。

（5）所有者权益（也叫净资产），重点也是两项内容：实收资本（股东实际投进来的）和未分配利润（赚钱分红后，剩下没分的）。

4. 什么变了？

我们再来看前面的表7.1，表的左边和右边分别有一个期初和一个期末。

从期初到期末，数字会发生变化，而这个变化就表示经营活动在这段时间内发生了变化。所以，我们可以根据期初期末的数字变化，来解读这个企业在这段时间的经营信息。我建议，看的时候，对这些变化了的数字，从大往小看，先看汇总再看明细，先看大数再看小数。

看数之前，我们要带着3个问题，才能更好地解读出我们需要的信息：①数字发生了什么变化？增加了，还是减少了？②数字的变化是因为经营上发生了什么事情？③如果这个过程中有问题，是什么原因造成的？

按我们之前说的"1+2"和"2+3"的框架来看，一层一层，层层深入地看，比如：

（1）第一层，"1+2"，资产是不是有增加？增加了多少？增加的这些钱，来自哪里？通过负债的变化和所有者权益的变化，看看为了增加这些资产借了多少钱，股东新投了多少钱，或者公司赚了多少钱。

（2）第二层，如果资产增加，是流动资产增加还是非流动资产增加。如果是流动资产增加，就表示用于日常生产经营的资产增加了。这时，可以看看具体是哪一项流动资产增加得比较多，如应收账款或者库存。如果是非流动资产增加，就表示企业新增加了固定资产投资，如再投产或者建厂房、买了设备，或者投资了新的公司，这些也要看具体的各个项目的变化。

（3）再一层，应收账款会增加？公司的销售策略是不是发生了变化，为了刺激销售、抢占市场，增加了赊销额度，同时放宽了赊销条件；或者是产品质量下滑，售后服务不好，导致客户欠的钱迟迟收不回来。这些都要先结合数字，发现问题后，再深入了解细节。比如，看看公司的会议记录，是否赊销政策发生了变化，是不是公司的维修费用、出差费用，甚至是诉讼费用明显增加，等等，都是可以印证数字之间的这种变化。

（4）存货的增加是为什么？是生产多了还是不好卖了，抑或是材料买多了？都需要根据其他的信息资料，或者更明细的资料找到答案，甚至可以去现场看一眼，核实一下是否真的增加了。

（5）如果预付账款增加了，代表什么？还没收到材料，就得先付钱，这是什么意思呢？说明公司产业链上地位不高，议价能力差，买材料就得现款现货，或者打预付款，要不对方就不卖。为了买材料，或者材料比较紧俏，先付的钱越来越多。

5. 资产结构及经营杠杆

我们经常听说重资产和轻资产，那么什么是重资产，什么是轻资产呢？

一般我们把非流动资产称为重资产。

（1）资产结构，就是流动资产和非流动资产在资产总额中的占比。不同的行业，资产结构不一样。比如，生产制造企业的非流动性资产在资产中的占比是明显高于贸易公司的。

资产清单和资产结构代表了公司的经营策略，不同的行业不一样。基本上可以通过资产的分布状况和资产结构猜测出公司所属的行业状态，也能看出企业在行业产业链中的市场地位、管理能力和经营特点。

一些民营企业老板喜欢买地、盖楼，注重企业的形象，而不注意资产结构的配比。这样一方面会导致企业的资金紧张，占用企业有限的钱；另一方面会降低企业的周转速度，而企业的利润，是通过资产的不断周转带来的，不是通过地、楼和设备的摊销或者变现而来的。

（2）负债的结构，反映了公司的实力和融资能力。如果基本上没有债务融资，就证明企业行业地位比较低，市场认可度不高，或者是企业老板的风险意识强，经营策略保守。

（3）所有者权益的结构，反映了企业的历史积累情况，以及整体的盈利状况。

对资产负债表的解读，隐藏着三个专业问题。第一，到底是找人借钱还是找人投资，涉及报表右上方还是右下方的选择问题。第二，风险与收益怎么权衡，是选择高风险高收益还是选择低风险低收益。第三，偿债性和流动性的平衡，其实也就是资产负债表中左上方和左下方的权衡，每个企业的侧重点也不一样。

7.3.3 利润表

利润表也叫损益表，大部分企业都对这张表很重视。它反映了企业在一段时间内（通常是一个月）的经营成果，是赚了还是亏了。如果说资产负债表是一张"照片"，那么利润表就是一段"录像"，录制的是在这段时间内，企业收入多少、成本多少、费用多少、交了多少税，最后是赚了还是亏了。

利润表涉及的公式也很简单：

$$利润 = 收入 - 成本 - 费用$$

1. 纵向拆解

表 7.2 为标准利润表样表，看起来也是很复杂，但是能清晰地反映从上面到下面，逐步相减的过程和结果。

表 7.2　标准利润表样表

项目	本月数	本年累计数
一、营业收入		
主营业务收入		
其他业务收入		
二、营业成本		
主营业务成本		
其他业务成本		
营业税金及附加		
其中：主营业务税金及附加		
其他业务税金及附加		
销售费用		
管理费用		
财务费用		
资产减值准备		
加：公允价值变动收益		
投资收益		
三、营业利润		
加：营业外收入		
营业外支出		
其中：非流动资产处置损失		
四、利润总额		
减：所得税费用		
五、净利润		

（1）第一层，毛利。

第一行的营业收入，减去第二行（大部分公司在第二行，在表 7.2 中是第四行）的营业成本，算出毛利。

$$毛利 = 营业收入 - 营业成本$$

仅仅一个毛利不能代表任何意思，只有将毛利换成毛利率，才能和同行业不同收入规模的企业，或是与不同行业的企业去做比较。

$$毛利率 = 毛利 \div 营业收入 \times 100\%$$

毛利率代表企业在生产过程中的竞争力。毛利高，赚钱能力强；毛利低，赚钱能力差。而这个赚钱能力，一方面取决于收入，另一方面取决于成本，与企业的销售价格、业务量、材料成本、生产加工成本相关。

同行业中，毛利率高，就表示比同行的生产能力强，因为市场价和材料成本价格是透明的，加工过程中的配合、节约和高效率都会增加企业的毛利率。毛利率一般是在进行投资，或者企业进行转型升级的过程中要考虑的，相当于换行业、换"赛道"。

（2）第二层，营业利润。

毛利减去"三费"，即销售费用、管理费用和财务费用（公司的融资费用），会得出企业的营业利润。

$$营业利润 = 毛利 - 销售费用 - 管理费用 - 财务费用$$

营业利润反映企业从生产研发到销售回款，整个过程中的盈利能力和竞争力。

比如，同一个行业，同样的规模，赚同样多的钱，有的企业不需要请客送礼，不需要业务招待等各项费用；而有的企业吃吃喝喝不断，还有较高的业务费，我们会认为花费更少的企业的盈利能力更强，毕竟投入小、成效大。

营业利润也是需要换算成营业利润率，才能和其他企业进行比较的。

（3）第三层，净利润。

用营业利润减去投资收益、营业外收支、企业所得税费用，最后得出企业的净利润。

$$净利润 = 营业利润 - 投资收益（+投资损失）- 营业外收入（+支出）- 所得税费用$$

净利润反映企业的综合盈利能力，是企业除了正常生产经营外，还通过其他的资本运作或者非主营业务收入赚钱的整体能力。也是要换算成净利润率，才能与其他企业进行比较。

$$净利润率 = 净利润 \div 营业收入 \times 100\%$$

2. 哪个更重要？

通过纵向拆解，我们知道了毛利、营业利润、净利润这三个利润指标。那么哪个更重要呢？是生产环节的盈利能力，还是运营过程中的盈利能力，抑或是企业综合的盈利能力呢？

每个利润代表的含义不一样，从财务的专业角度来说，营业利润高更好，为什么呢？首先，毛利润跟行业有关，然后和企业的生产加工能力有关，而这些都是企业的硬实力。而营业利润是企业运营层面和生产加工能力的总和，除了有硬实力，还有更多的软实力，更多地体现企业的管理能力。其次，企业能否长久发展，还是要看企业长期地、持久地能够赚钱的经营能力，而不是靠投资和投机。

3. 什么变了？

利润表里有一个本期数，有一个累计数。累计数一般是指从年初一直到本月底的累计情况。

（1）比率。

利润表中的每一行数字，都不能代表什么，也不能说明什么问题，只有把所有的数字换成比率（换成对应数字与营业收入的比值），才能发现问题，如毛利率、营业利润率、费用率、净利润率，只有这些指标才可以进行比较。通过各月不同比率的变化，可以发现盈利状况的好坏、费用控制的好坏、过程管理的结果，包括成本费用的合理性、税费的合理性等。

对于成本里面的材料费、人工费及制造费用分别占营业收入的比值，企业管理者心中要有数，这样在成本结构发生变化时便能敏感地捕捉到这种变化，进而发现成本中的异常和生产中的浪费现象。

（2）特殊情况。

费用占比并不是越低越好，至少有两种情况不能这么判断。

● 第一，与企业的发展阶段有关。刚刚创业的企业的费用率是明显高于成熟期企业的费用率的。

● 第二，与企业的战略有关。如果企业走的是高端线路，就会需要更多的成本投入、质量投入、费用投入和人力投入，而这些投入是为了换取更大的回报。此时，费用占比就会呈现出一定程度的不合理现象。

至于各项费用到底占比多少，要参考公司历年的经营数据，确定一个相对合理的比值，再结合公司未来的发展战略和规划进行修正。每个企业的实际情况不一样，所以这个比率也不一样，一般是参考企业毛利的一定水平确定，这样基本上可以保证不亏损。

7.3.4 现金流量表

利润表是，只要销售发生了，发货给对方且对方签收了，不管对方付没付钱，我们都确认收入；现金流量表是，只要有钱进有钱出，我们就要记录，不管当月是否有销售、是否有收入。所以这两张表一般情况下要结合起来看，才能反映业务的真实情况。

表 7.3 为现金流量表标准样表。

现金流量表和利润表一样，是段"录像"，反映在某段时间内，企业的钱进来和出去的情况，仅仅只是和钱的进出有关系，和企业这段时间有没有发生收入没有关系。

1."3+2"结构

所谓的"3"，主要是三大活动：经营活动、投资活动、筹资（融资）活动，分别是表 7.3 中的第一、二、三项。所谓的"2"，就是两个方向，分别是每项活动流入多少、流出多少，然后分别算出每项活动的现金进出余额。

表 7.3 现金流量表标准样表

项目	金额
一、经营活动产生的现金流量	
销售商品、提供劳务收到的现金	
收到的税费返还	
收到的其他与经营活动有关的现金	
经营活动现金流入小计	
购买商品、接受劳务支付的现金	
支付给职工以及为职工支付的现金	
支付的各项税费	
支付的其他与经营活动有关的现金	
经营活动现金流出小计	
经营活动产生的现金流量净额	
二、投资活动产生的现金流量	
收回投资所收到的现金	
取得投资收益所收到的现金	

续表

项目	金额
投资活动现金流入小计	
购建固定资产、无形资产和其他长期资产所支付的现金	
投资所支付的现金	
投资活动现金流出小计	
投资活动产生的现金流量净额（流入－流出）	
三、筹资活动产生的现金流量	
吸收投资所收到的现金	
借款所收到的现金	
收到的其他与筹资活动有关的现金	
筹资活动现金流入小计	
偿还债务所支付的现金	
分配股利、利润或偿付利息所支付的现金	
筹资活动现金流出小计	
筹资活动产生的现金流量净额（流入－流出）	
四、汇率变动对现金的影响	
五、现金及现金等价物净增加额	

（1）经营活动。

和生产经营有关的，从报表的角度来讲，凡是影响利润表的，都是经营类现金流。如果经营活动的净流余额大于0，即流进来的钱大于流出去的钱，就表示企业的生产经营活动有"造血"功能，有源源不断的"造血（造钱）"能力。

（2）投资活动。

主要反映在资产负债表"2+3"结构的左下半部分，即非流动资产，包括是否在投资、是否在扩张、是否在卖厂房、是否靠卖设备过日子。如果是净流入，即流进来的钱大于流出去的钱，就表示企业现在缺钱，靠卖设备收钱，维持日常生产经营；如果是净流出，就表示企业在扩张、在投资。有的也表明企业投资很成功，投资项目（子公司、项目、股票基金等）一直在源源不断地赚钱。这个就要看具体的流量项目了。

（3）筹资活动。

主要反映在资产负债表的右半边。如果是净流入，就表示企业融资能力不错，能借到钱；如果是净流出，就表示企业近期有大量的还款。

形象地来说，经营活动反映的是企业的"造血"能力，投资活动反映的是企业的"失血"状态，筹资活动是企业的"输血"能力。如果企业的"造血"能力小于"失血"状态，且不能及时找到好的血源，来给企业源源不断地"输血"，将会造成企业因"失血过多而亡"。

2. 现金和利润哪个重要？

有的人说利润重要，有的人说现金重要，其实这两个都很重要。

现金多少决定了企业当下的日子还能不能过下去；利润反映企业持续赚钱的能力，企业如果没有赚钱的能力，就没有存在的意义。即便你一直有钱，但一直亏损，那也是坐吃山空，撑不了多久。所以，企业最好是既能赚钱又有钱。

有财务前辈说："利润是面包，现金是空气。没有面包还能活几天，但是没有空气的话，几分钟都活不过去。"这句话就说出了现金的重要性。无论你的资产负债表多好看，家底有多大，"面子"有多大；无论你的利润表有多好看，有多赚钱，"里子"有多好，现金才是企业实实在在的"日子"，若没有钱，"日子"就过不下去。

对于赚钱和有钱这两件事，我们可以画一个象限图，如图7.5所示。

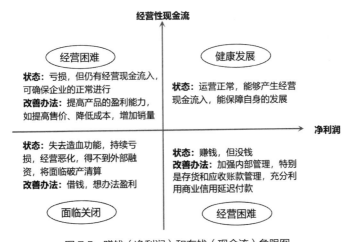

图7.5 赚钱（净利润）和有钱（现金流）象限图

- 第一象限，既赚钱，又有钱，企业健康发展，这是所有企业的目标。
- 第二象限，有钱，不赚钱，如果不改变现状，就是坐吃山空。改善的方法是，要不就增加销售额，提高产品的单价；要不就降低成本。
- 第三象限，既没钱，又不赚钱，这种企业的日子会过得非常艰难。为改善这种状态，企业要加强内部管理，做好"自救"，因为找"他救"（外部融资）的可能性也比较低。

现在的很多互联网公司，如美团、京东，亏了很多年，也没有钱，但是他们一直有个美好的未来，有个看得见的"大饼"，还能找到"他救"的途径，即找到投资企业投钱。如果我们找不来钱，企业就会面临倒闭。

● 第四象限，赚钱，但没有钱，就是刚刚说的，利润表很好看，全是应收账款等。如果不采取积极的收账策略，改变赊销策略，或者找到好的融资渠道，企业也持续不了多长时间。

处于这一象限的企业，要加强内部管理，减少各环节的资金占用，管好库存，管好应收款，要想办法借钱；同时，在征得对方同意的前提下，要延长对外付款的时间，盘活有限的钱。另外，借钱时也得注意借钱对象，是找人合伙，还是付利息借钱。

7.3.5 三张表的关系

三张报表是有钩稽关系的。比如，资产负债表里有个"货币资金"项，期末与期初的差额等于现金流量表的最后一行，即现金净增加额；资产负债表右下角的"未分配利润"，在不考虑分红的情况下，期末和期初的差就等于利润表的最后一行，即"净利润"。这是财务报表独特的记账方法，有非常强的逻辑关系。

关于三张报表的深度关联，我在下一节中会详细讲述。

报表很重要，也能在未来的生产经营中为企业提供运营的方向，也能通过一定的数据呈现，揭示出企业的经营风险和财务风险。

既然报表这么重要，企业就要更重视报表的生产过程，而不是和以前一样，给什么就让财务做成什么，或者开发票的记账，不开发票的不记账，抑或是到处找成本费用发票去抵账，等等，不仅起不到报表该起的作用，反而会给企业带来较大的风险。

7.4 "数字"到底要怎么用？

上节我们说过了，企业要通过报表的"数字"变化，了解企业发生了些什么事情。这节我们要把三张报表综合来看，通过数字对比，对数据进行分析，发现深层次的问题，然后对影响企业发展的问题精准定位，找到原因，进而找到解决方案，提出改进措施。

报表其实就是企业各项经营活动的综合反映，对报表上的数据进行分析，就是对经营活动进行分析，分析在这个过程中，人都是怎么做的、做得好还是不好。通过分析发现问题，评价和改变现在的业务行为，以达到企业经营发展的目标。

谁会分析我们的"数字"和报表呢？有以下4类人。

- 银行或者借钱给企业的人，他们关心企业能不能到期还钱和付利息，是不是能一直做下去。
- 投资人，也就是股东，他们把钱投到公司，自然要知道公司做成什么样了，有没有乱花钱，是赚了还是亏了，别影响了他们的投资回报。
- 监管机构，如税务局，会关心企业有没有偷漏税，是否正常在交税。
- 企业内部经营管理者，要及时发现问题，解决问题。

7.4.1 "数据"到底该怎么用？

管理得好的企业在进行经验分享的时候，会说"无数据不管理，无数据不决策"，他们都是靠数据在管理企业。这里的数据是指什么呢？

我们很多人会开车，开车的时候会看导航、会关注仪表盘，还会关注速度多少、油箱有多少油、发动机热不热、胎压够不够、门有没有关好、安全带有没有系、转向灯有没有坏，等等。虽然不是实时在看，但是如果对这些做不到心中有数，开车就会很焦虑。

其实企业在发展的过程中也有很多的数据，一个孤零零的数是没有任何意义的，也没法说它是好还是坏，所以一定要和别的数进行比较，才能得出结论。

我们在拿到和企业相关的数据后，一定要学会比较，看看经营情况到底怎么样，是个什么样的水平，是越来越好了，还是越来越差了。不仅各个报表之间要进行比较，还要横向比较、纵向比较，这个月和上个月比，今年和去年比，这个公司和那个公司比。和自己比，和历史比，和同行比，通过这三个维度的对比，包括指标的波动、变化、异动，都是能发现一些问题的。

表7.4所示为Y工厂连续三个月的收付款情况，正数为收钱，负数为开支和费用。可以看出，整个加工厂的资金状况越来越好，1月为-10.38万元，2月为37.37万元，3月为45.05万元。实际操作中，我们还会将这些数据分别占每个月的销售收入的比重进行比较，以便发现异常。

表 7.4　Y 工厂 1~3 月收付款情况

单位：元

类别	1月	2月	3月
收货款	445 563.85	887 593.59	1 145 520.62
废料收入	14 180.00	53 580.00	—
主材款	−93 701.12	−400 384.95	−272 239.74
外协费用	−32 913.00	−976.00	−5 534.00
燃气	—	−1 413.63	−24 461.85
运输费	−7 848.00	−2 153.83	−6 408.33
办公费	−7 688.96	−30 697.80	−3 654.85
辅材	−2 279.50	−3 090.00	−10 867.60
员工费用	−65 437.50	−20 582.70	−22 589.20
招待费	−15 007.00	−4 605.00	−1 228.00
员工工资	−302 304.00	−97 893.20	−114 153.05
税	−14 209.82	−5 340.39	−24 084.72
往来款	−15 089.37	—	−30 000.00
车间其他费用	−7 060.00	−1 032.80	−2 921.40
房租	—	—	−176 828.00
合计	−103 794.42	373 003.29	450 549.88

表 7.5 为某集团下属 3 家同类型业务公司同一个月的经营数据。表中正数表示企业收到的钱；负数表示企业的各项开支，即付出去的钱。从表中我们可以对 3 家公司的同类费用进行对比，比如，我们可以发现 B 公司的主材收入占比最高，为 57.78%，C 公司的占比最低，为 29.92%，说明 B 公司的主材浪费比较严重，C 公司主材利用率控制得很好。当然也要看具体的生产的产品和其他相关数据，才能对这些公司得出一个比较客观的评价。

表 7.5　某集团下属公司经营数据对比

类别	A 公司（元）	收入占比（%）	B 公司（元）	收入占比（%）	C 公司（元）	收入占比（%）
收货款	941 173.59	85.56	643 715.78	85.83	1 342 031.61	89.47
主材款	−400 384.95	−36.40	−433 315.78	−57.78	−448 726.71	−29.92
外协费用	−1 806.00	−0.16	−13 113.90	−1.75	−4 286.20	−0.29

续表

类别	A 公司（元）	收入占比（%）	B 公司（元）	收入占比（%）	C 公司（元）	收入占比（%）
燃气	-1 413.63	-0.13	-135.60	-0.02	-39 213.61	-2.61
运输费	-2 153.83	-0.20	-976.19	-0.13	-626.00	-0.04
办公费	-30 362.16	-2.76	-300.00	-0.04	-116 492.20	-7.77
辅材	-2 260.00	-0.21	-8 730.00	-1.16	-25 843.18	-1.72
招待费	-4 605.00	-0.42	-19 497.00	-2.60	-33 577.97	-2.24
员工工资	-118 475.90	-10.77	-97 796.13	-13.04	-332 365.68	-22.16
财务费用	335.64	0.03	376.37	0.05	-15 436.38	-1.03
税	-5 340.39	-0.49	-21 314.51	-2.84	-31 744.95	-2.12
水电费	—	0.00	-19 752.00	-2.63	-36 377.61	-2.43
叉车费用	-440.00	-0.04	-2 900.00	-0.39	-16 768.45	-1.12
车间其他费用	-592.80	-0.05	-1 538.00	-0.21	-31 380.56	-2.09
合计	373 674.57		24 723.04		209 192.11	

7.4.2 怎么分析"数据"？

本小节我们更多地讲述财务报表数据之间的比率分析，也就是指标分析。一般来说，评价一家企业有3种常见的指标：

- 盈利能力；
- 偿债能力；
- 效率。

在关于利润表的介绍中，我们知道了一个企业的赚钱能力来源于3个方面：一个是产品的盈利能力——毛利率；一个是企业的运营能力——营业利润率；另一个是企业的综合盈利能力——净利润率，也叫销售净利率。但是，如果要判断一个企业的赚钱能力，仅仅从利润表中看这三个指标是不全面的。

1. 案例

为了方便理解，我们举个简单的例子进行说明。

A和B两家企业，都做了1 000万元的收入，一个月下来都赚了100万元，能不能根据这个条件判断，他们的赚钱能力是一样的？

当然不能。

因为我们还要知道两家企业通过有多大的投入，做了这1000万的收入，进而赚了这100万。如果A有2000万元的资产，B有1000万元的资产，那么我们就很容易地判断出，B投得相对少一些，虽然只投了1000万元的资产，但是也达到了和A一样的业绩，显然B的赚钱能力是比A好的。

由此可见，判断盈利能力的大小，还需要看资产负债表里资产的投入。

那么，问题来了，根据资产来判断就可以了吗？

我们再来看A和B这两家企业，如果他们都拥有1000万元的资产，一个月内都做了1000万元的收入，且都赚了100万元，那么他们的赚钱能力就是一样的吗？

好像还是不能判断。

因为我们在上一节说过，资产等于企业借的钱和企业投的钱。假设A借了500万元，自己投了500万元；B借了300万元，自己投了700万元。这个时候我们就会发现，A的赚钱能力比B好。因为A股东自己只花了500万元，最后赚了100万元，B股东自己花了700万元，最后赚了100万元，其他都一样，显然A企业的赚钱能力更好。

由上述分析我们可以知道，对一个企业的盈利能力的评价，不能仅仅根据利润表，而是要从3个方面进行评价。第一，企业的销售净利率，也就是本章第3节在讲述利润表时的那个第3层指标，净利润与销售收入的比值。第二，企业资产的盈利能力，即资产投入的回报率；第三，股东的盈利能力，即股东投入的回本率，下面将会分别重点说明。

2. 回本率

无论是大企业还是小企业，作为老板或者管理者，每个月最需要关注的其实就是股东回报率，股东回报率越大，回本的速度越快，企业各方面的管理就越好。股东回报率就是用企业赚的钱除以股东投到公司里的钱。

下面是各项指标的计算过程，不用背，会照着公式计算、会用就行。

（1）销售净利率。

$$销售净利率 = 净利润 \div 销售收入 \times 100\%$$

净利润和销售收入都来自利润表，分别位于第一行和最后一行。

（2）资产收益率。

$$资产收益率（ROA）= 净利润 \div 平均资产 \times 100\%$$

净利润来自利润表最后一行；平均资产，用资产负债表左边最底下那一行的

（期初资产＋期末资产）÷2，计算所得就是期初和期末的平均。因为资产负债表里的资产是个时点数，利润表里的净利润是个时间段数，所以要换成统一口径，将资产进行平均计算。

资产收益率，代表企业资产的投资回报，无论这个资产是借的还是企业自己的，都算资产的投入。

（3）股东回报率——回本率。

$$\text{股东回报率（ROE，也叫净资产收益率、权益净利率）} = \text{净利润} \div \text{平均所有者权益} \times 100\%$$

原理同上，所有者权益来自资产负债表右边最下面一行。

毛利好，不见得企业的净利好；净利率好，不见得企业的股东回报率就好。为什么这么说呢？因为股东回报率除了与毛利率和净利率有关，还和企业的周转效率有关，和企业借的钱有关，这三个是叠加相乘地影响着股东回报率的。

为了更好地理解效率指标，我们先看一个案例。

A和B两个服装店，A店的衣服卖得贵，进的10 000元，卖了16 000元，毛利37.5%，一个月下来，赚了6 000元。B店，衣服便宜些，进的10 000元，卖了14 000元，毛利28.6%。因为便宜，所以卖得快，卖完后又进了14 000元的货，然后卖了20 000元，一个月的平均毛利＝10 000÷（14 000＋20 000）＝29.4%。

虽然A店的毛利为37.5%，比B店的毛利29.4%高了不少。但是A店一个月只赚了6 000元，B店却赚了10 000元，本钱都是10 000元，为什么B店卖得便宜，还能赚得更多呢？最主要的原因，就是B店效率高，卖得快，进了两次货，周转得快。

这也是很多民营企业要去思考的问题。因为市场是透明的，各个企业的成本都差不多。大企业的议价能力强，能有较高的售价，民营企业各方面资源匮乏，借钱也借不到，就不要想加杠杆的事情。

要想在激烈的市场竞争中立足，唯一能做的就是提高效率，加快周转。别的公司一天做8小时，我们一天两班倒，做16个小时，甚至更长时间，以加快周转，这样照样能显著提高企业的赚钱能力。

7.4.3 杜邦分析体系

为了说明股东回报率和什么有关系，我们把股东回报率的公式进行拆解，如图7.6所示。

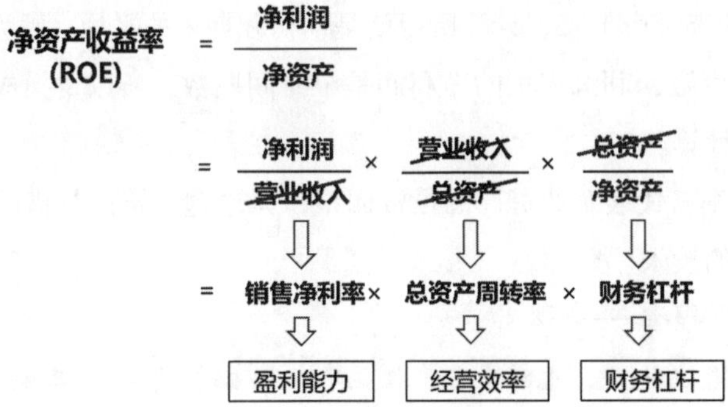

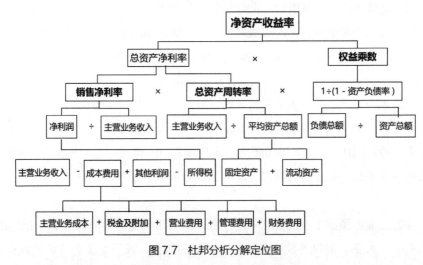

图7.6 净资产收益率拆解图

1. 层层分解

分解到第4层、第5层，我们就能发现，企业的各项费用、各项资产，都汇集到了股东的回本率上面来，如图7.7所示，为净资产收益率五层分解图，也就是杜邦分析的定位图。

图7.7 杜邦分析分解定位图

图中的权益乘数，其实就是杠杆倍数。借的钱越多，杠杆就越大；借的钱越少，杠杆就越小。

各项费用和各项资产，是企业各个部门发生各项经营活动导致的结果。比如，业务招待费高，管理费用和销售费用就会高，会使利润降低，进而使股东的回报降低；另外，企业一直扩张、买设备、囤货等，会增加资产，资产增加就会使企业的周转变慢，股东的回报会变低，等等。

2. 定位问题

在企业出现问题时，杜邦分析模型是个非常好的工具。它以层层分解的方式，快速地定位到出现问题的地方，帮助管理者找到问题的根源，并给管理者提供解决方案，提供方向。

- 如果企业股东的回报没有同行的好，通过杜邦分析模型便可以看出到底哪里不好，是企业赚钱能力不行，还是企业本身很赚钱，却没有借钱去放大杠杆。
- 如果企业的赚钱能力不行，那么是因为产品的赚钱能力不行还是因为周转太慢？如果是因为周转太慢，就要分析是哪种资产周转得慢，是流动资产还是固定资产。如果是流动资产，就要看看是库存的问题还是应收账款的问题。
- 如果产品的赚钱能力不行，就要分析是因为单价太低还是因为销量太少，是因为费用太高还是因为成本太高，抑或是别的原因。一层层地找下来，找到原因，然后针对性地解决问题，才不至于走弯路。

另外，财务杠杆是个好东西，你用好它的时候，它会给你带来很大的回报；用不好的时候，它会让你血本无归。

那杠杆要怎么用呢？要比较企业产品的赚钱能力（销售净利率）和借钱成本。如果企业产品的赚钱能力高于借钱的成本，那么借钱是划算的；如果低于借钱的成本，就赶紧把借的钱都还了，因为你赚的钱还不够还利息，那还不如不借呢。

7.4.4 偿债能力

只有在你有借款的时候，才会涉及偿债能力的分析。

企业的偿债能力分为短期偿债能力和长期偿债能力。

1. 短期偿债能力

短期偿债能力的指标有流动比率、速动比率、现金比率和现金流量比率。看着很复杂，其实这几个指标都是反映流动性的，上面的指标中流动性一个比一个差，每个指标都减去一个比上个指标相对周转比较慢的一个资产，然后都除以流动负债，就能算出来。

公式为：

①流动比率＝流动资产÷流动负债×100%

②速动比率＝速动资产÷流动负债×100%，速动资产＝流动资产－库存

③现金比率＝货币资金÷流动负债×100%，货币资金＝速动资产－应收账款

④现金流量比率＝经营性现金流量÷流动负债×100%，经营性现金流＝货币资金－投资现金流－筹资现金流

这几个指标的意思就是说，如果要偿还到期的那些贷款和借款，企业的资产

负债表上面的所有流动资产都拿来还债，看能不能还得上。如果能偿还，就表示企业是有偿还能力的。

一般情况下，流动比率为2、速动比率为1比较好。但也不是绝对的，还需要看流动资产内部的结构，看资产是不是都是良性的，正常周转的，没有呆死账，没有长期的挂账，没有长期的呆滞或者过期的库存。

2. 长期偿债能力

长期偿债能力的指标有两个，一个是资产负债率，另一个是利息保障倍数。

（1）资产负债率。

大家经常听到过，用资产负债表中的负债总额除资产总额，看看借的钱占资产的比重，借得越多，风险就越大；借得越少，风险就越小。这个比值也没有特殊的标准，一般在70%以内安全，但也是相对来说的。如果企业的融资能力很强，即便是90%也不会出现资金链断裂的风险。

（2）利息保障倍数。

顾名思义，利息保障倍数就是反映你赚的钱，够不够还你借钱的利息。这里所说的赚的钱，是要扣掉税和利息的，是你在要还利息之前赚的钱。如果连利息都还不上，那就有问题了，债主们就有可能不借钱给你，或者把借给你的钱收回去，你的资金很快就会出问题。所以这个指标一定要大于1才会比较安全。

7.4.5 决策分析

分析报表的目的主要用于决策。

1. 决策问题

报表一般会涉及以下5种决策。

（1）是借钱还是找人投资入股？

这是一个融资决策，这个决策的关键就是，企业明年赚不赚钱、赚的钱够不够偿还利息。

（2）公司是增加产能好呢，还是把业务外包好？

这里就是说到什么条件下，企业需要增加产能。

（3）盈亏平衡点（也叫保本点）的测算。

企业的业务要做到多少才能保本？过保本点之后，做得越多，赚得越多。

（4）我们做企业是关注利润好还是关注市值好？

如果关注市值，就不会把赚钱作为最重要的事情，而是想办法一轮轮地融资

"烧钱",一直把市场"烧"出来。

（5）钱的投向及平衡。

企业的资金是投资设备厂房，还是投资在周转上。企业的资金是有限的，花在不同的地方带来的结果也不一样。如果投资在周转上面，就会造成一定的闲置，不能产生较大的收益，因为流动性高，风险低，收益也会相对低。如果都放在设备和厂房上，就会产生较大的经营风险，因为这样周转金就不够了，会让客户不敢也不愿和企业发生业务往来。

因为第（1）个和第（4）个决策在第三章中已经做过说明了，这里我们重点说明一下第（2）个、第（3）个和第（5）个决策，而这3个决策中包含了一个重要的财务概念，也就是经营杠杆。

2. 经营杠杆

前文我们说过了财务杠杆，它是因为借钱而产生的。

什么是杠杆呢？就是借力，用一个比较小的力量，转化出比较大的力量。阿基米德说："给我一个支点，我可以把地球翘起来。"这个支点很重要，它是固定的，为了达到更大的力量，我们需要一个固定的东西。

为什么借款能产生杠杆呢？因为借款的利息是固定的，无论你赚不赚钱，赚多少钱，给别人的利息是不变的，都是按之前谈好的利率来的。同样，如果我们在生产经营中买了设备、建了厂房等，做了一些固定的投入，我们也会利用这个固定的杠杆赚更多的钱，这个就是经营杠杆。

图7.8为A企业今年的经营数据：今年完成销售收入100万元，计划明年增长20%，做到120万元。

	今年(万元)	增长率(%)	明年(万元)
收入	100	20	120
可变成本	60	20	72
固定成本	30		30
利润	10		18

注：利润的增长率=(18-10)÷10×100%=80%

图7.8 A企业今年的经营数据

材料、人工和一些加工费，是和产品直接关联的。产品卖得多，这些耗费就大；卖得少，这些耗费就小，我们把这些和产品直接关联的料、工、费叫作变动成本。

A公司的变动成本占比销售收入的60%，厂房和设备的摊销（租金）以及一些管理人员的工资是固定的，就是无论企业是否生产，无论生产多少，这些费用每个月基本上固定，现在是每个月30万元。

$$利润 = 收入 - 可变成本（费用）- 固定成本（费用）$$

今年的利润是100-60-30=10（万元）；

明年预计的利润是120-72-30=18（万元）。

收入预计增长20%，即20万元；

利润预计增长18-10=8（万元），增长率为8÷10×100%=80%。

80%÷20%=4，这个4就是经营杠杆。4倍借力，收入只上升20%，利润却可以上升80%。

我们刚刚假设的是固定成本30万元，如果固定成本增加，如32万元、34万元、36万元、38万元、42万元，经营杠杆就会发生变化，如表7.6所示。

表7.6 经营杠杆测算表

	今年	明年	今年2	明年2	今年3	明年3	今年4	明年4	今年5	明年5	今年6	明年6
收入（万元）	100	120	100	120	100	120	100	120	100	120	100	120
可变成本（万元）	60	72	60	72	60	72	60	72	60	72	60	72
固定成本（万元）	30	30	32	32	34	34	36	36	38	38	42	42
利润（万元）	10	18	8	16	6	14	4	12	2	10	-2	6
收入增长率	20%		20%		20%		20%		20%		20%	
利润增长率		80%		100%		133%		200%		400%		-400%
经营杠杆		4		5		6.7		10		20		-20

我们发现，随着固定成本增加，利润增长的倍数更大，杠杆也更大，直到固定成本增加到没有利润，才不会增长。如果这个时候再增加固定成本，就导致亏损，随着收入的增长，利润亏得就更多了。

如果无视这一切，继续投产，增加固定投入，亏损的幅度会降低，随着收入的增长，这个亏损还是会继续扩大，演变成一种"烧钱"模式。

用不用经营杠杆，要不要投资，取决于预计明年是否赚钱，以及明年的市场是否有增长。

3. 报表之外的分析

有时候我们看报表，要跳出报表，看报表之外的信息，如宏观经济环境、国家政策、行业信息等，这样可以更好地帮助企业理解这些数字。把表外信息和表内数据结合起来，才能更好地判断一家公司真实的价值。

虽然我们要聚焦于报表，通过报表、通过杜邦分析来指明方向，但是如果局限于报表，过于拘泥于数字，就有可能一叶障目，看不到企业经营的全貌。

（1）报表之外的潜在信息。

在报表之外，有一些细节也需要引起我们的关注。

比如，我们可以将企业的整体工资水平与行业平均水平进行比较，判断企业的员工待遇在市场上是否有吸引力。又如，通过银行贷款卡信息，可以判断企业是否有银行借款，判断出企业对未来发展是否有信心，有银行贷款且没有逾期的企业在某种程度上更值得信任。再如，根据供应商和客户的账期，可以判断企业在产业链上的地位，地位强的，账期就会好，自己投入的资金就会少，或者是同样的投入能获得更大的回报，等等。

（2）关注分析的目的。

在进行分析的时候，要时刻关注目标：为什么而分析，是常规分析还是为了特定的目的而分析。

根据分析的目的，收集相应的数据，根据数据还原成事实，发表专业的观点，而不是硬生生地把数字摆在管理者的面前。要根据指标的变化发现问题，比如，指标为什么好，为什么不好？是和什么比的，是和预算比还是和上个月比，抑或是和去年同期比？对于好的原因要总结，不好的原因要改进。并且要根据原因进行分类，针对不同的原因提出不同的改进措施。

比如，下一步是把应收账款作为重要工作呢，还是把降低成本费用作为重要工作；是提高整体的工作效率，还是要追加产能、增加贷款；等等。具体怎么做，要根据企业的实际情况、问题的轻重缓急，提出改进建议。在建议中要指定责任人，框出时间节点，持续关注和跟踪，保证通过分析发现的问题能得到妥善解决。

7.5 "我"想要的"数字"和你给的好像不一样

经过前几节的学习，很多管理者也许会说，这些知识很好，之前确实没怎么关注过，也觉得要更多地关注财务和数字方面的内容。但是，他们更关心的是，为什么"我"想要的"数字"和他们给的不一样。

7.5.1 为什么想要的和收到的不一样？

除了"数字"提供人员不了解管理者的真实需求外，这个"不一样"还牵扯出两个重要的事实。

1. 企业两套账

一些民营企业因为各种各样的原因，会做两套账：一套内账，一套外账。外账只是为了对付税务局，开了发票的进外账，没有发票的、没有收到发票的就不做到外账里面去。所以，外账是不完整的，甚至是不太真实的。如果用那套外账来分析，数据都是不完整的，自然分析不出正确的结果。

另外，即便是有内账，很多企业的内账也只是一些统计台账，并没有形成体系化的报表，也未必会用到前面章节中提到的杜邦分析和财务分析。

随着企业对管理的要求越来越高，越来越多的企业把内账做成了体系化的报表。不仅如此，随着监管力度的加强，一些企业慢慢地走向了"两账合一"的合规之路，让企业只有一套账，所有的经营决策都从这一套账中得出数据支撑。

2. 报表使用者不同

报表分为两种主要类别，而这两种不同的类别分别对应不同的使用者。

（1）外部使用者。

外部使用者不太能获得企业更多的信息，最多只能拿到报表。根据报表看企业的整体经营水平和管理水平，判断企业的经营好坏，然后根据判断决定是否投资这家企业，或者是否愿意借钱给这家企业。

（2）内部使用者。

内部使用者就是企业内部的管理者，这些人除了能拿到报表，还能拿到更多的内部报表和内部数据。

企业生产经营的管理和决策，更多地来自企业内部各种管理报表和数据，甚至还有一些非财务数据。

3. 什么样的"数字"是管理者需要的呢？

那么，什么样的内部报表、内部"数字"，是满足企业管理者需求的呢？

我们先来看一下，管理者在日常经营中都关心什么。

（1）公司业绩完成情况。包括结果是好还是坏，分别是什么原因导致的？定量和定性的结论都要有。谁是这些事情的负责人？如果要改善，有没有不同的改善方案，不同的方案对结果有什么影响？如果按新方案做，可能会出现什么样的结果？

（2）这些事情在做之前，是否有计划？如果有计划，是否按计划在进行；如果没有计划，为什么没有计划？目前做成了什么样子？比如，为什么钱没收回来？超期的钱有多少，超了多长时间？为什么欠了这么久，哪些能收回来，哪些不能收回来，都是哪个业务谈的客户？等等。

（3）如果有偏差，偏差有多少，原因是什么？后期计划怎么做？

管理者要知道已经发生的，关注正在发生的，向着未来要发生的，而这些都需要大量的数据做支撑。

那么，我们之前提供的"数字"和表格能满足他们的这些需求吗？

7.5.2 怎样做出管理者需要的"数字"？

最重要的，就是了解企业管理者的需求。不同的企业文化，不同的管理水平，不同的管理者，需求都不一样，有的会让人知道，有的不想让人知道。

1. 管理者提出的要求

我们要先分析不同管理者关心的问题，包括他已经提出来的、他想到但还没提出来的，以及管理者可能还没注意到，但是对企业的发展比较重要的。对于他没有提出来，或者他没有注意到的，我们就需要多观察，多和老板探讨，或者通过对数据的分析或其他关联信息来发现这些潜在的问题。

随着公司的发展，业务越来越复杂，业务量越来越大，数据越来越多，也越来越让人看不懂。管理者和财务人员沟通费劲，说的说不明白，听的也听不明白；想要的要不来，给的都不是想要的，不知道公司发生了什么。规模大了，利润少了，更可怕的是钱也没了，钱去哪里，没有人弄得清楚。说是"盲人摸象"，却连"象"在哪里都不知道。这些可能是很多老板或管理者的心声。

比如，关于库存，管理者会提出的问题有：原材料有多少库存，产成品有多少库存？和上个月比较，和去年同期比较，是多了还是少了？和销售收入比较，库存是否能维持正常的周转？

2. 管理者关心的问题

管理者想着，但没有提出的问题有：库存是否有风险，有没有过期的？毁损或者丢失的风险有多大？库存占了多少钱，哪一类库存占的钱最多？这段时间是囤货还是零库存？依据是什么？为什么要改变策略？

3. 管理者暂时没有想到的问题

管理者有时考虑不到那么细，而有些又比较重要。比如，根据原材料入库和生产领用情况，定期分析和提示存在过期风险的原材料；结合生产状况，分析各种材料的备货情况，以及改进安全库存的策略；根据物料的领用习惯和频率，设计和优化好物料的摆放和领取动线，减少搬运等多余动作；结合生产、资金和应付款情况，对现有的备货策略进行分析和改善等。

每款产品、每个客户的成本到底是多少，卖多少产品才能保本？预计什么时候开始盈利，什么时候可以收回投资？针对不同的产品、不同的客户，我们要采取什么样的策略？针对这些企业管理者关注的问题，我们要想明白，"我"为什么要做这件事？如果要解决这件事，"我"要怎么做，现在最需要解决的是什么问题？只有明确需求，以终为始，才能针对性地解决问题。

4. 内部管理系列报表

图 7.9 为我在咨询过程给某个客户公司设计的部分内部管理报表。这些其实是大部分企业管理者关心的，适用于大多数企业，没有关注到的企业要慢慢关注起来。

内部管理报表体系

报表类别	报表名称	报送对象	报送时间	报送人	审核人	报表形式	样式	保管
日报	资金收支日报汇总表	董事长、总经理、财务负责人	每日上午十点前	出纳	财务负责人	打印+电子	附表1	每日一张，按月成册，每年装订成本
日报	销售、采购、生产日报表	董事长、总经理、财务负责人	每日上午十点前	各部门指定人员	各部门负责人	打印+电子		每日一张，按月成册，每年装订成本
日报	各银行账户余额变动明细表	董事长、总经理、财务负责人	每日上午十点前	出纳	财务负责人	打印+电子	附表4	每日一张，按月成册，每年装订成本
日报	原材料出入库日报表	董事长、总经理、采购经理、生产经理、财务负责人	每日上午十点前	仓库	生产及采购经理	打印+电子	附表5	每日一张，按月成册，每年装订成本
日报	产成品出入库日报表	董事长、总经理、销售经理、生产经理、财务负责人	每日上午十点前	仓库	生产及销售经理	打印+电子	附表6	每日一张，按月成册，每年装订成本
周报	收客户货款明细表	董事长、总经理、财务负责人	每周一上午十点前	出纳	财务负责人	打印+电子	附表2	每日一张，按月成册，每年装订成本
周报	付供应商货款明细表	董事长、总经理、财务负责人	每周一上午十点前	出纳	财务负责人	打印+电子	附表3	每日一张，按月成册，每年装订成本
月报	产成品出库未开票未收款明细	董事长、总经理、销售经理、财务负责人	每月10号前	跟单	销售经理	打印+电子	附表7	每月一张，每年装订成本，可以每旬一张
月报	外账标准资产负债表	董事长、总经理、财务负责人	每月10号前	报表会计	财务负责人	打印+电子		每月一张，每年装订成本
月报	内账标准资产负债表	董事长、总经理、财务负责人	每月10号前	报表会计	财务负责人	打印+电子		每月一张，每年装订成本
月报	合并标准资产负债表	董事长、总经理、财务负责人	每月10号前	报表会计	财务负责人	打印+电子		每月一张，每年装订成本
月报	外账标准利润表	董事长、总经理、财务负责人	每月10号前	报表会计	财务负责人	打印+电子		每月一张，每年装订成本
月报	内账标准利润表	董事长、总经理、财务负责人	每月10号前	报表会计	财务负责人	打印+电子		每月一张，每年装订成本
月报	合并标准利润表	董事长、总经理、财务负责人	每月10号前	报表会计	财务负责人	打印+电子		每月一张，每年装订成本
月报	外账标准现金流量表	董事长、总经理、财务负责人	每月10号前	报表会计	财务负责人	打印+电子		每月一张，每年装订成本
月报	内账标准现金流量表	董事长、总经理、财务负责人	每月10号前	报表会计	财务负责人	打印+电子		每月一张，每年装订成本
月报	合并标准现金流量表	董事长、总经理、财务负责人	每月10号前	报表会计	财务负责人	打印+电子		每月一张，每年装订成本
月报	公司各部门费用明细表	董事长、总经理、财务负责人	每月10号前	报表会计	各部门及财务负责人	打印+电子	附件8	每月一张，每年装订成本
月报	公司各部门费用汇总表	董事长、总经理、财务负责人	每月10号前	报表会计	各部门及财务负责人	打印+电子	附件9	每月一张
月报	应收账款账龄表	董事长、总经理、财务负责人	每月10号前	报表会计	销售及财务负责人	打印+电子	附件10	每月一张
月报	应付账款账龄表	董事长、总经理、财务负责人	每月10号前	报表会计	采购及财务负责人	打印+电子	附件11	每月一张
月报	原材料盘点表	董事长、总经理、财务负责人	每月10号前	出纳	生产、仓库及财务负责人	打印+电子		每月一张
月报	产成品盘点表	董事长、总经理、财务负责人	每月10号前	出纳	生产、仓库及财务负责人	打印+电子		每月一张
月报	前10大客户表	董事长、总经理、财务负责人	每月10号前	报表会计	销售及财务负责人	打印+电子	附件12	每月一张
月报	前10大供应商	董事长、总经理、财务负责人	每月10号前	报表会计	采购及财务负责人	打印+电子	附件13	每月一张
年报	固定资产盘点表	董事长、总经理、财务负责人	每年1月份	出纳	各部门及财务负责人	打印+电子		每年一张
年报	固定资产变化表	董事长、总经理、财务负责人	每年1月份	出纳	各部门及财务负责人	打印+电子		每年一张

图 7.9　某集团公司内部管理报表体系

这些管理报表包括日报表、周报表和月报表，也包括销售、采购、成本、费用、应收、应付、库存和资产相关报表。

另外，还有人力资源管理方面需要的一些数据，比如，不同部门、不同级别的平均工资，不同部门的员工数，管理人员的流失率，普通员工的流失率等。

7.5.3 如何设计管理报表？

现实中，企业管理者只要结果，而能形成结果的这些数据，以及获得这些数据的条件都需要自己去整理，要有一个框架思维，知道在当前发展阶段、发展规模的企业，大概需要哪些方面的数据来支撑企业的决策，而这些数据要从哪里找出来？下面开始学习怎么搭建这个框架，怎么寻找这些数据。

1. 回顾历史

要设计管理报表，首先要回顾历史，要对企业的历史数据进行整理，再按照一定的规则进行还原，然后对数据进行分析，如横向对比、纵向对比、进行比例分析和趋势分析，发现一些平时没有发现而又影响深远的问题。

如果企业有系统，如 ERP 这样的管理系统，那么大部分的数据可以从系统中获得。如果从系统里也得不到想要的数据，只能说当时在使用的系统，在设计和实施的时候就没有考虑很多，对系统没有要求，也没有根据企业实际情况进行设计。如果要达到目的，就要在现行的运行系统中把想要的加进去。另外，这些缺失的数据到底有多重要，也是在下一步的设计过程中要考虑到的。

2. 新建台账

在没有系统或者系统不是很完善的时候，就可以通过表格或者台账把想要的数据收集起来，形成报告体系，在公司由专人来做这些统计和收集工作。各个部门要做好各部门自己的工作台账，根据业务的发生，记录业务的产生过程。对其他部门有相关信息要求的，尽量提供要求、标准和表格格式，让其他部门配合完成。

比如，财务部常用的台账有固定资产台账（见表 7.7）、合同管理台账（销售、采购）、借款（贷款）及利息台账、应收账款管理台账等。

表 7.7 固定资产管理台账

序号	资产编号	设备名称	规格型号	单位	数量	单价	到场日期	供应商名称	采购合同编号	存放地点	责任部门	责任人

3. 数据采集

需要什么数据，数据从哪里来？一般有两种主要的获取数据方式。第一种，从上往下，从收入、利润、现金流方向入手，往下拆解，拆成最明晰的数据；第二种，从下往上，通过列席业务会议或者某些专项会议，听大家讨论的问题，或者听管理者提出的问题和需求，或者，公司目前管理最混乱的地方，从这些问题出发，采集对应的数据，进行分类分析，找到原因。

为什么要收集这些数据？因为这些数据最终能呈现出我们想要的结果。这些结果是通过数据汇总，比较和交叉验证出来的，最终会形成一套对企业的管理行之有效的指标组合，用这些指标就可以衡量和评价管理者的能力。

比如，我们要给销售总监涨工资，一定要有依据。而这个依据不是感觉，不是语言类的文字表述，而是更多地需要数据，举例如下。

- 他做营销总监3年来，销售年增长率由之前的8%增长到了32%。
- 销售团队稳定，人员流失率由之前的10%降至现在的4%。
- 产成品库存由原来的月平均1 200万元降到了现在的平均200万元以内。
- 应收账款，由之前的6 100万元，降至现在的平均500万元，并且把之前3年以上的应收款都收回来了，现有的应收款都在一年之内。
- 应收账款的周转天数，由之前的104天降至现在的31天。

数据能很客观地反映事实，看到这些数据，不给营销总监涨工资都说不过去，有的企业甚至还要给人家股份。

同样，反映采购总监工作能力的指标找出来，定下来。比如，采购成本的变化，原材料库存占用资金的变化，库存周转天数的变化等。把反映生产总监工作能力的指标也整理出来，比如，平均交货时间的变化，人均订单处理数量的变化，每个月的质量异常单数量的变化，等等。还有关于财务部的指标，如结账天数的变化，出报表时间的变化，等等。

通过对这些数据的收集、分类及整理，不断总结发现完成得不好的地方，从业务的源头开始追查，直至找到问题的根源。收集这些业务数据时，要保持足够细的颗粒度，足够多的数据维度，如业务员、地区、客户类型等。

对这些数据，通过收集、分析，最后报告出来，呈现给不同级别的管理者，形成各种内部管理报表、各层级的业绩评价指标、业务控制流程及企业的管理制度、业务作业指导书，并最终形成一个相对完善的管理体系。

7.5.4 如何让"数字"发挥更大的作用?

为了让"数字"发挥更大的作用,在实际操作中,我们一般将业务经营分析和企业月底的经营会相结合。

1. 月度经营会的作用

会议中会将大家的工作结果展示出来,刺激大家的压力,激发大家的动力,因为大家都不想在同事面前丢面子。同时,会议中还会把工作中存在惰性和拖延等现象呈现出来,防止问题长期得不到解决。

除此之外,月度经营会还有以下作用。

将一些复杂的问题在会议上讨论,可以吸收团队的智慧。大家集思广益,通过讨论及分析,能提出更好的改进措施。并且通过会议的方式将企业中做得好的员工的经验提炼和分享出来,可以规避在日常工作做得不好的现象和行为;在会议中,对下一步的工作进行约定和明确,有更强的指导、跟踪及反馈作用,可以有效地对一些比较复杂的长期以来形成的坏习惯进行纠正。

总之,通过会议,可以不断提升企业的整体管理能力,培养各级管理人员的职业能力。

2. 月度经营会的要求

(1)所有的参会单位汇报经营业绩,以及与计划、预算的对比情况。

(2)跟历史对比、跟标杆对比,展示差异和变化,比如,指标的变化情况是增加了还是减少了,是提升了还是下降了;在这段时间,自己做了些什么发生了这些变化。

(3)总结经验和教训,发现成绩和存在的问题。

(4)详细说明为了完成预定的目标、达成业绩,下一步将采取的措施和整改方案。

(5)为了完成未来的工作目标,需要上级领导给予的支持和资源。

(6)最高管理者点评,对本阶级工作的完成情况给予指导和支持,并提出下一步的工作安排和要求。

对于会议中发现的比较复杂的问题,可以作为专项讨论另约时间,单独举行,让相关人员提前做好会议准备,收集相关的资料用于会议中讨论,并商量最终对策。比如,如何改善交期,如何提高客户满意度,如何改善质量管理,如何有效降低产品成本等。

会议记录中要将业绩指标与绩效指标进行统计。非数据类的能力指标,如制度的完善情况、操作手册的编制、业务流程文件的整理、档案的管理等，也需要纳入考核范围。

3. 怎么让"数字"代表我们的想法？

企业经营过程中的数据是非常多的，数据的管理体系也很复杂。虽然这些确实都是企业管理需要的数据，但是将浩如烟海的数据一股脑地呈现在管理者面前，显然也是达不到管理者的需求和目的的。所以，我们要考虑以哪种方式，更好、更直观地展示这些数据和图表。

我们要聚焦在重要的信息上，并且要能清晰地传达自己想要传达的信息，如项目的进度跟踪、业绩的完成情况、成本费用情况，甚至是关键指标的预警。如果呈现不清晰，就会让人忽略掉一些重要的信息。

（1）选择合适的图形。

比如，企业的应收账款存在一定的问题，需要引起管理者的关注，我们就要在画应收账款趋势图的时候，将趋势的斜率画得更陡峭一些，再把斜线进行延伸，以形成很强的视觉冲击力，让人不得不重视起来。

也就是说，要让提供的数据和图表能支撑我们的想法和观点，引起管理者的关注。

● 要有指标值、参考值、时间参数、结果范围，另外还要给人较强的视觉效果。不同的图表表达的意思不尽相同，所以，需要选择合适的图形，明确表达想要传递的信息。

● 用"饼图"表示份额和占比，但是份额一多，就看不过来了，所以，"饼图"的成分不能太多，最多不能超过6个，超过的就全部归集到"其他"。除此之外，还要在"饼图"中将重要的一部分用醒目的颜色标记，并将其放在人能一眼看到的位置，或者将这部分与其他部分分离。

● 如果份额和占比实在太多，合并归集在"其他"也不足以说明自己想要表达的信息，就可以用"柱形图"，如产量、业绩的变化。

● 如果数据更多，一般就用"折线图"来表示趋势，如资金、利润的变化等。

（2）设置合适的预警。

这里所说的预警，就是要尽可能早、尽可能多地发现有可能的风险，然后在发现的时候进行提示和报警。

预警的前提是，我们要先设计出合理的范围。

● 如果企业的数据在这个范围内，就显示绿色，表示生产经营一切正常，不需要企业格外关注。

● 如果在另外一个合理的范围，数据就是黄色的，表示生产经营有部分拥堵，需要电话跟踪或者远程协助了解情况，或者需要把相关的负责人叫过来，了解呈现黄色的原因，看是否需要进行一定的干预。

● 如果超出合理范围，数据就是红色的，表示企业的经营情况出现了较大的问题，需要"动手术"。对此需要管理者亲自去生产现场了解情况，甚至是改变经营策略，做一些经营方面的调整，将问题消除。

我们将这种呈现方式比作"管理者驾驶舱"，也就是开车时，我们能看到的仪表盘。我们需要各种数据和图表来呈现企业在经营过程中的数据和有可能潜在的风险。

（3）需要考虑和注意的问题。

在设计这个"仪表盘"时，我们需要回答下面这些问题。

● "仪表盘"的用户是谁？要通过"仪表盘"发现什么问题？不同的用户需要什么样的"仪表盘"？"仪表盘"能否让大家在经营过程中，对数据、对问题尽在掌握，是否会有遗漏？哪些放在最重要的地方，哪些放在相对来说不太重要的地方？它还要非常简单、非常清晰，让人一看即懂，该有的都有。

● 根据使用人的习惯，一般情况下，所有的指标及仪表信息，不能超过一张纸。

图 7.10 为从网上找的一张管理者驾驶舱样图。

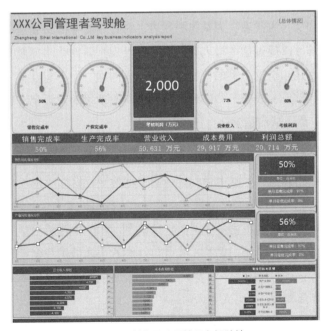

图 7.10　某集团公司管理者驾驶舱

最后，在内容呈现的基础上，我们还需要关注的问题是：报告中的数据是否真实、完整？相关内容，将在接下来的章节里进行讲述。

7.6 "数字"有多大的可信度？

我们如果想通过对"数字"的分析，达到了解企业、规避企业风险，并且为企业的发展指引方向的目标，首先就要辨别"数字"的真假及完整性，通过各"数字"相互之间的逻辑关系及印证关系，看数据之间的真实性和可靠性。

我们为什么首先会对"数字"的可信度产生怀疑？因为如果"数字"本身是不值得相信的，不能反映企业真实的经营活动，管理者就会通过错误的数据得出错误的结论，导致做出错误的决策。这样不仅引导不了企业的发展，甚至还会出现较大的误导。

一般而言，"数字"可信度来自两个方面：一个来自"数字"本身可信，另一个来自"数字"的传递过程可信。本节重点讲"数字"本身的可信度，下一节重点讲"数字"传递的可信度。

7.6.1 为什么会对"数字"本身产生怀疑？

因为以"数字"为代表、为载体的报表，它背后隐藏的是企业的信息。稍微专业点的人，是可以通过这些报表和"数字"发现企业的很多问题和秘密的。企业管理者自然也是知道这个事的，他有秘密、有问题，但不想让你完全看穿，或者他想隐藏一些信息、改变一些信息，于是会将改动过的"数字"通过报表传递给你，通过误导你，从而达到他自己的目的。

1."数字"具有导向性

我们看报表，如果仅局限于报表和报表上的数字，就有可能掉到别人精心挖好的"陷阱"里。其实我们看到的报纸或者报道，都可能是有一定的导向性的。

比如，有报纸或者文章说，近期房价会大涨，并且能提供一堆数据来证明他说的是真的。他说的是事实，但只是片面的，他只是提供了部分符合他观点的信息，来支撑他的这种说法。当然，他也可以提供一堆数据和事实来证明，近期房价会跌。这也都是真的，也只是片面的。

所以，我们要对收到的信息和数据产生必要的怀疑和谨慎，多思考，多分析，以提升我们的辨识能力。

2. 他们为什么会提供错误的"数字"？

- 首先，因为他们有动机，有一定的目的；
- 其次，他们有空间，利用了政策的一些漏洞；
- 再次，他们有理由，并且找到一些能代表自己观念的证据来支持他们的自圆其说；
- 然后，现有的会计政策确实也给了企业更多的选择和判断，让他们可以在其中挑选适合自己要求和目的的计算方式；
- 最后，我们的监管环境不太完善。在之前的监管环境下，企业造假能获得的好处，是远远大于它的成本和被发现时的处罚的。

另外，造假并不会那么容易被发现，相对于识别企业的造假来说，造假显得容易得多，因为造假有无数条路，可以选择其中的一条和多条来设计障碍，而你只要有一种情况没有考虑到，就有可能发现不了。

所以，如果我们想通过"数字"来管理企业，或者通过"数字"来判断上市公司的价值，从而决定是否购买它的股票，那么一定要抱有足够的怀疑态度，原因如下：

第一，你和造假者比较而言，你处于信息不对称的弱势位置，你能看到的，都是人家想让你看到的；第二，你未必有能力识别他所有的造假方式和手段。

7.6.2 "数字"为什么会被改动？

"数字"可以被改动，主要原因有两种：一种是客观的，另一种是主观的。

1. 客观原因

先来说客观的，有 4 个方面会影响客观的原因。第一，会计的基本假设；第二，会计准则的要求；第三，企业的交易模式；第四，商业的复杂性。就是因为这 4 个方面有空间、有弹性、有可以被利用的地方，才会出现"数字"根据需要被利用的情况。对于客观原因，我们重点讲第一条，会计的基本假设，因为这条是规则方面的，大家并不是很熟悉。

会计有四个基本假设，如果没有这些假设，会计就没法做账，也没法在月底把报表做出来。第一，会计主体假设；第二，持续经营假设；第三，会计分期假设；第四，货币计量假设。下面我们一个个地来说，这些假设有哪些空间，让"数字"能被利用、被篡改。

（1）会计主体假设。

指这张报表反映的是哪个企业的事情，确认之后，和这个企业有关的，你要做进账来；和这个企业没有关系的，就不要做进账。

如果要做报表的这个企业的收入不够了，我们就可以把老板名下的其他公司的收入挪到这个公司里。老板名下5个公司，就把这一个做大，其他的全部是为这个企业服务的，都没有收入，只有开支和费用，很快这个企业业绩就会非常好，发展非常快，吸引了很多的投资者，甚至再过几年就可以上市了，这个就是误导。

如果一个企业，业务很复杂，有合规的，有不合规的，有赚钱的，有不赚钱的，反正报表不好看，业务也很乱。我们就可以把一个公司拆成两个，所有的好的、赚钱的、合规的都放一个公司，把那些不好的、有风险的、不合规的全部剥离出去，放在另外一个公司。这样一来，这个好的公司就会非常好，折腾几年，没准也能上市，这也是一种误导。

利用会计主体进行造假，改动企业经营的数据，这种方式最常见，合并、兼并、重组、关联交易都是这种类型。目前被公开报道的大部分公司的造假，都用过这种方式。

（2）持续经营假设。

就是假定你的企业是一直在正常生产经营，而不是面临破产、倒闭、清算这些情况。只有正常的状态才按正常的来做报表，否则就是另外一种计算方式。

而持续经营假设最大的问题就是，所有的东西入账的时候，只能用它被买回来的价格上账，无论现在变成了什么价格。

比如，五年前企业买了一块地，花了300万元，也许现在这块地值2亿元，但是，对不起，报表上还是显示300万元。一些管理者会很想知道企业现有的各种财产、各种资产在当下到底值多少钱，而这个数据在持续经营假设下是不大可能被知道的，除非是每个月做一次财产清算，做一次资产评估。然后，企业就会利用这个价格差异人为地变更价格，"造出"利润来。

（3）会计分期假设。

就是人为地把业务周期进行截断，按自然月来统计各项开支、费用和收入。

比如，房地产公司要建一栋大楼，这栋楼要建两年半。所需的钱有的是股东投的，有的是借来的，企业每年要给股东或者债主们报告一下，这栋楼建了多少，花了多少钱，都花哪里去了。

这个房地产公司总共投资了7000万元，最后卖了1.3亿元，而这1.3亿元是最后半年才收回来的，前两年都只有开支和费用，没收钱。那么只有把这两年半的所有收入、开支和费用算一个完整的账，才知道是赚了还是赔了。

但是，企业不能等两年后才算总账吧，每个月你都得报告，每年也得报告。而这栋楼到底是建了三分之一还是建了四分之一，在年度分段的这个时间点，12月31日这天，企业是没法确定的，因为出于不同的目的，管理者可以让它多建一点，也可以让它少建一点。

有的企业为了一定的目的，让企业看起来业务发展很好，收入增长很快，会在12月31日前集中发货而不开发票，做无票收入，这个算造假吗？好像算也好像不算，但确实在一定程度上误导了看报表的人。

（4）货币计量原则。

意思就是，能算得出钱的，就都记账上；不能用钱衡量的，就不记账上。比如，现在很多互联网公司的流量，到底该不该记账？如果记账，该以多少钱记进去呢？大部分企业是不进账的，但这些公司就是流量值钱，不入账的话，报表给人的感觉就是公司啥也没有，还亏得一塌糊涂，但是我们又不能说这个公司没有价值。

除了以上原则，会计记账的原则还有很多，如一贯性原则、可比性原则、重要性原则、谨慎性原则等，都有很多的判断和选择在里面。比如，成本的记账原则，一个月买了很多批的货，每批货的单价也不一样，在没有全部卖出去，有库存的情况下，你算赚不赚钱，要转成本的时候，转哪个单价，贵的还是便宜的、先买的还是后买的，是平均单价还是自己规定的一个固定单价？不同的选择会导致你赚的钱不一样，甚至本来赚钱的，报表中居然出现了亏损。

再如，买设备花了很多钱，但是设备的钱是通过在一次次的使用过程中，转到产品中的，把产品卖出去，设备的钱才能慢慢地收回来，我们称之为设备的折旧。有的企业是按年摊折旧，有的企业按使用率摊折旧，有的企业平均摊，有的企业一开始多摊一点，后面少摊一点，这些都会使报表变成你想要的样子。

其他的如业务的复杂性、商业模式的变化等，也都有很大的空间让"数字"被人利用。难怪有人说，会计就是魔术，想让你赚钱就赚钱，想让你亏钱就亏钱。甚至有财务开玩笑说，老板想让报表是什么样子，想达到什么结果，自己都可以做到，没有做不到，只有想不到。

2. 主观原因

主观原因也有两种：一种是善意的，另一种是恶意的。

（1）善意的。

如图 7.11 所示，A 企业是正常公司的经营状况，他是波动的，一年好，一年可能不太好，慢慢地倾斜着上升；B 企业呈直线状一直往上。

如果你是个投资者，你会选择_____企业？

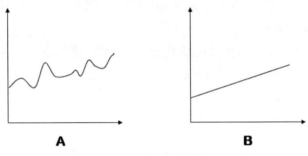

图 7.11　企业发展趋势图

其实我们都知道，绝大多数公司不大可能一直是往上发展的，总会因为各种原因而产生波动，出现 A 这种情况。但是如果让大家选择要投资哪个企业，几乎 95% 以上的人会选择 B 企业。

正因为如此，编制报表的人才会利用人们的这种心理，利用各种政策空间，对报表进行调整，让真实的 A 出现 B 这样的一种现象。这可以理解为一种善意的美化。

（2）恶意的。

因为恶意的现在越来越常见，所以我们单独做一个专题来说明。

7.6.3　"数字"的可信度到底有多少？

这里所说的可信度，是指数字可以被信任的程度，这个程度取决于编制报表的企业利用"数字"的程度。

1."数字"美化

可信不可信，最关键的还是看目的。如果目的是好的，对大家都有好处，就还是可信的。一般我们把这种叫财务粉饰，更多的是善意的。就像出门之前大家喜欢把自己打扮得漂漂亮亮的，如化个妆、穿漂亮的衣服，而不是穿睡衣素颜就出去了。

2."数字"造假

如果目的有一点偏向性，只对自己好，对别人不好，就会被认为是恶意的，可信度就会比较差，这种一般叫财务造假或者舞弊。

如果财务粉饰和财务造假有一个边界的话，那就是造假有了人为操纵的痕迹，有了故意的动作。

财务造假其实是很容易被查出来的，因为它的逻辑会有问题；而财务粉饰更多的是依靠专业、依靠技术，是典型的灰色地带，往左说得通，往右也说得通，编制出的报表无论是对股东还是对外人都是赏心悦目的，而造假不是这样的。

比如年底需要利润600万元，就多转600万元的成本，库存对不上，盘点的时候，箱子里装石头，用石头伪装成货物，或者用空箱子，蒙混过关，这就是造假了。

还拿大家出门前打扮自己来说。无论怎么化妆，化多厚的妆，好歹还能被认出来。但是整容就不一样了，已经不是真实的样子，这个就是造假。你想证明你是你，就得提供无数的资料；而有的人造假，压根就不想让人知道这是他。

3. 造假的手段

无论是财务粉饰还是财务造假，他们都是利用财务"数字"的规则性及可调整性，来达到自己的目的和想要的结果。唯一不同的就是程度不一样，即对人的欺骗程度、误导带来的影响程度不一样。

● 操纵收入，即推迟或提前确认收入，比如，将未完工的记作收入，或者滥用完工百分比，或者错误记录收入、重复收入、"制造"收入（虚假的），或者过账收入、刷单收入。

● 操纵利润，比如，推迟或者提前结转成本，把费用放在账外的关联企业中，或者虚列费用，加快折旧和摊销。

● 利用会计差错调节利润，以时间换空间。比如，某一年度明知故犯，下一年度再予以更正，知错就改，纠正前期收入确认差错、前期成本结转差错以及补少摊销的各项费用，以及纠正其他差错等。

● 造假，除了对会计政策的误用、错用和乱用，还需要业务的配合，人为地做一些虚假的证据链。比如，虚构收入；伪造合同；伪造印章；伪造资金回款；伪造银行回单；与客户沟通，让客户配合对账函证；与会计师事务所合作，用全套完整的单据换取审计报告；将收入、成本、费用进行配套，与真实情况同比例放大或者同比例缩小。有的企业甚至还会伪造一个银行，不得不说，造假的套路实在是太深了，防不胜防。

所以，我们要对提供给我们的"数字"持有合理的怀疑态度，不仅要了解对方的目的和动机，还要对改动"数字"的过程有一定的了解和认知。改动"数字"的动机来自企业的管理者，而行为来自业务和交易，最终改动后的结果反映在财务报表上。

7.7 如何搭建属于企业的"数字"体系？

为了搭建一个对自己企业真正有用的内部控制体系，我们先得做一些框架性的思考，看看在框架下，我们哪些方面已经做了一些控制，哪些方面没有；做了控制的那些，是否符合内部控制管理的目标，如果不符合，哪里需要修改和完善；没有做控制的这些，是否有现行的可以替代的一些方法。根据框架，做一个大的思考和布局，明确在搭建内部控制体系中要做的各项工作，并对这些工作进行分工，找好责任人，做好时间节点约定。

其次，要定一些标准性的原则和流程，比如，对客户、供应商、资产、物资、物料、合同、人员，以及目前在用的一些管理表格和单据等统一编码，不得让同一种东西在系统内有两个或两个以上不同的编码和名称。

7.7.1 搭建"数字"体系的准备工作

1. 现有流程梳理

在做具体的内部控制之前，首先要做好对内部各项资源的梳理，每项资源分类管理，做好统一编号，用表格的方式全部罗列出来。如果统一编码的事情做不到位，就会直接影响到后面数据的采集和管理。另外，要遵循一定的标准和方法，进行统一的培训，最终形成制度、表单和文件。

其次，把现有的流程弄清楚，画出流程图。要把业务进行过程中的每个步骤都画出来，方便我们整理思路和发现问题。

最后，把公司层面、业务层面的所有的流程全部梳理一下，做成流程清单，并进行分类，对应不同的编号，做成索引文件、培训文件和档案文件。

流程要覆盖企业业务的方方面面，如采购、销售、生产、技术、财务等各个大环节和大环节内的具体流程。财务内部也有流程，比如，采购的单据到了财务部这里，要先经过谁，他怎么处理的，处理完后交给了谁，谁又做了些什么工作，留下了什么痕迹，下一步到了谁，最后财务部会出来一个什么样子的表格和数据是对应这些采购业务的，而这些表格和数据最终又传递给了谁，等等。总之，要覆盖全部业务的流程。

2. 找到流程中的关键点

根据企业实际经营中经常发生的问题，明确要在哪个地方进行数据采集，或者哪个数据最能代表这个业务。每个具体的业务流程中，哪个环节和节点在这个流程中是最关键的、最容易出现问题的，要把它找出来。

这里要先做两个工作。

（1）对近期的目标进行整理。

根据企业的不同发展阶段，确定主要目标和次要目标。不同发展阶段的目标不一样，比如，初创阶段更关注经营指标；发展和稳定阶段更关注管理指标和效率指标，比如合法性、合理性、真实性、完整性、及时性等。

（2）对近期的问题进行整理。

对企业现有的各种问题进行梳理，整理出问题清单，看问题分别是哪个层面发生的，哪些业务会存在哪些问题。然后对这些问题的形成原因进行分析，看看是人的原因还是流程设计的原因，是执行的原因还是绩效方面的原因。

3. 内部控制的标准和要求

确认内部控制的标准，对内部控制要达到什么程度提具体的要求，定具体的标准，确保在过程中不会因为人员理解能力的问题而做出不一样的结果来。

就拿降低损耗率来说，怎样才叫降低，一定要定具体的标准。比如，从现在的6%降到4%。那么现在的6%是怎么计算的？降低到4%需要哪些部门的配合，每个部门要承担多少比例？如果完成了，每个部门能获得多高的奖金和绩效奖励？如果没有完成，又会怎么样？如果完成了一半，如降到了5%，又有什么说法？明确这些问题的答案，这就叫定标准。

7.7.2 内部控制的措施和方法

标准定出来后，就要制定内部控制的措施。比如，我们要定一个什么样的制度对这些内容进行约定；我们要对这些业务做什么样的授权，授权的过程中怎么防止舞弊行为的发生；在管控的过程中需要哪些表单和内部报表来达到内部控制的目的，等等。

1. 制度

制度与标准、流程还是有所区别的。

标准，就是有明确的数字方面的要求，是可以量化的，对工作完成的情况进行数量方面的记录和统计，可以用来比较。

流程，就是一件事情从前到后，经过了哪些步骤和环节，中间要经过哪些部门、经过哪些人，或者经过哪些部门的哪些人。

而制度，就是确保大家要按照流程做事情，并且会对不按流程的行为会有什么样的后果做出规定。

有的企业老板名下有多家公司，各公司之间经常有业务往来。制度规定月底要进行对账，但是实际情况是，四五年的账、几个公司内部的账一塌糊涂，完全没法核对，搞不清楚谁欠谁的。其实把内部公司等同于外部公司一样处理，就没有这些问题了。

民营企业鉴于人员的问题，好几家公司的账都由一个财务来做，有时他就分不了那么清楚，或者图省事，不按规定的来做。对此，企业要把对账这件事写清楚，写到制度里面去，每个月必须和各公司对账，还要保证对得上。

2. 授权

民企最难做的就是授权。老板不敢放权，一个原因是害怕"一放就乱、一管就死"；另一个原因是不会，不知道怎么放权，也不知道该放哪些权，这些权分别交给哪些人，怎么知道被授权的人是不是按照老板的想法和要求落实一些事情。

所以，就必须提前把一些权力梳理出来，包括大的权力、小的权力、重要的权力、不太重要的权力，还要梳理好各种权力的管控要点，做好授权审批表，比如，什么样的事情要经过哪些人、哪些部门的批准。

企业也可以根据金额大小，给予不同人不同的权力，或者分成常规的事项和非常规的事项来放权。例如，交税、内部各银行卡转账、预算内的开支等，可以直接到财务负责人或者总经理处报批；特殊事项或者金额大的事项，要通过董事长审批；等等。每个公司情况不一样，要根据自己的实际管理需要来设计。

什么是特殊事项，什么是非特殊事项，什么是金额大，什么是金额小，这些就是我们前文中说的标准，也要提前界定清楚。

3. 业务单据及内部控制文件

一些企业有管理制度，也有流程，但还是执行不下去。归根结底，还是因为这些制度和流程没有通过具体的业务表单和表格落地执行。一个好的单据可以把内部控制的流程、关键控制节点及重要的管理数据都采集出来。具体的操作人员只需要照葫芦画瓢，把工作中的一些信息真实地填写进去，按照表单的一些要素，或者通过表单的不同联系，自然流转到流程上的其他部门即可。

当然，表单必须有唯一编号，除此之外，还要明确谁来填写；依据什么填写，什么时候要填完；根据什么流转到下一个环节，是根据货物的流转、业务的流转还是根据工序的流转；多长时间内必须到下一个环节；本工序或者本环节需要做些什么操作；等等。

这些最终都要形成各种管理表格和内部控制的文件，如标准操作手册、作业指导书、制度流程汇编等，新员工入职先依次进行系列培训。

标准操作手册的重要意义在于，任何人根据这个手册的要求做同样的业务，都能得到同样的结果，就是我们常说的"照葫芦画瓢"里面的"葫芦"。

7.7.3 建立新的业务流程

我们要把内部控制的方法通过表单的形式做到新的流程里面，根据新的流程，各业务人员填写自己的表单，然后通过表单的传递，我们就可以采集到企业内部控制体系中所有的业务数据和过程数据。

新的流程有的变动不大，只是在原有的流程上面增加或者改变部分东西，而有的改动比较大。改动的大小取决于公司之前的内部控制的管理水平。

一个企业的内部控制体系并不是一次性就能建好的，而是需要在实践中逐步调整，根据实际经营过程中发现的问题，一步步地修订和完善起来。企业要定期地组织一些会议，监督各部门在内部控制新流程中的执行情况。一旦发现未按要求执行，就要及时提出整改要求，并对整改后的经营业绩进行评价，看是否有效地改善了管理，提升了业绩，达到了预期的效果；如果没有达到，就要分析问题出在哪里，然后需要再次循环和修改，直至达到企业的管理需要。

7.7.4 注意先后顺序

我们在搭建企业内部控制体系的时候，一般是先从财务内部控制入手，主要原因如下。

● 财务本身就是一个庞大的数据体系，基本上有企业经营80%以上的数据，从财务入手，能更快地发现企业现有内部控制体系的大部分问题。

● 财务涉及企业生产经营的方方面面，任何需要动钱的地方，财务都有可能参与进去，所以，从财务出发，能很快地理顺业务流程。

● 财务在做好数据收集和数据分析的基础上，可以再往前一步，对企业的各项经营活动起到引领和指导作用。

对于财务管控，要先易后难。

（1）资金是最容易梳理和管控的，一般企业对资金管控比较严，资金方面数据也最齐全。

（2）然后就是资产管理，因为毕竟资产比较大，不大容易出现丢失和毁损情况，也容易进行盘点和管理。

（3）从库存入手，对材料和库存产成品进行数据管理和流程梳理，然后倒推到采购和销售这一进一出的两个重要环节。

（4）对生产和费用，以及其他的业务流程进行内部控制管理。

在梳理财务业务流程，以及对财务进行管控的过程中，同时要加强制度建设。对付款审批流程、预算及审批制度、财务核算制度、财务内部及外部报表编制制度、业务合同审核制度、财务数据分析体系、财务数据监控体系等进行搭建，能以更快的速度为企业全方面建设内控体系提供基础数据支撑。

7.8 搭建"数字"的信息化传递系统

搭建"数字"的信息化传递系统，就是要建立一个适合企业发展阶段、管理水平和经济条件的信息化系统，然后通过这个系统，有效地获得企业管理中的各项经营数据。让这个系统助力于企业的内部控制和内部管理，实现对交易和经济业务的自动控制，不仅要减少或者消除数据传递过程中人为操控的因素，还要保证信息系统的安全。

随着监管力度的加强，以政府部门为代表，各行各业都在做"数字化"转型升级的改造，对"数字化"的管理要求逐渐提高，对信息的及时性、准确性也有了更多更高的要求。建立与企业内部控制相融合的信息化系统，已然是大势所趋。

那么在搭建的过程中，有哪些注意事项？要怎么建才能满足内部控制的管理需要呢？下面我们将一一进行讲解。

7.8.1 信息化建设与内部控制如何进行融合？

在关于内部控制的设计中，要将信息化的要求做到业务流程前端，从数据还没开始采集时就设好预警和目标。一是防止在采集和录入的时候，采集到错误的数据；二是让错误的数据、不合适的数据、不符合要求的数据，无法被录入系统内。

比如，企业在流程中设计，只有张三才能录入数据，那么其他人登录进去，就无法录入；或者，企业对业务招待费的报销有一定的流程，如果在执行过程中没有按照流程，报销的单据根本就无法流转，自然也得不到报销。

在采集过程中，实时更新数据，从之前的单一财务数据的采集，到复杂的业务数据和过程数据的采集，使得采集到的数据更全面、更真实、更精细、更有效，有利于我们全面、及时地掌握企业的运营情况。对要录入的数据数量，也要进行规定，比如，业务完成后，多长时间内必须录入系统。录入后谁对录入数据进行审核也要有要求，以确保每个数据从录入开始，就能达到有效的要求。

采集数据后，要搭建各种数据分析的模型，以便及时发现企业经营中存在的问题，为企业制定合理的绩效评价提供依据，为企业的经营决策提供方向，比如，优化定价、调整库存管理策略、生产策略、精准营销、精细化管理、控制成本费用等。

7.8.2 如何搭建"数字化"信息系统？

企业要全面梳理现阶段内部信息在传递过程中出现的问题和要达到的目的，明确要传递的数据信息的种类、数量及要求，数据信息进行传递的方式，是通过电子单据传递还是通过内部管理表格传递，每个类型的数据分别要传递给哪些人、要流经哪些人、流经顺序是什么，等等，以避免出现信息遗漏或者重复采集。然后根据这些情况，来确定信息化建设的项目方案。

做了信息化建设后，也会产生一些风险，比如，系统出现问题、数据被盗等，也会给企业带来损失。所以，除了要做好内部控制和信息化建设的设计方案，打通信息系统和财务数据的无缝对接，保证数据的安全及有效传递也是信息数据传递的关键。

要保证数据的安全及有效传递，就要从以下5个方面进行部署，即系统硬件、系统软件、操作人员、业务流程和信息传递，其中业务流程在前面章节多次提到，这里只讲另外4个方面。

1. 硬件方面

要加强对数据计算器和服务器的管理，保证良好、适宜的运行环境，比如通风降温等，并指定专人对机器进行维护，未经授权，任何人不得接触这些设备。然后，定期（如一个月）由这个人对系统里的数据进行备份，进行多处存储，方便及时恢复。

2. 软件方面

企业可以自行开发软件，也可以委托第三方开发。在开发的过程中要防范风险，与第三方签订合同和保密协议，督促开发单位按照合同约定的进度和质量要求完成开发工作，确保其能满足企业内部控制管理的需要。另外，还需要安装一些安全软件，如防火墙等软件，来防范信息系统因受到病毒和黑客的攻击，进而导致数据系统被感染和破坏。

3. 操作人员

企业操作人员分为两类：一类是管理维护人员，另一类是操作人员。管理维护人员主要负责给操作人员授权，对系统进行维护变更，对数据进行备份等工作。管理维护人员不允许操作系统，否则就容易发生篡改数据、利用数据漏洞等事情。管理人员对操作人员设置不同的访问权限，定期对操作人员进行管理，对变更工作岗位或者离职的，要及时进行相应的权力变更，或者收回登录权限。

操作人员也需要根据内部控制管理的要求，遵守不相容岗位分离的原则，录入人员和审批人员不能是同一人。操作人员不能进行数据的删除操作，不能擅自对操作系统进行升级。

为了留好使用记录，查看操作记录，信息化系统要设置操作日志功能，保证操作痕迹可追查。对于违背内部控制要求的操作或者错误的操作，系统可以自动报告给管理维护人员。

4. 信息传递

要求企业按照一定的流程，将数据信息通过规定的形式传递给企业管理者，从而使数据得到及时有效的传递，把流程固化在信息系统内部，在传递过程中，要做好信息系统的安全保密工作。

必要时要通过审计或者监督部门对信息化系统的设计和执行进行评价，让他们提出改进建议，并由企业逐步完善，最终达到企业"数字化"管理的要求。

7.9 小结

通过将内部控制和"数字化"结合，可以把控制环节往前移，从事中、事后移到事前，能更有效地规避和防范一些风险，把风险苗头扼杀在摇篮里，不给它出现的机会。

有人会问，为什么管理规范的企业，一般不会出现什么事情？其实并不是它不出事情，而是在出事之前，管理者已经通过内部控制的方式提前做了防范，避免了风险事情的发生。那些看似繁文缛节，又没多大作用的流程，其实就是一道道的栏杆。

7.9.1 做好"数字"的设计工作

现在的内部控制，以最早的确保企业的资产和财物不丢失为主要目的，并通过跟信息化、数字化的结合，降低了企业的管理成本，减少了人为出错，提高了生产经营效率和效果，创造了价值，引领企业发展。实施内部控制能更快、更准确、更直观、更有效地发现企业存在的问题，也能实时知道企业的经营状况和财务情况，及时有效地做出有利于企业发展和目标的决策。

为了避免大家在工作中不遵守流程和制度，无论是无意的还是刻意的，企业都可以通过信息化把流程固化下来，在业务的流转过程中自动完成转序，自动根据时间节点记录工作的完成情况，既不需要找领导签字，还能较好地统计出员工的工作状态。

在将内部控制和信息化结合的时候，最主要的是做好设计工作。比如，要达到哪些目标，为了这些目标要收集哪些数据，数据要从哪里采集，收集到的数据要怎么加工处理，如何进行传递，如何保证数据的安全，该搭建什么样的分析框架，需要借助哪些工具和软件，以确保最终搭建的数据体系和内控体系能满足企业发展的需要。另外，还要考虑成本效益原则，让企业花费比较低的代价，达到比较好的管理效果。

一些企业一听说提升管理要与"数字化"结合，就赶紧上马ERP系统，但是，上了系统就一定能解决企业内部控制的问题吗？并不能，企业花费几十万元买来的软件，可能就是个"鸡肋"。主要原因在于，他缺少了设计环节。

ERP软件确实能做到减少人工控制，实现自动控制、信息采集及信息汇总。但是ERP是个标准程序，是种大而全的操作系统，而每个企业都是独特的，有的企业没有流程，有的企业人员缺位，有的企业流程计算机不能一次性将数据采集到位，需要二次合成和加工。如果直接把标准的流程套到不标准的企业身上，就会出现为了让鞋更合脚，而割掉自己一部分脚的情况，这样明显本末倒置。

为什么不设计一双合适的鞋呢？企业完全可以通过一定的设计和处理：删减、调整、合并、优化、简化，让ERP系统更适合企业的实际情况。

7.9.2 加强"数字"准确性的建设工作

在做"数字化"内部控制的时候,最容易出现问题的环节是,对数据的准确性和配合度的控制。

1. 数据的准确性

运用 ERP 的时候,企业流程设计好了,且都调试过了,数据也能采集,采集到的数据也是有效的,但是设计再好的流程,也有因为各种原因不执行的时候,如忘记了、输错了、不想输入。如果仅仅是一遍遍地提要求,让改正、补上,也是起不了什么作用的。

企业需要阶段性地对数据进行检查和审核,比如,系统里的订单已经完工了,在入库或者发货的同时,就要去系统里看看各个工序对应的数据是否已被全部的录入。我们经常发现,要不就没有领料数据,要不就工序不全。这样就没法统计员工的工作情况,也没法算出正确的物料信息和真实的成本信息,更无法知道真实的库存。

通过监督和检查,如果发现没有按流程操作,不及时做领料,不及时录入工序,就要进行相应的处罚。当日事当日毕,要及时地处理,这样才能发现深层次的问题。比如,一个企业经常出现交期延误的情况,每次开会就扯皮,每次都不了了之,该延误还是延误。如果每个工序对应的员工都明确自己的责任,做好自己该做的,及时录入自己工序的数据,系统自动就会发现没有按要求、按标准做工作的工序,才能发现哪些工序经常拖延,拖延的程度怎么样,以及如何采取有效的措施进行改善。这样才能保证企业的数据和 ERP 的运行是有效的。

2. 数据的配合度

数据之间衔接不好,配合不好,也会出现很多问题,比如,延误交期、缺料等。

缺料除了因为采购没有及时采购回来之外,还和仓库有关,也和企业各部门数据之间的传递和沟通有关。

在生产的时候,做了一半才发现缺料,就会导致停工、无法及时交货等情况。那为什么会缺料,要怎么防止缺料呢?办法就是企业在生产之前要核对所有的材料。比如,生产部根据订单做出第二天的排产计划:第二天要生产什么,或者上午生产什么,下午生产什么,然后将这个生产计划告诉大家。这个时候,仓库和采购就要对第二天排产计划所需要的物资情况进行分类和分析,看看仓库是否有对应的材料。如果有，就要提前准备出来，放在待料区；如果没有，就要及时采购，一定要保证在第二天生产之前或者在用料之前投放到位，这样就不会出现停工待料的情况。

随着信息化的发展，对企业的经营要求越来越高，所以，要扎扎实实地结合企业自身的情况，做好与"数字"有关的内部控制，从粗到细，一步步优化，再逐渐完善。

第 8 章

内部控制的评价和审计

随着企业的发展与壮大,很多股东并不参与公司的生产经营和管理。为了确保企业发展的方向与股东们设想的方向一致,或者是与管理者汇报给股东的方向一致,股东们要定期对企业的一些财务状况和风险状况进行了解。此时就需要企业里代表股东对公司事务进行管理的董事会或者管理层,定期地给股东们出具财务报告和内部控制的自我评价报告。要求高的企业,还需要对这些财务报告和内部控制的自我评价报告进行审计,因为股东们要被审计后的这两个报告。

这份内部控制自我评价报告,会说明企业目前存在哪些风险,通过各种控制措施降低了哪些风险,还有哪些风险没有被控制,或者没有完全被控制。这些风险的存在会带来一定的后果,一些是流程的问题导致的,一些是人为的原因引起的,严重的会给企业带来倒闭的风险。

对这些风险和风险带来的问题进行描述,并对这些风险进行评估,确定风险的大小和重要性。第二年再次对企业各种经营活动的内部控制情况进行自我评价,看看是否改进,或者改进的进度是否符合要求,改进的措施是否正确。如果没有达到预期,就再次进行整改、修订和完善。每年不断地如此循环,企业就会逐步相对安全地发展。

本章仅阐述与内部控制评价相关的报告和审计,对于与财务报告相关的报告和审计不作说明。

8.1 我们的内部控制是否有效,谁说了算?

与内部控制有关的措施设计得合理、有效,在设计得有效的这些措施里,大家有效地执行了——这是内部控制评价和内部控制审计的目的,并以此来判断被评价企业的内部控制是否值得被信任。

8.1.1 为什么要进行内部控制的评价?

要做好内部控制的评价,就要结合前面章节制定的内部控制的制度,及时收集与内部控制有关的数据和信息。不仅要关注内部控制在运行过程中是否有风险、有缺陷,还要关注在制定内部控制制度的时候是否就有遗漏和风险,更多地要关注内部控制的合理性、规范性、安全性和有效性。

内部控制的评价要根据企业实际情况的变化及时进行。一旦企业的经营业务发生了调整,经营环境发生了变化,业务模式及业务发展发生了变化,甚至企业发生了并购、重组、分立等会对企业内部控制产生影响的事项时,都要及时地对现有内部控制的有效性进行评价。

内部控制评价分为对内的评价和对外的评价。对内,更多体现为检查和监督,定期的或者专项的,为的是发现问题,不断整改,解决问题;对外,更多的是上市公司或者央企、国企等,监管机构对其有明确要求的和管理规定的。

8.1.2 谁来评价?有什么条件要求?

内部控制评价,是指企业的权力机构,如董事会或者管理层(如果没有董事会)对自己企业的内部控制的有效性进行全面评价,形成评价结论,出具评价报告的过程。

内部控制的评价报告,可以自行编写也可以委托编写。自行编写的,要成立内部控制评价部门,或者成立内部控制评价工作小组,或者由内部审计部门来执行具体的评价工作。

内部控制评价部门须具备以下条件。

● 能对内部控制系统建立及运行的过程和结果进行监督,并有独立的监督权力。

● 具备评价与监督内部控制建立和运行相适应的专业胜任能力和职业道德素养。

● 在评价和监督的过程中,从效率和成本上满足内部控制的原则和要求。

- 有公司董事会的授权和支持，并有足够的权威，以确保评价和监督工作能顺利开展。

无论是内部控制评价工作小组，还是委托第三方进行内部控制评价的具体工作，拟定评价工作计划，制定评价方案，组成评价工作组，实施现场评价，草拟评价报告，不管是全面评价报告还是专项评价报告，都必须向董事会进行报告，并由董事会进行审批。

8.1.3 评价的标准

内部控制评价报告是否有效，也是因人而异的，不同的企业、不同的人对效果的评价和感受是不一样的。影响评价结果的因素主要有三个：一是客观效果，二是要求的高低，三是评价样本的数量及代表性。

1. 客观效果

关于客观的效果，也存在 3 种不同的情况。

（1）结果。

内部控制的缺陷数量、缺陷带来的影响大小等都是结果，而对结果的判断基于数据的比较，比之前、比去年、比历史平均水平等，通过比较发现结果的好坏。比如，采购质量好、价格低，这也是结果。

（2）过程。

有的人会关心你是怎么做的，够不够专业，你在工作中的整体推动能力如何，是否做了一系列有效的评价措施和工作，等等。如果你在做事的过程中专业且靠谱，那么他也会觉得这是有效的，虽然结果不一定会出现。

（3）沟通。

就是你什么都没有做的时候，他和你做了一些沟通和交流，在沟通过程中，你讲明白和讲清楚了这个事情的前因后果和业务逻辑，通过分析和推理能发现问题，并能通过探讨发现解决问题的合适做法，这也是一种效果，他也会觉得内部控制是有效的。虽然过程很复杂、很漫长，结果暂时也没有出现，但是思路正确、方法正确、人也正确，这也是有效的。

从实践的角度来说，最好的效果是第 3 种，即沟通产生的效果。因为通过沟通，让企业管理者对这件事情有了辨别能力，进而有了主观的判断能力和决策能力，他能主动积极地参与和掌控整个事情的进展，他会根据自己的目标，不断主动地进行修正和完善，经过一段时间的实践，最终就会出现他想要的结果。

2. 要求的高低

不同企业的内部控制不一样，有的很复杂，需要很多的表格和流程；有的很简单，关键岗位用家庭成员。不同企业对效果的要求也不一样，有的要求非常严，有的不是那么严，每个企业能承受的风险程度是不一样的。同样的，不同阶段企业的发展重点也不一样，所以在追求效果的时候，可以追求其中的一种、两种，或者三种。

3. 评价样本的数量及代表性

内部控制评价，一般是定期评价，大部分是一年做一次评价，有的在每年评价的时候只针对一些重要的业务板块和业务单元进行专项评价。因为如果真的要对全部的业务，或者全部的时间段，比如每个月，都来做一次充分的评价并不现实。而且，经济环境变化很大，所选取的样本可能并不能代表企业的整体情况。比如，有些新成立的企业虽然业务量不大，但是风险大，所以也会存在样本的缺陷，进而带来评价效果的缺陷。

8.1.4 评价的原则

1. 全面性原则

内部控制的评价要涵盖企业所有的经济业务，所有的内部单位和单元，不仅包括运行和操作层面，也包括设计和管理层面。

2. 重要性原则

内部控制评价在全面评价的基础上，以风险为导向，根据风险发生的可能性，及风险对实现企业内部控制目标的影响程度，确定评价的重点工作，如重要业务单位、重要业务事项及高风险领域。

- 重要业务单位，一般是以企业的资产、收入和利润为判定标准，根据业务单元的三项数据分别占集团和企业层面的比例确定，比例高的为重要业务单位。
- 重要业务事项，一般是指投融资、兼并重组、合并分立、股票期货、担保、大宗商品交易、大额资金等业务。
- 高风险领域，一般是特殊行业、特殊业务，如套期保值、金融衍生品及对冲、国家政策限制类产品的进出口贸易业务等领域。

3. 客观性原则

内部控制评价，要结合企业的实际情况，如行业环境、发展阶段、经营规模、业务特点等，制定具体的评价办法。以事实为依据，如实反映企业内部控制设计与运行的有效性，评价过程和结果要有充足且适当的证据。

8.1.5 评价的内容

内部控制的有效性是指企业建立与实施了一系列的内部控制措施，这些措施为内部控制目标的实现提供合理保障的程度，包括设计的有效性和运行的有效性。

1. 设计的有效性

设计的有效性是指为实现内部控制的目标，企业所做的关于内部控制的五要素是否考虑齐全、是否设计得当；是否为了发现和防止企业财务报告的重大错报设计了一系列的控制措施；是否为了保证企业资产的安全完整设计了一系列的控制措施；企业设计的控制措施能否保证企业经营的合法合规；相关的控制措施的设计能否助力企业提高运营效率和效果，实现企业的发展战略，等等。

2. 运行的有效性

企业现行的内部控制措施，是否一直是按照规定的程序正确执行的；相关的人员是否具备相应的能力；相关的执行措施是否可以避免一些错误的重复发生，是否能避免一些人为的失误等。

8.1.6 评价的流程和步骤

企业内部控制评价的方式、范围、程序和频率，由企业根据自身经营业务的调整、经营环境的变化、企业发展的情况、企业对风险的承受能力等自行确定，国家及法律法规有规定的从其规定。具体包括以下几个步骤。

1. 制订评价方案

内部控制评价部门，根据内部控制评价的要求，结合企业的实际情况，分析经营管理过程中的重要业务单位、重要业务事项及高风险领域，然后根据企业的风险接受程度，结合成本效益原则，制订科学合理的评价工作方案，报经董事会及权力机构审批后开始实施。

评价工作方案一般包括评价的主体范围、评价工作内容、人员配备及安排、时间安排及计划、费用预算等相关内容。一般情况下，企业初次进行内部控制评价时，要对各项业务、各个单位进行全面综合的评价。待企业内部控制系统逐步完善、逐步成熟后，可以在全面评价的基础上，更多地采用专项评价和重点评价，以提高内部控制评价的效率和效果。

2. 人员及时间安排

根据内部控制评价工作的内容，安排合适的有胜任能力的人员，然后根据不同人员的专业能力和胜任能力，以及评价工作的整体时间规划，进行具体的工作安排及时间安排。

3. 实施现场评价

评价工作小组根据评价方案中确定的评价范围，对人员进行驻场安排，实施现场评价工作。

首先，评价工作组成员与被评价单位进行充分沟通，了解企业经营业务及范围、组织结构的设置及岗位分工、领导成员构成及分工、财务管理工作状况及人员分工，并进行现场车间走访及员工访谈等相关工作，确定该单位的评价范围、评价重点工作及抽样数量和原则。

其次，收集评价范围内，重点工作的各项管理制度、业务流程单据及表格、合同及一些相关资料。评价人员运用各种评价方法对被评价单位的内部控制的设计及运行的有效性进行现场测评，记录相关测评结果，并对发现的内部控制的缺陷进行初步认定。

最后，现场拟定评价工作报告，与被评价单位进行充分沟通，交由评价小组及负责人进行审核，由被评价单位签字确认后，提交内部控制评价部门。

4. 编制评价工作报告

内部控制评价部门首先汇总各评价小组的评价结果，对缺陷形成的原因、表现形式和风险重要性程度进行定性和定量分析，并对缺陷进行分类和汇总，如分为设计缺陷和运行缺陷，重大缺陷、重要缺陷和一般缺陷等。然后根据不同的缺陷提出不同的整改建议。最后将所有的评价过程和事项，汇总成最终的评价工作报告，提交董事会审批后，转给被评价部门进行整改，并跟踪整改情况。

如果在评价过程中发现一些问题，对于重大的缺陷，要及时汇报给董事会；对于重要缺陷和一般缺陷，要汇报给经理层。但是在发现经理层存在舞弊现象或者经理层有凌驾于内部控制之上的行为时，可以直接上报给董事会。

内部控制评价工作是一项长期的工作，至少每年都要做一次。所以，企业要建立与内部控制评价相关的管理制度，以及与内部控制评价实施相关的激励和约束机制，将全体单位和员工实施内部控制及内部控制评价工作的情况纳入考核，通过制度和考核的建设，保证内部控制评价工作的顺利开展和有效实施。

8.2 评价内部控制有哪些方法？

第一节说过了，内部控制评价就是对企业内部控制设计的有效性和执行的有效性进行评价。那么到底采取哪些方法进行评价呢？本节将进行详细说明。

8.2.1 对被评价企业进行调研和了解

调研和了解的主要方式是现场走访、访谈和发调查问卷。

在实务操作中，一般会在调研前收集被评价单位的基础资料，比如，企业现行的管理制度、组织结构图，以及员工花名册、财务报表、税务报表等资料。然后根据组织结构图和员工花名册挑选合适的访谈名单，如单位的主要领导、各部门负责人、核心骨干员工、财务人员及部分基层员工。访谈的过程中会询问一些问题，并引导他们对发现的问题进行分析。

首先，在进场调研的前几天，要对企业的内部控制环境设计调查问卷，列好问题提纲，发给员工填写。

然后，去车间、办公室等生产经营现场进行走访和观察，看看员工的精神面貌、工作环境、工作步骤和行为方法，顺便对基层员工和中层员工进行了解和访谈。

最后，根据评价的需要，也可以列席被评价企业各层级的现场工作会议和专项会议，对会议内容涉及的内部控制的缺陷，进行判断和初步评价。

8.2.2 对企业的风险进行判断和评估

对风险的判断，取决于委托单位和被评价单位对风险的厌恶程度和接受程度。有的企业能接受较大的风险损失，有的企业只能接受较小的风险损失，由此可见，不同企业对风险的判断标准和对缺陷的认定标准也不一样。

对此，要根据委托单位和被评价单位的风险接受程度，制定内部控制评价的具体方案，包括要具体评价的业务内容和范围、计划采集的信息和数据、计划抽取样本的规模等。

8.2.3 抽样及实地查验

针对重点评价领域和业务发生频率比较高的业务，以及虽然频率不高但是风险大的业务进行抽样，然后，对抽取的样本实施不同的评价方法，对样本的有效性进行评价，进而推断企业整体内部控制的有效性。

需要注意的是，要保证抽取的样本能代表企业整体内部控制的有效水平，并且抽取的样本要与评价企业内部控制的设计和运行有关，而不是部分相关。这样才有利于对内部控制的真实情况做出比较全面、客观的判断。

实地查验法，是对抽取的样本中涉及的实物资产或者财务数据和资料等进行盘点、清查、核对、函证及分析。包括：对资产的安全性目标的内部控制有效性进行判断；对抽取到的实物资产，如设备、厂房、车辆、材料及成品库存和现金（如有）情况进行盘点；对银行存款账户和往来客户的数据进行发函，求证真实性及准确性；对业务记录、财务凭证和原始单据的内容进行复算和核对。

根据实地查验得到的结果，对被评价企业内部控制中涉及财务方面的内部控制判断是否有效，根据业务情况和查验情况，是否能得到报表上相应的数据。

8.2.4 穿行测试

穿行测试是根据选取的样本，顺着业务发生的路线和流程，对业务进行全过程操作执行的观察、了解，对业务流程每个环节中获取的数据进行采集，最终汇总到财务报表中的一种方法。从起点到终点，以此来了解和发现该业务在全过程中的内部控制缺陷和存在的问题，并识别出关键的内部控制环节是否得到了较好的设计和执行。

然后根据样本的情况，对企业同类业务的内部控制的设计和执行的有效性进行评价。

8.2.5 比较分析法

比较分析法是通过不同数据之间的分析和比较，来取得评价的证据。比如，对数据进行同行业的横向比较，与企业的历史数据、预算和计划数据进行比较，通过比较发现差异，对差异中出现的异常情况进行分析，进而判断异常情况中的内部控制是否有效，是否存在内部控制的缺陷。

下面介绍 4 种分析判断方法。

1. 分布分析

对被评价企业财务和业务数据进行分布分析，发现内部控制缺陷一般存在于哪些类型的业务中，存在于制度建设中的有多少，存在于公司治理层面的有多少，存在于公司环境方面的有多少，存在于操作执行层面的有多少，是较多地分布在销售环节、采购环节还是财务管理环节，等等。这些问题的发生会给企业带来多大的损失？会带来较大损失的缺陷有多少，会带来较小损失的缺陷又有多少？这些缺陷和问题是集团内多数企业存在还是个别企业存在？

至于具体怎么对分布进行分类，要根据企业管理的需要，以便发现对应业务及业务环节的内部控制缺陷。

2. 趋势分析

趋势分析对数据的要求比较高，不仅需要有比较完善的往期数据，还需要这些数据有一致的计算口径。

对数据的数据量进行分析，比如数据总体数量的变化情况，或者是某一类型数据的数据量的变化，这些数据量是变多了还是变少了？对数据涉及的金额进行分析，比如涉及的金额是增加了，还是降低了？对数据的发生频率进行分析，这些问题是重复多次发生，还是偶尔一次两次发生？如果是重复发生，重复的频率是否有变化？是变得更稀少了，还是变得更密集了？对数据的分布占比进行分析，占比是增大了，还是减少了？等等。

通过数据的趋势变化，对内部控制的设计和执行的有效性进行分析判断，发现内部控制的缺陷。

3. 原因分析

对问题形成的原因进行分析，看看这些原因是老原因，还是新原因？如果是老原因，为什么还会多次出现？如果是新问题，也要判断一下，曾经是否发生过？同时要分析，为什么会间歇性地出现？还有一些新问题，虽然这些新问题，涉及的金额也不大，有的只是个性的问题，但如果不加以控制，最终也会变成共性的问题，给企业的发展带来比较大的影响，所以这类型的缺陷要更多地引起评价人员的关注。

4. 总体分析

总体分析是为了将分析成果进行汇总，让管理者有更直观、清晰的印象和了解。董事会和管理者一般更多地关注共性的和系统性的问题。比如，总体内部控制缺陷导致的金额损失，与去年相比是增加了还是减少了；重大缺陷的数量是增加了还是减少了；业务单位的分布和去年比较发生了什么样的变化；这些变化是和企业经营的环境有一定的关联，还是和管理层的能力有关联；等等。

5. 异常分析和判断

在进行内部控制评价的过程中，对业务和财务数据进行分析，会发现其实出现异常的频率非常高，但并不是所有的异常都是问题，或者说，并不是所有的异常都需要管理者的重视。所以，评价人员要对评价过程中发现的异常进行分类，根据分类的结果分别报告出每一类缺陷中，重大的缺陷有几个、分别是什么样子的、分别是什么类型的。

（1）纯数据异常。

比如，财务数据大小的变化，钱的进出时间、频率和方向的变化等。异常的数据一般是业务发生后的结果表现，通过对数据的分析，发现是否存在财务方面的内部控制缺陷。

（2）异常的往来关系。

比如，同一家企业既是客户又是供应商；同一批客户中，部分客户的账期明显偏长；供应商明明是管理咨询公司，却会有材料出售；明明合同是和 A 企业签订的，却从 B 企业收回来的钱，或者从业务员个人处收回的钱；长期不发生业务的客户，突然发生较大量的业务往来；等等。通过对这些异常进行分析，就可以发现内部控制中的缺陷和存在的问题。

（3）异常的时间。

比如，招投标业务中，一般是先有招投标，后有签约，最后才是发货和收款，但是很多企业在实际操作中，会存在"先上车后补票"的行为。所以，可以从业务流程发生的时间判断异常。

有些企业在采购业务中，会出现在价格和质量相同的条件下"舍近求远"的采购行为，导致采购时间延长；或者是合同签订的时间晚于业务发生的时间。这些都需要评价人员进行关注，进而发现业务过程中内部控制的缺陷和存在的问题。

（4）异常往来单位。

往来业务单位的挂账，有些数据、有些业务没有问题，看着也是正常的。但如果对关联单位进行同笔业务的核对，有时就能发现问题，如"单腿账"的问题。费用单位会尽量多出费用，收入单位会隐瞒相应的收入，从而形成账外"小金库"。

（5）异常的原始单据。

在评价过程中，评价人员一般会到财务或者档案部门翻阅被评价单位的原始单据，看看原始单据中是否有改动的痕迹、业务单据是否连号，等等。如果存在异常，就对这些异常进行分析，追加评价流程和方法，也能发现内部控制中的一些缺陷。

（6）其他异常。

这里列举财务和业务方面发现异常的一些迹象，方便大家在实际操作中借鉴参考。

- 财务方面。企业有较高的欠款，同时银行存款金额巨大；应收账款增长较快，金额比较大；库存增长较快，金额比较大；固定资产增长较快；财务科目的发生额和余额不匹配，比如，发生额一直比较大，余额一直比较小；企业的利润率远高于同行；企业有较好的利润，资金却非常匮乏，等等。
- 业务方面。将被评价单位的关联关系梳理出来，将关联方的交易数据进行分析和比较，计算出关联方的交易数据占企业全部交易数据的比例，看看这个占比是否较大；员工数量、员工结构、社保缴纳情况与工资不匹配；合同执行情况和财务数据的实际完成情况不一致；各种资产、设备、专利等的管理制度和流程与实际情况不一样；采购、生产和销售过程的相关数据不匹配，出现购销数据比较大，生产数据比较小，或者生产数据比较大，购销数据比较小。对这些异常进行分析，对潜在的原因进行深挖，也能发现企业内部控制过程中的一些缺陷和存在的问题。

另外，对财务方面的数据和业务方面的数据进行逻辑分析，也可以发现内部控制存在的缺陷。

以上各种评价方式和手段基本上是内部控制评价常用的一些方法。随着信息化的发展，我们借用大数据和信息化的手段对数据进行分析、判断和评价，能既快又好地得出内部控制评价有效性的结论。

8.3　内部控制评价和评价报告都包含些什么？

内部控制评价主要包括两个方面：一个是内部控制评价的内容，另一个是内部控制评价报告的内容。当然，要对内部控制进行评价，还有一系列的标准，编写内部控制评价报告也有一系列的要求，下面我们分别说明。

8.3.1 内部控制评价的内容

我们讲过内部控制的五要素：内部环境、风险评估、控制活动、信息与沟通、内部监督，内部控制的评价就要围绕这五个要素进行，针对这些内容设定评价标准，判断它是否能有效地实现我们做内部控制的五个目标：企业经营合法合规、资产安全完整、财务报告真实、提高企业经营效率和效果、促进企业发展战略的实现。

内部控制评价对于这五个要素分别评价什么内容呢？

1. 内部环境

比如，部门设置不合理，人员配备不到位或者不合适，企业发展战略不清晰，等等。针对这些问题进行分析，看看是不是因为内部控制存在控制缺陷，这些缺陷重不重要。

2. 风险评估

结合被评价企业自身的内部控制制度，对企业日常经营管理过程中的重要业务领域和重要业务单位有可能存在的风险进行识别和分析，然后，根据风险对企业经营管理的影响程度，判定风险大小，进而选择具体的评价单位和评价业务范围。如果风险大，就将更多的评价单位和业务范围纳入评价范围；如果风险小，可以适当降低评价单位和业务范围的数量，在这个过程中，检验这些评估手段和风险标准是否有效、是否合适。

3. 控制活动

对被评价企业在日常经营管理过程中采取的内部控制措施的设计和运行，进行缺陷认定和有效性评价，分为企业层面和业务操作层面两个方向，重点对采购业务、合同管理、销售业务、资金和资产管理这些方面进行测评。

就拿资金支付的审批流程来说，分析是否进行分级授权，分级和授权的金额是否合适；对大额资金支付是否集体决策和管理层联签；对没有列入计划和预算的，以及超过计划和预算的，资金支付的流程是怎么样的，制度是怎么规定的，又是怎么执行的；等等。

4. 信息与沟通

对被评价企业的信息收集系统、信息处理过程、信息传递流程、信息传递的及时性、财务数据的真实性、信息系统的安全性，以及整个信息与沟通过程的内部控制的有效性进行评价，看是否能防止信息与沟通过程中的一些错误和舞弊现象。这些情况如果发生了，是否可以被及时地发现等。

5. 内部监督

对被评价企业的内部监督机制的有效性进行认定和评价，分析其在监督时能否发现企业运营过程中存在的问题；能否及时控制这些风险，并及时地采取一系列措施对风险事项进行跟踪和管控；企业的董事会及管理层能否有效地发挥监督作用，无论是能力方面、流程方面还是制度方面。

在评价的过程中要做好记录，记录所做的评价工作、评价内容、评价的依据、采取的内部控制措施和收集到的证据等资料，以及评价小组对这些评价内容进行认定的标准和对评价结果的认定。

某一项评价工作做完了，是否有效要有一个结论。如果无效，就要进行补充说明和具体的描述，是哪些地方无效。然后根据问题和缺陷的认定标准，进而确定是否重要，是否影响对内部控制有效性的判断。

8.3.2　内部控制缺陷的认定

对内部控制有效性进行认定，最关键的地方就是对内部控制缺陷的认定。

内部控制缺陷的认定及标准，每个企业并不一样，一般根据企业的发展阶段、规模、行业特征、风险承受水平等来确定。如果不能确定，那么可以参考同行先暂时制定一个差不多的标准，或者根据企业经营管理中缺陷的数量及带来的损失和影响，提出一个差不多的标准。初步的标准定出来后，试运行一段时间再及时调整，最终调整到符合自己企业管理的实际情况。标准定下来后，要尽量保持稳定，没有特殊情况，一般不进行调整。

在认定之前，要先对缺陷进行分类。

1. 设计缺陷和运行缺陷

（1）设计缺陷。

一方面是指因缺少相关的控制，而导致的内部控制缺陷；另一方面是指设计得不适当。若设计得不适当，即便得到了有效的执行也不一定能实现内部控制的目标。

（2）运行缺陷。

运行缺陷是指设计得比较合理、比较科学的内部控制，在实际执行过程中，因为没有严格按照设计的意图去执行，导致执行与设计脱节；或者是由不恰当的人执行，如存在职位不相容、人员胜任能力不足的问题；或者运行的时间和频率不符合设计的要求；或者三天打鱼两天晒网，执行时没有遵守一贯性原则，不能有效地实施控制，实现不了内部控制的目标。

对于设计缺陷，一般要从企业内部管理的制度入手查找原因，及时更新、调整、废止、修订，弥补设计缺陷造成的漏洞；对于运行缺陷，要及时分析原因，查找责任人，针对性地进行整改，甚至在整改的过程中要追究相关部门和人员的责任。

2. 财务报告内部控制缺陷和非财务报告内部控制缺陷

（1）财务报告内部控制缺陷，也包括设计存在漏洞，或者运行存在偏差。是指企业在会计确认、计量、记录和报告过程中出现的，对财务报告的真实性和完整性产生直接影响的一些控制缺陷。

（2）非财务报告内部控制缺陷，同样包括设计缺陷和运行缺陷。它是指虽然不直接影响财务报告的真实性和完整性，但是对内部控制目标的实现存在不利影响的其他控制缺陷。

3. 重大缺陷、重要缺陷和一般缺陷

企业要根据对自身风险评估的基础，结合自身管理需要，确定一个标准。而这个标准就是用来判断在内部控制评价过程中发现的缺陷的重要性程度。

重要性程度取决于两个方面：第一，不能及时被发现、防止和纠正；第二，该缺陷单独或者和其他缺陷相结合，导致实现内部控制目标的偏离度比较大，或者带来的损失金额比较大，一般分为重大缺陷、重要缺陷和一般缺陷。

表 8.1 为 A 公司内部控制缺陷的等级认定表，还有的企业将缺陷带来的损失金额超过销售收入 5%（也可以根据利润的比例）的视为重大缺陷，3%～5% 的为重要缺陷，低于 3% 的为一般缺陷。每个企业情况不一样，根据自己的管理需要来确定即可。

表 8.1　A 公司内部控制缺陷的等级认定表

缺陷认定等级	错报或损失金额
一般缺陷	2 万（含）~5 万元（不含）
重要缺陷	5 万（含）~10 万元（不含）
重大缺陷	10 万元及以上

4. 定量标准和定性标准

上文中提到的用于分析缺陷的重要性程度的标准，一般分为定量标准和定性标准。

（1）定量标准。

分为绝对值的定量和相对值的定量，一般适用于发展比较平稳，每年差异变化不大的企业。定量指标要使用当年度的财务数据，而不应该使用上年数据，即便是上年被注册会计师审定的数据也不合适。

在使用定量标准的时候要注意，如果企业设置了多个量化的指标，比如，设置了利润、资产总额、销售收入3个指标，而且3个指标计算出的结果不一样，导致对重大缺陷、重要缺陷和一般缺陷的分类不一样，那么一般按照孰低的原则，也就是取最低的那个标准进行认定，防止漏报重大缺陷。

定量标准的设置要合理，避免过高或者过低。如果指标设置过高，就会造成无论缺陷大小，都会变成一般缺陷；如果指标设置过低，就造成无论缺陷大小，都会变成重大缺陷或者重要缺陷，不利于管理。这个标准要突出重要的少数，也就是要把内部控制中的重大缺陷清楚明白地呈现给管理者，方便他们积极采取措施进行控制和整改。

（2）定性标准。

定性标准在实践中不太好把握，一般认为，如果在内部控制的实施过程中存在下面这些事项，通常表明企业存在重大缺陷。

- 企业的董事、监事和高级管理人员涉嫌舞弊。
- 企业的财务报告已经或者很可能被注册会计师出具否定意见或者拒绝表示意见。
- 企业更正以前年度已经对外公布的财务报告。
- 企业的内部审计相关机构未能对内部控制进行有效监督。
- 注册会计师发现企业存在重大错报，而内部评价报告中未发现。
- 重要的业务或者特殊的业务缺乏控制，或者控制措施失效。
- 企业在财务、税务、安全、环保、质量等方面发生重大违法违规事件，给企业带来重大损失或者令企业遭受重大的行政处罚，或者频繁出现负面新闻。
- 企业管理人员、技术人员和核心骨干人员纷纷流失。
- 其他。企业根据自己企业的实际情况进行编写，尽量细化和罗列，做成清单式，方便内部控制评价人员查找和操作。

内部控制缺陷的具体认定标准，尽量保持稳定，不要轻易调整，否则会给人造成被人为操纵的假象。特殊情况下可以进行调整，比如，做内部控制评价的适用原则错误，因此要进行调整：之前是用的上年财务数据，现在改成当年的财务数据；再如，内部控制指标过于宽松，设计不合理，因此要进行调整，为了进一步提升内部控制的水平，企业修改和收紧内部控制各项缺陷的认定标准，等等。

5. 评价结论

企业存在一项或者多项重大缺陷，无论是财务报告方面的还是非财务报告方面的，无论是设计缺陷还是运行缺陷，均被认为企业内部控制没有得到有效的运行。对影响内部控制有效运行的重大缺陷，要分别进行列示和客观描述。

实务中，评价人员会将发现的内部控制的所有缺陷进行整理和汇总，形成内部控制缺陷清单。包括缺陷所属的流程、缺陷的描述、缺陷的等级、缺陷的属性、缺陷的整改建议等，如表8.2所示。

表8.2　×公司内部控制缺陷汇总表

序号	缺陷所属的流程	缺陷的描述	缺陷的等级	缺陷的属性	缺陷的整改建议	备注
			重大	设计缺陷		
			重要	执行缺陷		
			一般			

8.3.3　内部控制缺陷的整改

企业做内部控制或者做内部控制评价的目的，就是不断地提升企业的管理水平，发现和预防影响内部控制目标实现的不利因素和问题。如果发现了，就要及时整改，以有效控制和解决这些不利因素和问题。

对于被认定的内部控制缺陷，要根据企业实际情况制定内部控制缺陷整改方案，明确内部各管理层的职责分工，针对设计和运行环节不同的重要问题，分别及时采取不同的内部控制措施，以确保将风险控制在可接受、可承受的范围之内。

- 对于重大缺陷，由董事会负责牵头整改，接受监事会和股东们的监督；
- 对于重要缺陷，由管理层负责牵头整改，接受董事会的监督；
- 对于一般缺陷，由各业务单位和业务单元负责整改，接受管理层的监督。

内部控制的缺陷整改方案包括整改的目标、整改的措施、整改的期限、整改的步骤、整改项目具体负责人等。一般情况下，对于能及时整改的，要及时整改；对于不能及时整改的，或者在当年度不能及时整改完毕的，要制定下一年度整改计划，明确近期目标、远期目标，以及阶段性的整改目标，并且要在评价报告中做详细说明。

8.3.4 内部控制报告的编制要求

内部控制评价报告的内容如下。

（1）企业董事会或者管理层对评价报告的真实性进行承诺，建立并健全内部控制是企业董事会或管理层的职责。

（2）内部控制评价的工作依据、参考标准、缺陷的认定标准。这些标准和以前年度是不是一样的，如果不一样，就要把变化的部分写清楚。

（3）内部控制缺陷及其认定情况。其中，财务内部控制和非财务内部控制要分别说明缺陷的整改情况，以及对存在的重大缺陷拟采取的控制措施。能及时整改的，要及时整改；不能及时整改的，要有详细的整改措施，以便后期进一步跟踪和完善。

（4）内部控制有效性的结论。评价完后，对被评价企业的内部控制是否有效，要做出明确的说明。

评价报告每年要在规定的时间内完成，一般是在年度结束（12月31日）后的四个月内编制完成。完成后报经董事会或者管理层批准后，报送相关的主管部门。其中上市公司的评价报告要公开披露，接受社会的监督。

内部控制评价报告分为对内和对外两部分。对外披露的有固定的格式和模板，也有固定的披露时间；对内的没有太多形式上的要求，把前面所提到的事情说清楚就行。

8.3.5 内部控制评价的工作情况

内部控制评价的工作情况，主要是对外评价报告中要求的重要报告项目，具体包括7个方面的重要内容。

1. 评价工作的总体情况

包括评价工作的组织安排、人员安排、进度安排等。

2. 评价的依据

一般包括《企业内部控制基本规范》《企业内部控制应用指引》《企业内部控

制评价指引》《企业内部控制审计指引》，以及企业自己制定的内部控制制度和各项管理规定。

3. 评价的范围

指被纳入评价范围的业务单位、业务单元。如果下属企业特别多，就要考虑按照层级、业务板块分别披露，没有必要一一罗列。对于评价单位的选择，一般以资产、收入和利润作为判断标准。要写清楚被纳入评价范围的企业的资产合计，占合并层面资产总额的比例；或者销售收入合计占比合并层面的收入总额比例。评价范围的比例不能过低，否则会误导报告使用者，有以偏概全的嫌疑。要把至少80%的业务单位和单元都纳入评价范围。

4. 评价的程序和方法

实际评价过程中用到本章第2节中介绍的方法，要进行简单清晰的说明。

5. 内部控制缺陷及其认定

写清楚本企业的内部控制缺陷的具体认定标准，分财务和非财务单独说明。并且要说明，是否与以上年度保持一致，并根据本企业的缺陷认定标准，确定本年度期末存在的重大缺陷、重要缺陷和一般缺陷。缺陷认定要实事求是，不能避重就轻。

● 如果不存在缺陷，就写"不存在内部控制重大缺陷"，或者写"公司已经按照内部控制规范体系和相关规定的要求，在所有重大方面保证了有效的内部控制"。

● 如果有缺陷，就写"公司未能按照企业内部控制规范体系和相关规定的要求，在所有重大方面保持有效的内部控制"。并且将发现的重大缺陷分为财务控制缺陷和非财务内部控制缺陷，一一罗列，写清楚缺陷的具体内容，是设计缺陷还是运行缺陷，发生的时间、原因，以及对实现内部控制的影响等。

大部分企业的内部评价都是一年做一次，出具评价报表的日期是年末最后一天，即12月31日，也叫报告日或者评价日。在这一天出具当年的内部控制评价报告中，一般包括了3类缺陷：（1）尚未整改的缺陷；（2）整改了，但是还没有效果的缺陷；（3）整改了，由于运行时间不够，还在观察期，到底是不是有效还不好说的缺陷。

6. 内部控制评价的整改情况

对评价日发现的、已经及时整改的缺陷，说明整改的措施、完成和已经运行的时间。对于整改后有效的结论，有几个缺陷，就要写几个结论；对未及时整改或者未及时整改完成的，说明拟采取的整改措施、预计整改完成时间和相关责任人，方便后续督促整改。

7. 内部控制有效性的结论

对不存在重大缺陷的，出具评价有效性的结论；对存在重大缺陷的，不能出具有效性的结论，要将存在的缺陷按照"内容5"的要求写清楚。

需要注意的是，对于财务报告的评价，一般是写"存在"或者"不存在"；对非财务报告的评价，一般是写"发现"或"未发现"。因为股东和投资者更多的是关注对财务方面内部控制的评价；非财务方面的内部控制，受很多外部因素的影响，很难做明确的判断，也没有必要做绝对的保证。

评价报告每年都要写，上年存在的缺陷，在本年写的时候，也需要对整改的情况做描述，包括整没整改、整改的情况怎么样、整改后是否有效，以保证内部控制评价报告的连续性。

8.4 内部控制审计是干什么的？

内部控制审计是指会计师事务所接受企业的委托，对企业内部控制的设计与运行的有效性进行审计，并出具审计结论。

内部控制审计不是对内部控制评价进行审计，而是对被审计单位内部控制的有效性进行审计。

8.4.1 内部控制审计与内部控制评价有什么区别？

由于内部控制审计和内部控制评价都是对企业内部控制的有效性进行评价，因此评价的范围、方法及流程大同小异。虽然内部控制审计可以利用企业自身的内部控制评价结果，但是两者之间还是有比较显著的区别的。

1. 目的不同

内部控制审计的目的是在审计过程中获取充分、适当的证据，对内部控制的有效性发表意见。

内部控制评价的目的是发现问题、解决问题，提升企业的管理水平。

2. 实施人员及对象不同

内部控制审计是由注册会计师负责的，大部分是企业外部人员，是一种外部评价。

内部控制评价，更多的是由企业内部的管理和业务人员负责，是一种内部评价。

3. 工作的内容不同

内部控制审计，侧重于对内部控制结果是否有效的符合性评价，而这个结果主要是针对财务报告内部控制而做的。

内部控制评价，侧重于对内部控制管理的全面评价，基于对企业业务和流程了解的基础上，对与该企业相匹配的内部控制的审核、审批等授权的设计和操作执行进行测评，以便改进企业的管理。

4. 评价结论不同

内部控制审计，侧重于对财务报告内部控制评价的有效性发表意见，对审计过程中发现的非财务报告内部控制的重大缺陷，以罗列描述的方式进行披露。

内部控制评价，是企业董事会对企业内部控制整体的有效性发表意见，并且出具意见。

内部控制审计在利用内部控制评价报告的过程中，注册会计师应该对内部控制评价人员的专业胜任能力和客观性进行评价和判断，选择是否值得信赖。不能因为利用了内部控制评价的结果，而简化审计的流程和内容；也不能因为利用了该评价结果，导致出具了错误的审计报告，而将自己的审计责任推卸给企业的内部控制评价及评价人员。

8.4.2 内部控制审计与财务报表审计有什么区别？

内部控制审计，是审计人员对被审计单位的内部控制的设计和运行的有效性进行审计，对财务报告内部控制的有效性发表审计意见。

财务报表审计，是审计人员对被审计单位的财务报表是不是按照国家统一的会计准则的规定编制的，是否在所有重大方面公允地反映了被审计单位的财务情况发表意见。

因为内部控制审计和财务报表审计，都关注财务报告的质量和审计风险，在审计过程中收集到的，或者形成的审计证据，很多情况下相互通用、相互借用。所以，为了节约审计成本，提高审计的质量，很多企业将内部控制审计和财务报表审计合并，委托给同一家会计师事务所。

8.4.3 内部控制审计审什么？

内部控制审计，是审计人员对被审计单位的内部控制的设计和运行的有效性进行审计，对财务报告内部控制的有效性发表审计意见。审计内容大致如下：

1. 内部控制制度是否健全、有效？

（1）被审计企业是否建立和健全了法人治理机构？

是否建立了以董事会为决策机构、以监事会为监督机构、以高级管理层为管理机构的三层治理制衡机构？并且他们的职责和权限是否可以保证企业治理工作有效运行？机构实际运行过程中，是否存在"一言堂"等权力过于集中，或者"事无巨细、大包大揽"，或者决策效率低下却不担责等情况？

（2）各制度是否存在设计漏洞？

各业务单元是否有内部控制的各项管控制度，制度在设计层面是否有漏洞、缺项或者薄弱环节，是否存在相互矛盾和不协调的地方？是否符合本企业的管理需要？是否因为业务链条过长，或者管理层级过多，导致内部控制不能被有效地落实和执行？是否存在岗位职责交叉不清的情况，或者存在"两不管"的空白地带？

（3）各制度是否被大家遵守？

在企业生产经营现场，观察企业从上到下对企业制度和各项规则的遵守情况，是否存在随意性和主观性？各层级是否在职责范围内各司其职，是否经常集体决策，通过会议讨论一些事关企业发展的重大的经营决策，如重大投资项目、重大的采购及招投标业务、重大的兼并重组等？

（4）企业的财务管理制度是否健全、有效？

是否有财务管理制度？制度是否有漏洞，是否符合企业的管理实际？财务是否参与重大和特殊经济业务的审核？企业的财务收支是否符合法律法规和企业各项制度的管理规定？在执行过程中，是否存在虚报冒领的舞弊行为，是否存在不相容职位未分离的情况？

2. 程序和流程是否健全、有效？

企业的所有业务都有自己的流程，有企业层面的，有部门层面的。在内部控制的分类中，企业主要有3类流程。

（1）决策的流程。

决策的流程分为常规业务流程和非常规业务流程。每个企业对非常规流程的定义不一样，但是大多数包括"三大一重"事项的决策，分别是重大金额、重大项目、重大资产、重要的人事任免，这些决策是否经过了集体讨论？根据管理的需要和授权的安排，需要报经董事会或者股东会批准的，是否上报了？这些流程是否有授权，是否分层授权，是否按照授权在执行？是否会出现漏权或者越权的事情，进而影响内部控制目标的实现？

（2）执行的流程。

企业各项具体业务的流程是否由合适的人，按照规定的要求做了规定的操作步骤？流程是否可以更优化、更简单、更有效？比如，投资业务、投资的程序是否符合规定，投资的收益是否符合投资前测算的预期目标，是否存在因为投资失误而带来的损失？

（3）监督的流程。

企业对决策和执行的流程，要进行定期或者不定期的检查和跟踪，及时发现大家偏离流程的事情，也及时发现流程不合理、不合适的地方，对此，审计要做的是分析企业是否有监督和跟踪？监督和跟踪是否能及时发现问题？发现了问题后是否能及时地反馈到相关的管理者和决策层处？管理者和决策层是否能及时做出解决方案和应对措施？决策流程和执行流程是否达成有效的闭环？

3. 销售内部控制审计

我们这里把销售环节作为重点案例，说明一下内部控制审计的内容。

（1）是否编制了书面的销售计划？

看看销售计划是怎么编的，是依据什么编的；看看具体的销售业务是不是按照销售计划去做的；实际的销售情况和计划是不是存在较大的偏差；等等。

（2）是否有销售策略和报价体系？

看看企业的销售定价，是否有销售策略和报价体系；在做销售策略和报价体系时，财务部、生产部、采购部等相关部门是否参与制定；已经做好的销售策略和报价体系是否符合企业的实际需要，是否符合行业和市场，是否有高管的签字确认。然后，看看企业的实际毛利情况与销售策略是否契合，是否需要调整；报价是不是分层级进行管理，不同层级有不同的报价授权；违反授权，需要高管签字的订单占比有多少，分别是哪些业务人员签订的；放账的客户是不是符合企业对放账客户的规定；放账客户的额度有没有超过企业规定的额度？

（3）发货的流程是否存在漏洞？

发货前是否有验收及审核？有没有发错的情况？若是有，情况多不多，都是怎么引起的？有没有出现超放账额度给客户发货的情况？

（4）收款环节是否存在漏洞？

收款是不是按照相关的制度收的？是否定期和客户对账？是否定期对客户收款情况进行分析，长期欠款都是怎么形成的？各业务人员的分布比例如何？

还有，企业业绩较好但现金匮乏时，业绩是否真实，是否存在风险要进行关注，是否存在虚开发票、虚增销售收入的现象？根据应收账款的变动情况，看看是否存在利用明显不合理的销售策略"制造"业绩的情况，等等。除此之外，还有很多，鉴于篇幅有限，就先列这么多。

4. 其他业务及流程的内部控制审计

比如，是否建立了关于资产的管理制度，并对应收账款、库存、固定资产等资产进行相应的管理，是否按照制度的规定对各项资产进行管理？管理的过程中，是否出现较大的风险和经济损失？是否定期或不定期地对各项资产进行清查、盘点？核对是否和财务记录一致？是否存在账外资产或者虚列资产？是否存在被管理者因私使用，或者被其他单位无偿占用的资产？是否存在长期挂账的报废毁损的资产？是否存在利用资产置换、调整价格、转移利润、逃避税收、变现套现、低买高卖等问题？

● 如果企业有较大金额的对外投资，但是基本上没有收到投资回报，或者收到的投资回报明显较低，就要看看企业是否存在通过对外投资进行转移资产、资金套现、账外使用等问题。

● 对企业的关联交易进行分析，如果企业的收入和利润主要来源于关联企业，就要判断企业的业绩对关联方的依赖程度。关注企业的定价策略和费用分摊，和关联方的价格和费用进行比对，看看是否符合市场实际，是否符合正常的交易价格。如果剔除关联关系，或者将价格调整成正常交易价格，会对企业的业绩造成多大的影响，根据影响大小，判断企业财务报告内部控制的风险大小。

通过对内部控制审计有可能做的部分工作的描述和说明，我们可以发现，如果注册会计师尽职尽责，保持一定的怀疑态度，履行一定的审计程序，那么是能得出内部控制是否有效的结论的。

8.5 他们是怎么审计我们的内部控制的？

在审计企业的内部控制时，有两个主要的常规方向：一个是以问题为导向，另一个是以风险为导向。

● 以问题为导向，在专项的内部控制审计中用得比较多，是指以企业目前暴露的问题为线索。无论是内部暴露的还是外部暴露的，甚至是举报得来的，对这些问题进行追踪和分析，从表面追到潜在的深层次，一层层地深挖，不仅能查出导致问题出现的原因，同时还能发现企业内部控制制度的薄弱环节，进而针对性地提出整改措施，提升企业的内部控制管理水平。

● 以风险为导向，年度内部控制评价审计都是这一类型。就是对被审计单位的经营环境和业务活动进行风险分析和评估，将风险评估结果排序，结合企业的当年的经营管理目标和高风险领域，以规避及防范审计风险为出发点，做出审计计划，然后按照审计计划安排工作。

8.5.1 采购业务内部控制审计

在接到采购专项审计的时候，审计人员一定要做好前期的调查和了解工作。包括：了解企业为什么要做采购专项内部控制审计，是因为出了什么问题还是例行检查；高层对采购部的期望和要求是什么，这些期望和要求是否体现在采购部门内部的目标和考核指标中；采购部今年的目标是什么，是否有定量和定性的目标，实际的完成情况如何等。

结合这些问题，收集企业的采购管理相关制度、财务相关管理制度和工作流程，以及流程中涉及的一些表单，看看目前的制度和流程从内部控制设计的角度看是否合理完善，是否能支撑采购部完成今年的目标，以及采购部在实际执行过程中是否按照企业采购制度和财务制度的要求安排采购工作，支付采购款项。

除此之外，还要看看企业的其他各部门对采购部是否有抱怨和不满，如果有，主要集中在哪些方面，这些方面是否存在舞弊的可能性。

通过对供应商的分析，看看供应商的数量和供应金额是否有变化，是否存在供应商更换频繁、供应商一家独大等情况；是否存在供应商黑名单，更加要关注的是从黑名单中恢复正常的供应商名单；这些有问题的供应商是哪个采购人员经手的，是否存在舞弊迹象，比如，不让看供应商的相关资料，要联系供应商就必须经过该业务员，或者提供相关资料异常缓慢、收到的资料有涂改的痕迹等。除此之外，还要关注各供应商的账期和价格、质量等情况。

根据这些分析、问题、数据和迹象，锁定关键的供应商及业务人员。进一步收集财务数据和一些原始资料，包括查询供应商的工商信息，判断供应商的存续状态、成立时间、法人和股东是否与企业人员存在某种关系或者特殊的联系等。

8.5.2 生产环节的内部控制审计

拿生产领料环节来说，根据公司各种物料的消耗情况，分别从物料名称、领用班组、领用数量、生产质量数据（如损耗率、成品率等）4个方面进行统计和分析。

采集三个月左右的生产数据，将整个车间的平均数据测算出来，同时算出为了达到企业规定的质量标准，材料的标准消耗比例，也就是一个标准配方中材料和辅料的大致比例。

根据标准配方的比例和各个生产班组的实际领料情况，进行偏差度分析，将偏差较大的生产班组抽取出来，也就是在生产过程中，将物料消耗最大、损耗最多、材料配比最不合理的班组和物料抽出来，作为重点审计对象。

从班组提物料领用需求开始，到采购，到下料，再到生产全过程进行穿行测试和数据测算，以便发现异常环节。比如，下计划的人员和领用人员是同一个，存在不相容职位不分离的情况；存在多报需求、多领料，但实际少下料的偷料迹象，这些都属于采购内部控制管理不善的现象。

根据发现的问题、现象，看看是设计方面的制度问题还是执行方面操作人员的问题。然后针对不同的问题，与企业进行充分沟通后，出具审计报告和审计意见。

8.5.3 合同管理的内部控制审计

因为合同是企业各项对外经济业务的载体，鉴于内容安排，前面章节未提及合同管理的内部控制，此处简单加以说明。

合同管理涉及企业众多的业务环节，它是企业一切业务的源头，也有较大的法律风险、授权风险和资金收付的风险，所以企业在经营管理的过程中要重视合同的管理。

我们在做合同内部控制专项审计的时候，会收集企业的各类合同、协议的台账、合同审批单据和与合同有关的管理制度。

（1）将不同类型的合同分类，算出金额及占比，判断重要性。

重要的判断不仅取决于数量，还取决于性质和业务的特殊性。然后看看同类型的合同是不是一致的，对各类商务条款的约定是不是一致，不一致的要分析原因；看看各个合同的审核和审批流程是否齐全，是否在制度规定的权限内，是否有相关专业人员审核，如财务或者法务；是否存在未经授权签订的合同；对外签订的担保、投资和融资合同是否有特殊的授权，是否有相关的集体决策的会议文件。

（2）判断是否存在非正常的合同状况。

看看合同履行过程中，是否有补充合同、变更合同、终止合同、解除合同和作废合同等特殊的情况，而这些特殊情况是否履行了特殊的流程，是不是按照企业的制度要求处理的，制度对这些特殊的类别是否有相应的规定，若是有规定的，是否合理或者是否有遗漏；财务在付款的时候是否参照了合同的约定，在约定的时间、约定的价格、约定的条件下，对约定的金额进行支付，是否存在未签订合同而付款的情况。

（3）判断企业是否按照企业制度的要求保管合同。

审计人员对合同进行统计，登记台账，将合同从订立到履行、变更、收款付款，再到完成合同的全过程的记录。根据这些记录，分析和判断看看是否有制度对这些内容进行约定，企业是否定期不定期地分析这些合同的执行情况；等等。

8.5.4 内部控制审计的结论和报告

内部控制审计报告和内部控制评价报告的内容和要求差不多，只是前者形式和格式要求更多，为了便于统一和方便公众理解，做了一些特殊的要求。此处对格式和形式不做说明，只是将不一样的和需要注意的内容列一下。

（1）对于非财务报告内部控制缺陷，要区别不同的情况进行处理。

一般缺陷和重要缺陷，与企业进行书面沟通，提醒企业关注及改进，不写在内部控制审计报告中；对于重大的缺陷，在与企业以书面的形式进行充分沟通后，要在内部控制审计报告中单独增加描述段，要描述发现了几个、分别是什么、这些缺陷是设计缺陷还是执行缺陷、对实现企业内部控制有什么影响或者有哪方面的影响。

写完后，要说明本段关于缺陷的描述是否对财务报告内部控制的有效性产生影响，这句话很关键。

（2）审计意见及审计报告。

内部控制审计的意见和财务报告审计一样有4类，分别是标准意见、带强调段的无保留意见、否定意见和无法表示意见。

- 标准意见，也叫标准无保留意见。一般会出现这些字段："我们认为""企业在所有重大方面""保持了有效的内部控制"。标准意见，一般是指没有任何描述段的报告，只要有描述，都被叫作非标准意见。
- 带强调段的无保留意见，不表示企业的内部控制是无效的，而是说明企业在内部控制中的有些事情比较重要，可能会影响大家对企业的判断，有必要告知广大的投资者和股东。
- 否定意见，就是注册会计师认为企业的财务报告内部控制存在一项或者多项的重大缺陷,而这个缺陷会对企业的内部控制造成影响,进而在一定程度上会影响到企业财务报表的真实性。

● 无法表示意见,是指审计人员在审计的过程中,工作范围受到限制,要什么资料也要不来,穿行测试也受到各种阻挠等,致使审计人员无法对内部控制的有效性做出合理和客观的判断。

即便是出具了否定意见,注册会计师也必须如实描述在审计过程已经发现的重大缺陷,并且对这些重大缺陷进行相应的描述。

另外,内部控制审计,也可以在一定程度上理解为是对企业内部审计人员工作的一种复核。不仅能有效提升内部审计人员的专业胜任能力,也能有效防止内部审计人员出现舞弊和监守自盗的行为。

8.6 小结

无论是做内部控制评价还是做内部控制审计,查出问题都不是最终的目的,最终的目的都是对这些问题提出整改建议,以进行有效的整改。而审计整改就是对检查和审计过程中查出来的问题进行纠正、完善、补充、修改和规范的一系列解决措施。

8.6.1 整改存在的问题

现实情况是,一些企业每年评价和审计,但问题每年都在:老问题一直在,新问题层出不穷。究其原因,主要有以下几个。

1. 对内部控制评价工作不重视

这里的"不重视",一方面是指注册会计师所在的事务所不重视,对缺陷问题没有抓住实质,也没有达到企业想要的结果,再就是监督不力;另一方面是指被审计单位不重视,没有将审计的建议和意见落到实处,整改流于形式。

2. 被审计单位没有建立整改机制

对于发现的问题,没有制定相应的整改方案,也没有将方案进行细化,落实到部门和班组及个人;有的企业把整改工作安排完了就结束了,后面不再过问,缺乏监督、跟踪和考核。

3. 没有专职人员牵头

内部控制涉及企业生产经营的全过程和全员,某些企业对审计发现的问题并没有独立的机构或者专职的人员来牵头监督整改。

8.6.2 关于整改的建议

1. 加强制度建设，完善整改制度

比如，要求企业按照规定的时间提交整改报告，并在规定的期限内进行整改；要求企业定期汇报整改进度，比如，每季度或者半年开一次专项整改会议；要求企业按要求编写整改报告，将整改任务层层分解，落实到部门，落实到责任人，落实到具体的时间。

2. 将问题进行分类整改

比如，将审计发现的问题根据整改的难易程度进行分类，分成容易整改、一般整改和较难整改三类。对于容易整改的，要求立即整改；对于一般整改的，要制定具体的整改措施，分步、分阶段整改；对于较难整改的，要组织相关人员一起分析问题形成的原因、整改的难点，寻求管理层的支持和协助。把复杂的较难整改的问题拆成若干个小问题，对这些小问题再区分容易整改和一般整改，然后再分别进行整改安排。

3. 对整改进行分析

如果审计发现的问题每年都在，就要组织相关人员一起分析，为什么长期得不到有效的整改？为什么有的问题整改过后，新的年度又出现了。这时不仅要分析问题本身，深挖问题形成的原因，还要判断是否找到了真正的问题，整改的措施是否合理。然后对不同问题的整改时间进行分析，看看哪类问题需要更长的时间才能整改，具体需要多长时间，半年、一年、还是两年。

某企业应收账款增长较快，控制力度较差，审计后被要求做出整改。企业可以采取的措施是，分析应收款过快增长的原因，看看销售策略是否符合现阶段企业的发展需求；是否将不合格的客户纳入了企业的信用体系里，等等。但是这家企业却做出了这样的整改措施："即日起，不得发生放账业务，任何单位和个人不得给客户放账。"不能说这不是一个有效的措施，但是否合理，还需要管理层人员结合企业的实际发展情况共同探讨。

4. 加强对整改的考核和责任追究

比如，将审计整改的情况纳入对企业领导班子和领导干部的绩效考核中，对整改不力、效果不好的，或者因为整改不及时，给企业带来更多损失的，要对负

责人进行责任追究。

最终通过评价、审计、整改、监督，督促企业完善内部控制相关的管理制度，规范企业的各项经济行为，对企业的内部权力进行制衡和约束，建立健全高效的内部控制机制。

8.6.3 审计问题的实用性要求

有时问题得不到有效的整改，是因为审计人员在审计过程中并未对问题进行探究和分析，以发现管理者真正关心的问题，而只是为了发现问题而发现问题，或者仅仅发现一些现象层面的问题。

那么，什么才是管理层真正关心的问题呢？

1. 能反映问题背后的风险

要说明问题发生的可能性、频率、重要性，以及有可能带来的潜在损失。问题只是一个点，管理者希望通过这个点，发现更多面上的问题和线上的问题，看看风险带来的阴影面积有多大。

2. 能发现自己发现不了的问题

管理者希望审计人员发现自己发现不了的问题，而不是每年都存在的那些问题。虽然问题的整改是企业的责任，也许需要把表面的问题整改了，才能发现深层次的问题，但是，管理者还是想发现更多的有价值的问题；或者是他们还在得意，企业隐藏起来的问题，审计一直也没发现。

3. 能发现问题背后的原因

管理者需要的是和原因有关的问题，但是很多审计报告和建议中描述的问题都是现象。现象大家都能看见，也都能发现，但是现象背后的原因是什么，会有哪些可能性导致这些现象发生，是需要审计人员找出来的。只有找到对的问题，找到对的原因，才能找到真正解决这个问题的方法。

4. 能反映企业层面的问题

比如，某个制度和流程存在设计的缺陷，而这个设计缺陷是本身存在的，还是之前不存在，随着时间的推移、市场的变化才出现的，因为适应不了现阶段企业的发展。这些是需要审计人员发现的。

以上也是对审计问题的实用性要求。

8.6.4　审计的局限性

审计并不是万能的，它不一定能发现企业所有的问题。这有两方面的原因，一个是设计层面的，另一个是执行层面的。

在设计层面，审计需要在有限的时间内，将企业各种复杂的经济业务弄明白、弄清楚，还能发现中间存在的问题，这明显是对审计期望过大。由此可见，从设计层面和工作方法上面来说，审计本身就存在缺陷和局限性。

执行层面的原因如下。

1. 抽样是个硬伤

因为时间和成本的限制，审计不可能翻看到企业的所有凭证、所有账本，所以审计人员选择了抽样。到底怎么抽、抽多少、怎么分析这些样本，取决于审计人员的经验、判断、能力甚至是责任心。如果碰到难对付的客户，时间压力更大，抽样的资料也许是客户提前准备好的，根本就不是审计人员随机抽出来的。

2. 分析性测试，谁骗得过谁？

大部分审计人员在做分析性测试的时候，对企业的业务了解不够，更多地关注财务指标的变化，而忽略了一些特殊的业务和不常发生的高风险业务。另外就是，有的时候发现了问题，也发现了偏差，还关注了高风险的业务和领域，但是存在一定程度的信息专业壁垒。在这个过程中，有些审计人员就失去了专业的判断能力，过于依赖管理层的解释，而没有对管理层的解释进行有效的验证和核实。

3. 监管，舍本求末的"形式"

由于审计人员是"经济警察"，因此受到行业和政府的强监管。在这种情况下，他们更多的是把底稿编好，把流程走完，为了"形式"而放弃对"实质"的探究。所以，即便审计给企业出具了"标准的无保留意见"，也并不代表这个企业没有问题，只能说明，审计人员做了他们认为应该做的，没有发现企业的问题。而他们做了什么，他们心里也是有数的，是真的没有发现问题，还是执行不到位，忽略了问题？

这些都是审计的局限性，因为局限性的存在，所以我们只能选择性地参考和利用内部控制评价的审计报告。

后记
POSTSCRIPT

大量的实践证明，内部控制在企业推行并得到有效落地执行，并不是件容易的事情，主要存在以下问题。

1. 非自愿

在国内推行内部控制的建设和落实，大部分情况下并不是企业自身的主观愿望，而是被监管机构推动着去做。原因有二：第一，不是特别懂；第二，不是特别情愿，应付的成分比较多。

2. 缺乏实践和行动

比如，你想学会游泳，仅仅站在岸边看是没有用的，无论教练教了你多少技巧和方法，你看了多少人游，不去尝试，你是学不会的。你需要下到水里，可能会呛水，可能会害怕，可能控制不住自己的身体，但是，只有在不断摸索和实践的过程中，你才能真正学会游泳。

写到这里，想必大家都知道，由于之前大家对内部控制的不了解、不重视，如果你真正想发展，想做得更好，学了就要去用，去实践，否则学得再多也没用，甚至会消化不良，还不如不学。

还是拿游泳这件事来说，当你不会游的时候，先在水比较浅的地方适应水性，在水里能站起来，能走来走去，慢慢地借助一些漂浮工具学会漂起来，然后学会憋气，再学会划手、蹬腿。随着你动作的熟练和技能的提升，等你到深水区后，就要把这些所有的融会贯通起来。做企业也是一样，不同的发展阶段，适用的方式方法不一样，也需要我们在不同的阶段加强学习和实践。

3. 可操作性不强

在做内部控制的时候，企业会有"抄近道"、偷懒的想法，把别人的先进经验、现成的管理制度、内部控制制度，直接照抄照搬，并要求员工执行。这样做，很难达到一个比较好的效果。

适合别人的，并不一定适合自己。就好比，大家都在做内部控制，看着别人做得很不错，你想也不想也去追风、去做。大家都排队打针，你也排队，人家是感冒发烧，你是肚子疼，病都不一样，病人的体质也不一样，当然不能用同样的方式来解决。别人打针能好，你反而加重了病情。

4. 急于求成

在做内部控制的时候，急于求成，做了一段时间后，效果不明显，或者没有达到自己的期望，就丧失了信心，不继续做下去。

冰冻三尺，非一日之寒。企业经过多年的发展，已经形成了自己独有的企业文化和员工的工作习惯，也形成了一定的利益团体。推行内部控制的过程，就意味着改变。包括改变大家之前的想法，改变大家的工作习惯、工作方式，改变之前的利益格局，本身就会阻力重重，内部控制并不是大家开开心心、高高兴兴就能做好的，因为要控制别人，也就意味着要在矛盾中前进，在矛盾中慢慢起作用，是一个长期而持久的过程。

所以，要一步一个台阶，每次改变一个当前的重大顽疾，循环往复，逐步成长和发展。

5. 追求一步到位

在做内部控制的时候，没有太多的思路和设想；在面对企业暴露出的各种问题时，期望能一次性全部解决掉，这是一种错误的想法。前面章节我们说过，要对这些问题进行分析，看看重要性、影响性和难易程度，根据要实现的目标，对这些问题进行排序，先解决重要的、影响大的，再解决那些相对来说不太重要的。

比如，你想成为一名钢琴家，于是你决定学钢琴。刚刚开始的几周或者几个月,你只能弹很简单的乐曲,即便是为了达到这个效果,你也需要学习音乐的基本知识,比如音符和节奏,然后不断地练习,甚至你可能犯了很多的错误,手指也会不听使唤,会酸痛无比,但这都是学习的一部分。

你不能期待自己一开始就能像钢琴师那样弹出动听悠扬复杂的乐曲,你需要一步步地来,先掌握最基础的,再慢慢提高难度,学复杂一点的,这个过程可能需要好多年的时间。

如果你试图一步到位,不仅会使自己觉得困难重重,甚至可能会气馁并放弃。

内部控制想一步做到位是不现实的,而且内部控制并不能解决所有的问题,有很多的问题还需要依赖管理人员的责任心来解决。

6. 不适应控制环境的变化

这里所说的控制环境,主要是从员工角度来说的。由于人口结构的变化,企业的用工模式和员工的权利意识之间的矛盾越来越突出,导致很多管理者发现,之前那套管理方式已经适应不了现在的发展,也适应不了现在有更多自我意识的员工。现在要做的已经不是控制,而是放松控制,对员工进行分权和授权,调动他们的主观能动性。

这里所说的放松控制,并不是说不需要控制,或者不控制,而是要在激活企业和团队积极性的基础上,做一些针对性的控制,抓大放小。而这么做需要更强大、更高层、更专业的控制能力,包括设计内部控制制度的能力。

虽然内部控制发展的时间很短,但是它的作用已越来越被管理者所认识到,内部控制的理论还需要被管理者更多地了解、理解、实践和落地。还有,内部控制的评价还需要不断地发展,需要不断地结合理论,结合企业的实际情况,也需要更多专业的有胜任能力的评价人员,发现企业内部控制中存在的缺陷和问题,帮助企业建立和实施有效的内部控制。

内部控制要在企业里得到有效的推行,并真正产生价值,还需要做很多的事情,也需要走很长的路。